一音入魂！
全日本吹奏楽コンクール名曲・名演50

富樫鉄火
石本和富
播堂力也［共著］

河出書房新社

一音入魂！

全日本吹奏楽コンクール
名曲・名演50

富樫鉄火
石本和富
播堂力也

はじめに

私たちは、吹奏楽をこよなく愛する者である。

現在、高校野球や高校サッカーは、テレビで全国放映され、派手に扱われている。小・中・高校の合唱の祭典・全国学校音楽コンクールは、例年二二〇〇団体ほどの参加があるそうで、全国大会はテレビ中継までされているが（主催がNHKなので当然なのだが）、全日本吹奏楽コンクールはそれよりはるかに多い団体が対象にもかかわらず、テレビ中継などされたことがない。主催者である朝日新聞でも、地方版ではそこそこ扱うものの、全国版では小さな結果報道だけだ（それだけに、二〇〇四年から日本テレビ系列で放映された『笑ってコラえて！ 吹奏楽の旅』に画期的な番組であった）。

本文で述べているように、こんなにたくさんの人たちが参加し、奮闘し、感動的なドラマや驚くべき成果を生み出しているのに、なぜ、こんな扱いなのだろう。

中高生たちは、塾にも行かず、夜遅くまで練習し、重い楽器を汗を流して運び、コンクール会場に駆けつけている。

大学生は、キャンパスが分散する不便な環境の中、長時間かけて集まって練習している。

職場バンドは、正社員が減り、会社からの助成金も減らされ、残業の合間を縫って練習時間をやり繰りして頑張っている（現在、この職場バンドの激減が大問題となっている）。

一般市民バンドは、練習場所や大型高額楽器の確保もままならない中、週一回の練習に集まっている。

そんな彼らの流す汗や涙が、高校野球と、どう違うのだろう。

本書はまず、彼らの苦労に報いるべく企画された。現在、日本全国で吹奏楽に携わっている、あるいはかつて携わっていた無数の方々――あなたたちのやっていること、やってきたことは、素晴らしいことなのだ。それを本書でもう一度思い出し、誇りを持って友人や家族、子供たちに伝えてほしい。

次に、吹奏楽、特にコンクールの世界をよく知らない人たちのためにも、本書は企画された。世界的な作曲家とアマチュアが一体化して一つのジャンルを作り上げる世界なんて、ほかにあるだろうか。古臭い言い方だが、ここには、理想を追い求める勤勉な、かつての日本人の姿がある。もちろん、吹奏楽の世界に、いじめも特待生制度も顧問教師の行き過ぎ行為もないなんて、そんなきれいごとをいうつもりはない。高校野球でよく報じられる様々な問題は、同じように吹奏楽界にもある。しかしそれでもなお、音楽で人々を感動させるアマチュアたちの姿を、私たちは素晴らしいと思う。そんな彼らの姿を、ぜひ本書で知ってほしい。

本書は、コンクール全国大会の歴史を縦軸に、名由・名演のエピソードを横軸にしながら、吹奏楽の世界を俯瞰《ふかん》し、振り返り、検証し、そして顕彰する――そんな一冊である。

著者・編集スタッフ一同

目次

第1章 アレンジ曲

第2章 オリジナル曲

第3章 課題曲

全日本吹奏楽コンクールとは

「全日本吹奏楽コンクール」とは、社団法人・全日本吹奏楽連盟と朝日新聞社が共催する巨大イベントである。戦前の一九四〇年（昭和一五年）に第一回が開催されたが、戦火により三回で中断。戦後は一九五六年（昭和三一年）の第四回から再開した。以後、毎年開催され、二〇〇七年現在で第五五回を数えている。毎年、七月頃《ころ》から予選が始まり、一〇月下旬〜一一月初旬にかけて全国大会が開催される。

これに参加するには、全日本吹奏楽連盟（正確には、その傘下の都道府県連盟）に加盟していなければならない。加盟団体数は、二〇〇六年一〇月現在で、小学校一〇五三、中学校六九六四、高校三七六八、大学三二〇、職場一〇四、一般一七七九の、六部門計一万三九八八団体となっている。コンクールは、これら部門別に行なわれる（ただし小学校は、別立ての「全日本小学校バンドフェスティバル」として開催される）。

仮に一団体五〇〜八〇人の奏者がいるとすれば約七〇万〜一一二万人前後が対象となる。毎夏、日本中を沸かせる全国高校野球選手権大会の場合、高野連の加盟校は四一九二校、登録部員数は一七万人弱だから（二〇〇七年五月末現在）、それよりもはるかに大きなイベントであることが分ると思う。現役だけで毎年一〇〇万人前後いるのだから、過去の経験者まで含めれば膨大な数となる。要するに日本の吹奏楽現役人口は常時一〇〇万人。世界最大の〝吹奏楽王国〟なのである。

*

コンクールは、最初の都道府県大会（その前の地区大会から始まるエリアもある）を勝ち抜くと、次に全国を一一ブロックに分けた支部大会へ進む。さらにそこを勝ち抜けてから、やっと全国大会である。

ここに進めるのは、たとえば中学・高校の場合、たった二九団体ずつだ。出場確率にして、各々〇・四二％、〇・七七％という低さである。四九校が甲子園に出場できる高校野球より、はるかに低い確率だ。もっとも、どちらも加盟校がすべて大会に参加するわけではないので正確な数字とはいえないが、それを割り引いても、吹奏楽コンクールの方がハードルが高そうであることは、感じていただけると思う。

＊

全国大会は、大学・職場・一般の部は、毎年、会場を変えて開催されるが、中学と高校の部は、東京・杉並の「普門《ふもん》館《かん》」で開催される。ここは、宗教法人・立正佼成会《りっしょうこうせいかい》が所有する巨大なホールで、五〇〇〇人を収容できる。前半・後半入れ替え制で計二日間かけて開催されるので、のべ二万人が詰めかけることになる。入場券の入手は困難を極め、プラチナ・チケット化の様相《ようそう》を呈《てい》している。まさに普門館は、高校野球の甲子園にあたる、〝吹奏楽の聖地〟なのだ。わずか一％未満の確率に賭《か》けて、日本全国の中学・高校の吹奏楽部員は、この聖地を目指して練習に励んでいるのである。

ちなみに立正佼成会は、世界トップレベルのプロ吹奏楽団「東京佼成ウインドオーケストラ」を擁し、関連会社による楽譜出版やCD発売、作曲コンクールなどで吹奏楽振興に貢献している宗教法人である。

＊

コンクールには、様々な規定がある（以下、すべて二〇〇六年現在の規定）。

まず参加人数だが、中学・高校は五〇名以内、大学・職場は五五名以内、一般は八〇名以内とされている（指揮者を除く）。

演奏時間は一二分以内。この中で課題曲と自由曲の二曲を演奏しなければならない。「演奏時間」とは、課題曲の演奏開始から、自由曲の演奏終了までを指す。会場には「計時係」がいて、一二分を超えると「審査対象外」で失格となる。これをクリアするのが意外と難しい。

というのも、近年、課題曲は毎年五曲発表され、自由に選べるのだが（一曲だけ、大学・職場・一般にしか選択権のない曲がある）、近年は、その内容が「マーチ」の年と、「マーチ以外」の年が、交互にある（二〇〇八年からは「マーチを含む吹奏楽曲」となり、様々なタイプの曲が同時に発表されるようになった）。「マーチ」であれば、演奏時間はほぼ三分半前後である。曲間の準備などを考慮しても八分程度の自由曲を組み合わせることができる。これは、吹奏楽曲としては、まあまあ十分な時間である。

ところが「マーチ以外」だと、五分もかかるような曲が登場するので、自由曲の選択の幅は大きく狭められる。七分も要する課題曲が登場した年さえある。

与えられた課題曲と、自分たちを最もよく表現できる自由曲を探して組み合わせ、一二分以内で二曲を演奏することは、容易ではない。

＊

本番には、まことに慌しい状況の中で臨まなければならない。全国大会ともなれば、多くの団体は、会場近くのホールや体育館を借りて、ギリギリまで最終調整を行なう。そして指定された受付時間になると会場へ駆けつけ、別室で短時間のチューニング（音合わせ）をする。やがて時間になると、係員に誘導され、舞台裏で長々と待機させられる。前の団体の演奏が終わると、すぐに入れ替えだ。ティンパニやハープなどの大型楽器も含めて、五〇人と五〇人が瞬時に入れ替わるのである。半ば息を切らせながらセッティングを行ない、座ったらすぐに演奏開始。終わったら、これまた大急ぎで撤収。余韻に浸っている暇などありはしない。一二分の演奏に、これらセッティングと撤収の時間を加えると、おおむね一五分ですべてをこなさなければならないのだ。

客席から見ていると、これら一糸乱れぬ早業は、奇跡にさえ思える。だらけた中高生の姿など皆無だ。朝九時頃から午後六時過ぎまで、えんえんとこの光景が繰り返される。もちろん主催者側の運営手腕が見事なのだが、彼らを見ている限り、日本もまだまだ大丈夫じゃないか——そんな大袈裟《おおげさ》な感慨さえ、湧いてくる。

＊

審査は、プロの演奏家・作曲家・指揮者ら九名によって行なわれる。審査員は、課題曲と自由曲を、それぞれ「技術」「表現」の二項目について五段階で評価する。最高点と最低点をカットして集計し、高得点順に、金賞・銀賞・銅賞が、おおむね三・四・三の比率で配分され、贈られる（一九六九年までは、成績上位順に順位賞が贈られていた）。

審査結果発表の際には、金賞《きんしょう》と銀賞《ぎんしょう》を聞き間違えないように、金賞に限って「ゴールド、金賞！」と読み上げられる。そのたびに、金賞団体は泣き叫び、銅賞団体はため息をつく。毎年繰り広げられる光景である。

*

コンクールにおける最高栄誉は当然ながら「全国大会、ゴールド金賞」である。ここにたどり着ける確率は、中学も高校も全加盟校の一％未満である。

だが、それ以上の究極の栄誉がある。「三年連続全国大会出場」＋「三年連続金賞」、いわゆる「三出三金」である。なぜこれが究極の栄誉かというと、三年連続で全国大会に出場すると、翌年は、コンクール参加を一年休まなければならないからだ。これを「三出休み」などと呼ぶ（以前は「五出五金」で六年目が特別招待演奏だった）。これより「上」は、ないのである。「なるべく多くの団体に全国大会を経験してほしい」との理由から生まれた制度だが、要するにあまりに強すぎる（巧《うま》すぎる）団体ばかりが集中することを避ける措置だ。この一〇年だけに限っても、「三出三金」を達成できたのは、中学・高校で各八団体ずつしかない。「三出休み」の年に当たった中学・高校の三年生、大学の四年生部員は可哀相《かわいそう》である。学園生活最後の年を、不完全燃焼で終えなければならないのだ。

*

全日本吹奏楽コンクールは、先述のように二〇〇七年現在で五五回を数えている。戦時から戦後の中断時期を除けば、一九五六年の第四回以降、一回とて開催されなかった年はない。これほど巨大なイベントが、毎年、日本全国を舞台に繰り広げられているとは、考えてみれば驚きである。

だが、驚くべき点は、ほかにもある。

ステージ上で、どれほど素晴らしい音楽が演奏されてきたことか。プロなみの名演や、コンクールによって生まれた名曲が、どれだけあったことか。高校野球顔負けのドラマも多くある。

さっそく、その深い森に分け入っていくことにしよう。

（富樫）

本書の見方

全国大会初登場の年
アレンジ曲、オリジナル曲は、全国大会で初めて演奏された年を、課題曲は指定された年を明記しました。時代の流れが分るよう、初登場、指定年順で掲載しています。

楽曲解説
タイトル曲以外でも、コンクールでよく演奏される曲を太字で表記しました。

作曲家プロフィール
楽曲の知識をさらに深める、作曲家プロフィール。

グレード、人気度、演奏回数
グレード＝演奏の難易度
人気度＝コンクールやそのほかの場での演奏頻度などから、編集部が独断で評価。
演奏回数＝アレンジ曲、オリジナル曲は、全国大会で演奏された回数を、課題曲は指定年のみの演奏のため、その年の演奏団体数を表記しています。
注：★＝1、白抜きの☆＝0.5 をあらわし、最高点を 5 とします。

受賞率が分る「成績表」
全国大会での金賞・銀賞・銅賞の内訳を円グラフ化。1969年までの順位表彰制時代の成績と、タイム・オーバーによる“審査対象外”は「ほか」に含んでいます。
注：受賞率の数値は、トータルを 100% にするため、小数点第 2 位を切り上げ・切り下げしています。

Disc 掲載＝参考音源、本文登場順。
データ掲載＝タイトル、演奏団体、指揮者の順。

コンクールの名演・熱演

この曲を語るには外せない、名演・熱演を繰り広げた団体名を太字で表記しました。

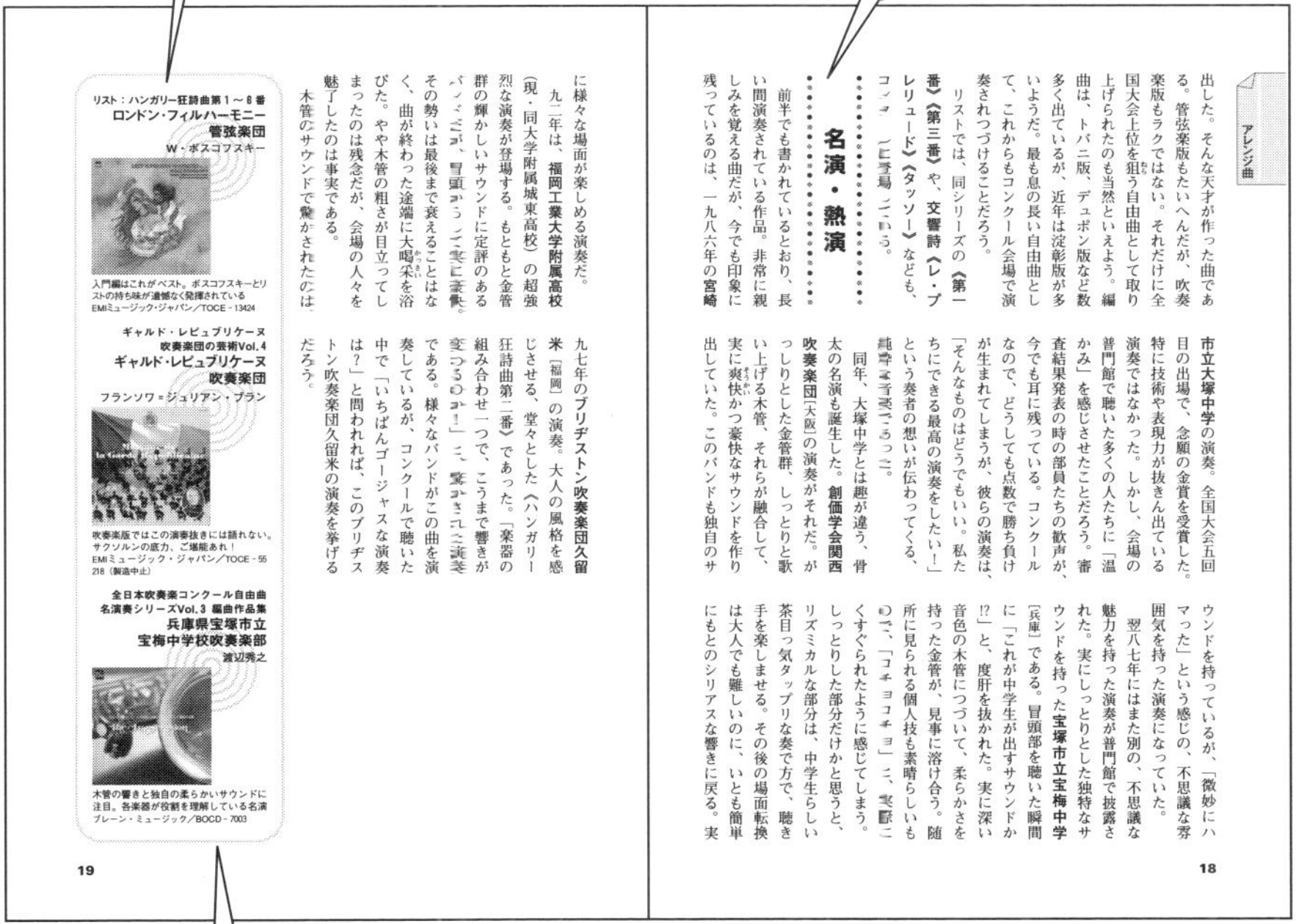

まずはこれを聴け！「おすすめ Disc」

「名演・熱演」で紹介した団体の演奏が聴けるDiscを中心にセレクト。紹介されていない団体のものも、参考音源としてぜひ聴いておきたい、おすすめ Disc です（アレンジ曲は原曲盤も含む）。主に入手しやすいものを選びましたが、廃盤のものもあります。

注：廃盤のものでも、コンクール音源の多くはブレーン㈱のダウンロードサイトから入手できます。また、ブレーン・ミュージックの品番 OSBR-○○○○W のものは通販での販売です。
ブレーン㈱ http://www.brain-music.com/
ブレーン㈱ダウンロードサイト http://www-musicdownloadstore.com/

【凡例】

- 本書に登場する曲や登場回数、演奏団体数などは、すべて二〇〇六年までの、全日本吹奏楽コンクール全国大会のものです。
- 登場回数や演奏団体数が少ない曲でも、支部大会や都道府県大会、地区大会では多くの団体が演奏した可能性があります。特に課題曲の演奏団体数は全国大会のみの数字であり、必ずしも曲自体の人気度をあらわすものではありません。
- 各団体の所属支部名は略し、都道府県名のみを［　　］で記しました。ただし団体名に都道府県名が入っている場合は、略しました。
- 団体名は、当時のものです。
- 年号は、原則として西暦を優先しましたが、特に時代性を強調したい場合は元号を併記しました。
- コンクールの結果記録については、『全日本吹奏楽連盟40年史』『同 50年史』『同 60年史』（全日本吹奏楽連盟刊）を基礎資料とし、阿部達利氏が運営するウェブサイト「全日本吹奏楽コンクールデータベース」(http://www.musicabella.jp/内)を随時参照させていただきました。
- 敬称は、原則として「学校の先生」以外は略させていただきました。
- 各曲ごとに、作曲家プロフィールと前半の楽曲解説を富樫が、後半の名演解説は「アレンジ曲」と「オリジナル曲」を石本が、「課題曲」を播堂が執筆しました。
- おすすめディスクのセレクトとコメント執筆は石本が行ないました。

第1章 アレンジ曲

「アレンジ曲」とは

コンクールでは、課題曲と自由曲の２曲を演奏しなければならない。

自由曲は、おおむね「アレンジ曲（編曲）」作品と「オリジナル曲」作品の２ジャンルに分れる。ここでいう「アレンジ曲」とは、主にオーケストラのために書かれたクラシック名曲を、吹奏楽版に編曲したものを指す。

リスト
ハンガリー狂詩曲第二番

'60年初登場

吹奏楽で愛されつづけるリストのピアノ曲

グレード	★★★★☆
人気度	★★★☆☆
演奏回数	22回

これぞ名曲！

一九六〇年に旭川市立常盤中学［北海道］が全国大会初演して以来、薄く長く演奏されつづけているロングセラー名曲である。

一九六〇年（昭和三五年）が、どんな年だったか……。終戦からまだ一五年目だ。前年に「皇太子（今上天皇）御成婚」があり、一挙にテレビの普及率が上がった。つづく六〇年は日米安保反対闘争で、一五万人が国会を取り囲み、東大生・樺美智子さんが事故死するなど、世情は騒然となっていた。

この年の全国大会は、全部門が、大阪フェスティバルホールでの開催だった。しかも中学・高校の部は、たった九団体ずつの出場である（ちなみにほかは、職場の部が七、大学・一般の部が五。四部門を合わせても三〇団体の出場だった）。新幹線も開通していない当時のこと、北海道の中学生が、大きな楽器を抱えて大阪までたどり着くのは、たいへんなことだったろう。

この曲は、もともとが〝ピアノの

フランツ・リスト

Franz Liszt

1811～86 ハンガリー

一九世紀ヨーロッパを席巻した、天才ピアニスト・作曲家。若い頃は美青年ぶりでも名を馳《は》せたが、後年、僧籍《そうせき》に入った。生涯に一五〇〇曲近くのピアノ曲を作ったほか、「交響詩」なるジャンルを確立させた。娘コジマは、最初、名指揮者ハンス・フォン・ビューローと結婚したが、ワーグナーに走って再婚（だからリストはワーグナーの義父になる）。特にワーグナーの超大作《ニーベルングの指環》が完成したのは、このコジマ夫人の叱咤激励《しったげきれい》のおかげ。二代にわたって音楽史を動かした、たいへんな父娘であった。

魔術師〟リストによる、ピアノ曲である。全部で一九番まであり（一八四六～八五年作曲）、そのいくつかは、旧作《二一のハンガリーの民族旋律と狂詩曲》がもとになっている。ハンガリーの旋律を取り入れて作曲されたものだが、正確にいうと、ハンガリー古来の旋律ではなく、当地を訪れていたロマ（ジプシー）の曲想が多いようだ。

　さらにその何曲かが、弟子のフルート奏者ドップラーの協力で、管弦楽版に編曲された。その中で最もヒットしたのが、この《第二番》嬰《えい》ハ短調である（管弦楽版だと第四番になる）。東欧色に溢《あふ》れた熱いアンダンテの前奏につづく、おどけたような狂乱の後半部に、多くの人々が魅せられた。

　やがてこの曲は、無声映画（特にドタバタ喜劇）のピアノ伴奏音楽の定番となり、さらにはディズニーの短編アニメのBGMに使用されるに至って通俗名曲として定着する。さらに人気を決定的にしたのは、一九三七年のアメリカ映画『オーケストラの少女』であった。クライマックスで、失業音楽家たちがこの曲を演奏し始めると、最初は迷惑がっていた名指揮者ストコフスキーの手が少しずつ動き出し、やがて本格的に指揮を始め、熱狂の大合奏になる。まことに臭い演出ながら、何度見ても感動してしまう名場面だ。この映画によって、《ハンガリー狂詩曲第二番》の人気は決定的なものとなった。五〇～六〇年代に吹奏楽部を指導していた先生たちの多くは、子供の頃《ころ》にこれを見ていたはずだ。また、フランスの名門ギャルド・レピュブリケーヌ吹奏楽団が戦前から得意曲にしており、ＳＰレコードの名演で世界中を興奮させていた。その影響も大と思われる。

　リストは、「指が六本あるのでは」といわれたほど超人的な腕前だったため、演奏会では女性の失神者が続

成績表

金賞 5　銀賞 11　銅賞 3　ほか 3

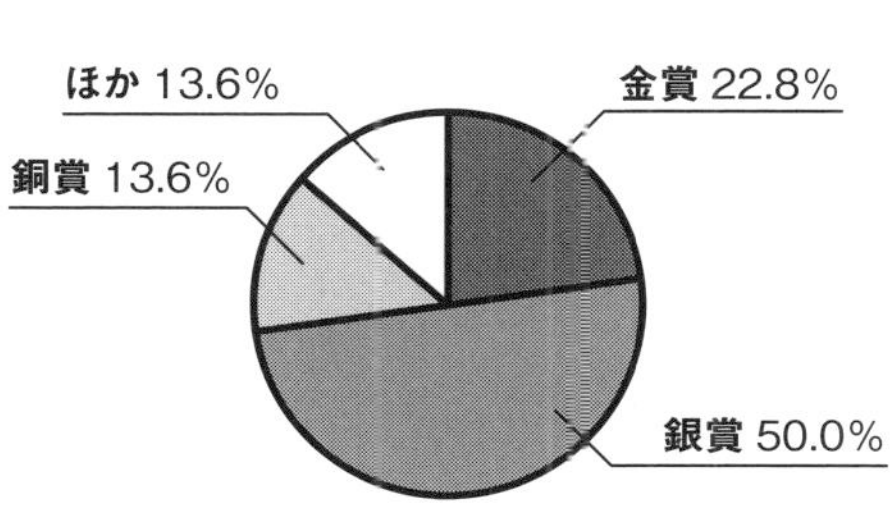

出した。そんな天才が作った曲である。管弦楽版もたいへんだが、吹奏楽版もラクではない。それだけに全国大会上位を狙《ねら》う自由曲として取り上げられたのも当然といえよう。編曲は、トバニ版、デュポン版など数多く出ているが、近年は淀彰版が多いようだ。最も息の長い自由曲として、これからもコンクール会場で演奏されつづけることだろう。

　リストでは、同シリーズの**《第一番》《第三番》**や、**交響詩《レ・プレリュード》《タッソー》**なども、コンクールに登場している。

名演・熱演

　前半でも書かれているとおり、長い間演奏されている作品。非常に親しみを覚える曲だが、今でも印象に残っているのは、一九八六年の**宮崎市立大塚中学**の演奏。全国大会五回目の出場で、念願の金賞を受賞した。特に技術や表現力が抜きん出ている演奏ではなかった。しかし、会場の普門館で聴いた多くの人たちに「温かみ」を感じさせたことだろう。審査結果発表の時の部員たちの歓声が、今でも耳に残っている。コンクールなので、どうしても点数で勝ち負けが生まれてしまうが、彼らの演奏は、「そんなものはどうでもいい。私たちにできる最高の演奏をしたい！」という奏者の想いが伝わってくる、純粋な音楽であった。

　同年、大塚中学とは趣が違う、骨太の名演も誕生した。**創価学会関西吹奏楽団**［大阪］の演奏がそれだ。がっしりとした金管群、しっとりと歌い上げる木管、それらが融合して、実に爽快《そうかい》かつ豪快なサウンドを作り出していた。このバンドも独自のサウンドを持っているが、「微妙にハマった」という感じの、不思議な雰囲気を持った演奏になっていた。

　翌八七年にはまた別の、不思議な魅力を持った演奏が普門館で披露された。実にしっとりとした独特なサウンドを持った**宝塚市立宝梅中学**［兵庫］である。冒頭部を聴いた瞬間に「これが中学生が出すサウンドか!?」と、度肝を抜かれた。実に深い音色の木管につづいて、柔らかさを持った金管が、見事に溶け合う。随所に見られる個人技も素晴らしいもので、「コチョコチョ」と、実際にくすぐられたように感じてしまう。しっとりした部分だけかと思うと、リズミカルな部分は、中学生らしい茶目っ気タップリな奏で方で、聴き手を楽しませる。その後の場面転換は大人でも難しいのに、いとも簡単にもとのシリアスな響きに戻る。実に様々な場面が楽しめる演奏だ。

九二年は、**福岡工業大学附属高校**（現・同大学附属城東高校）の超強烈な演奏が登場する。もともと金管群の輝かしいサウンドに定評のあるバンドだが、冒頭からして実に豪快。その勢いは最後まで衰えることはなく、曲が終わった途端に大喝采《かっさい》を浴びた。やや木管の粗さが目立ってしまったのは残念だが、会場の人々を魅了したのは事実である。

木管のサウンドで驚かされたのは、九七年の**ブリヂストン吹奏楽団久留米**［福岡］の演奏。大人の風格を感じさせる、堂々とした《ハンガリー狂詩曲第二番》であった。「楽器の組み合わせ一つで、こうまで響きが変わるのか！」と、驚かされた演奏である。様々なバンドがこの曲を演奏しているが、コンクールで聴いた中で「いちばんゴージャスな演奏は？」と問われれば、このブリヂストン吹奏楽団久留米の演奏を挙げるだろう。

リスト：ハンガリー狂詩曲第1～6番
ロンドン・フィルハーモニー管弦楽団
W・ボスコフスキー

入門編はこれがベスト。ボスコフスキーとリストの持ち味が遺憾なく発揮されている
EMIミュージック・ジャパン／TOCE－1342

ギャルド・レピュブリケーヌ吹奏楽団の芸術Vol.4
ギャルド・レピュブリケーヌ吹奏楽団
フランソワ＝ジュリアン・ブラン

吹奏楽版ではこの演奏抜きには語れない。サクソルンの底力、ご堪能あれ！
EMIミュージック・ジャパン／TOCE－55218（製造中止）

全日本吹奏楽コンクール自由曲名演奏シリーズVol.3 編曲作品集
兵庫県宝塚市立宝梅中学校吹奏楽部
渡辺秀之

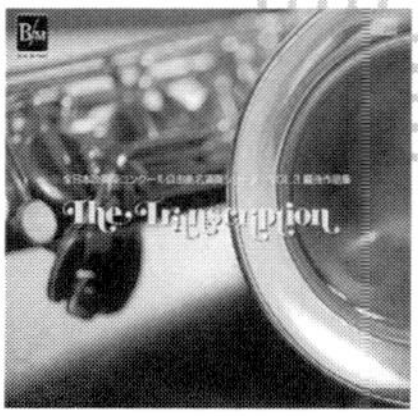

木管の響きと独自の柔らかいサウンドに注目。各楽器が役割を理解している名演
ブレーン・ミュージック／BOCD－7003

ヴェルディ
歌劇《運命の力》序曲

'61年初登場

一九六〇～七〇年代のコンクールを席巻した名曲

グレード	★★★☆☆
人気度	★★★☆☆
演奏回数	31回

これぞ名曲！

最近、この曲をコンクール会場で聴くことはほとんどないが、かつての大人気曲である。一九六一年、東邦高校［愛知］と阪急百貨店吹奏楽団［大阪］が同時に全国大会初演した。

ヴェルディは、生涯に二六作のオペラを書いているが（改訂版を除く）、独立して鑑賞できる立派な序曲を持つ作品は少ない。彼は序曲なしですぐにドラマに入ることを好んだのだ。だから、有名なヴェルディの序曲といえば、せいぜい《シチリア島の夕べの祈り》と《ナブッコ》、この《運命の力》くらいであろう（《アイーダ》にも重厚壮大《じゅうこうそうだい》な序曲があるのだが、カットされ、スコアは遺族が封印した）。

ヴェルディは、生涯、自分の本職を農園経営と考えていたから、世界中の歌劇場を席巻《せっけん》したいとか、ライバルを蹴落《けお》としたいとか、その種の野望は皆無だった。だから、若い頃《ころ》を除けばほとんどが「委嘱《いしょく》作」、つまり「頼まれたから作曲した」作品ばかり。活動範囲も、ほぼイタリア

ジュゼッペ・ヴェルディ
Giuseppe F. Verdi
1813～1901 イタリア

音楽史上最大のオペラ作曲家。分りやすくて劇的、かつ美しい構成のオペラを生涯にわたって生みつづけた。農園経営、老人ホーム経営、国会議員など、音楽以外でも一般庶民のために大活躍。領地の農民のために病院や学校まで作り、国会議員の期間中は、議員用無料乗車券を一枚も使用しなかった（今でも記念館となった自宅にそのまま残されている）。《ナブッコ》中の〈我が思いよ金色の翼に乗って飛んで行け〉は、第二のイタリア国歌として愛唱されている。イタリア中で「偉人」として愛されているのも当然といえよう。

国内中心だった。

　それでも、母国イタリア以外から委嘱され、外国で初演された作品がいくつかある。その一つが、この《運命の力》。ロシア帝室歌劇場からの委嘱作だ。

　初演（一八六二年）の際、ヴェルディは、馬車を仕立てて、イタリア産の食糧やワインとともに、はるばるロシアのペテルスブルクまで出かけていった。それだけ力の入った作品だったのである。《アイーダ》エジプト初演に至っては、行かないどころか、ほとんど無関心だった。

　ロシア初演は、外見は成功といえたが、マスコミや専門家の評は厳しかった。ただでさえ、ピストルが暴発して偶然の殺人が発生し、そこから因縁《いんねん》が絡みに絡んで最後は主要人物がほとんど死ぬという、あんまりな物語だったため、音楽にも無理が生じていたのだろう。

　帰国後、ヴェルディは、この作品を事実上のお蔵入りにする。ところが、約七年後、楽譜出版者リコルディのすすめで、改訂に着手。一八六九年に新版をスカラ座でイタリア初演することになった。台本も音楽も、多くの部分が改訂されたが、最も大きな変更は「序曲」だった。ロシア初演の際は、短い「前奏曲」だったのだが、イタリア初演のために、オペラ全体の旋律を取り込んだ、見事な序曲に書き換えた。これが、今に聴く《運命の力》序曲である。形式も無視し、物語のダイジェストを七〜八分間でまとめた手腕は見事としかいいようがない。

　それから幾星霜《いくせいそう》、この曲は日本中の吹奏楽コンクール会場で鳴り響くことになる。演奏時間もちょうどよく、冒頭が金管のユニゾン咆哮《ほうこう》で開始されるとあって、まさに吹奏楽向きだった。あの日、ヴェルディが改訂の意志を持たなかったら、この序曲も生まれず、吹奏楽版どころではなかったであろう。

成績表

金賞 11
銀賞 8
銅賞 8
ほか 4

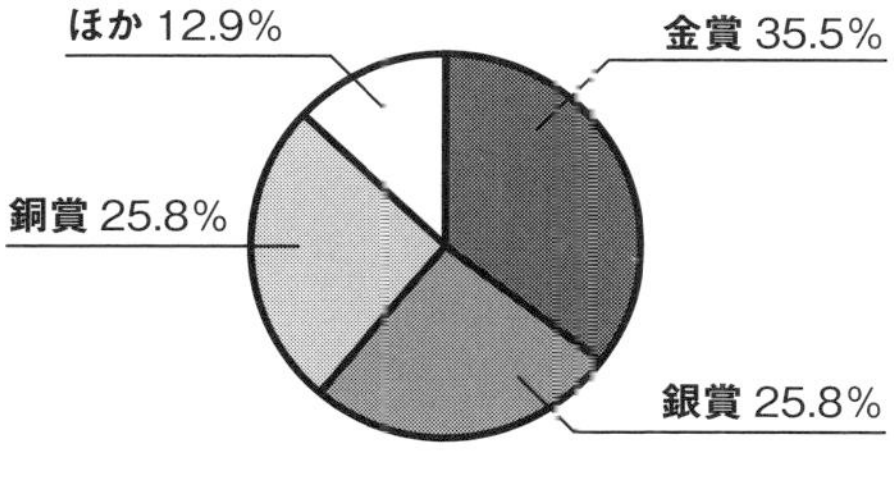

一八五五年初演の**《シチリア島の夕べの祈り》**は、ドニゼッティの未完のオペラ《アルバ公爵》が原作（オペラの原作がオペラ……昔はよくあった）。フランス支配下のシチリア島を舞台にした恋と抵抗の物語だ。パリ・オペラ座用に書いたので、バレエ・シーンがあってリズム感もはっきりしており、序曲も華やかだった。六〇年、伝説の名門・西宮市立今津中学［兵庫］が全国大会初演後、人気曲となって盛んに演奏されたものだ。オペラ全体は、少々弛緩《しかん》した構成になっているのだが、序曲はさすがヴェルディ、吹奏楽で演奏されてもなかなかに魅力的な曲である。

名演・熱演

《運命の力》序曲――冒頭の「ジャーン、ジャーン、ジャーン」。インパクトの強い作品である。一九六一年の**阪急百貨店吹奏楽団**［大阪］が、当時の吹奏楽のスタイルとしては斬《ざん》新《しん》な演奏をし、一位を獲得した。技術面では問題なく今でも十分通用するが、曲の流れは好みが分かれるだろう。七一年には、中学の部としては初めて取り上げた**富士吉田市立明見中学**［山梨］が見事金賞を獲得している。七五年の**千葉県立銚子商業高校**も金賞受賞。曲の終結部にあらわれる、トランペットとトロンボーンの細かい音符から「ここを決められない！」という奏者の想いが伝わってくる。この銚子商業高校の熱演が、翌年以降のヒットを生んだといっていいだろう。

七六年に生まれた名演が、さらにこの曲のヒットを促す。**尼崎市吹奏楽団**［兵庫］だ。「もし今、このままのサウンドでコンクールに出ても、金賞に値するんじゃないか？」とさえ思わされる。七七年の**西宮市立今津中学**［兵庫］の演奏もかなり強烈なインパクトを聴衆に与えた。時代背景を考えると、「この時代に、中学生が、なぜこのようなサウンドを生み出せたのか」と、驚嘆せずにはいられない。強奏部の木管はやや硬い音色になっているが、弱奏部では、その吹き分けがしっかりできている。当時の今津中学の練習量は半端ではなかったが、決して強制ではなく、部員たちが「みんなで一つのものを作り上げるんだ」という前向きな態度を取っていた。それがしっかりと演奏にあらわれている。

私が「ブッタマゲた」演奏は、七九年の**那覇市立石田中学**［沖縄］である。七〇年代後半は、「とにかく鳴らせ！」の時代であったが、まず冒頭の「ジャーン、ジャーン、ジャーン」でノックアウトさせられる。低音が奏でる充実した響きの上に、トランペットがていねいな柔らかいサウンドで乗る。ダウンから立ち上がったあと、木管楽器の、細やかで輪郭ははっきりしているが、素晴らしい密《ひそ》やかさを持った音色のジャブがヒットする。中間部の美しさは、「極楽とはここか？」とまで思わせてくれる。そのまま、このバンドの世界に引き込まれ、陶酔させられるが、気づいたらもう終結部。聴衆の拍手の大きさが、この演奏の素晴らしさを物語っている。

《シチリア島の夕べの祈り》序曲は魔の曲である。八四年、五年連続金賞がかかった**大阪市立城陽中学**の選んだ自由曲がこれであった。実際に演奏も素晴らしく、会場にいたほとんどの人が「五年連続金賞受賞は確実」と思ったはずである。全団体の演奏が終了し、審査結果発表の時がきた。「城陽中学校、銀賞」。会場中で「えー!?」の声が沸いた。この頃の聴衆は今ほど無神経ではなかったが、それでも会場からブーイングが起こった。今聴いても、「なぜこれが銀賞？」といいたくなる名演なのだが。また、〝淀工〟の名称で親しまれている名門・**大阪府立淀川工業高校**（現・淀川工科高校）も、この曲を三度全国大会で演奏しているが、金賞は一回だけで、あとは銀賞だった。これも会場からブーイングが起こったのが忘れられない。

序曲集＆前奏曲集
ベルリン・フィルハーモニー管弦楽団
ヘルベルト・フォン・カラヤン

ヴェルディの様々な序曲が聴けるアルバム。《シチリア島～》も収録されている
Dg 2 cd Series／453058－2（輸入盤）

Legendary Ⅲ
西宮市立今津中学校吹奏楽部
兵庫県西宮市立今津中学校吹奏楽部
得津武史

本文中にもあるとおり「この年代で中学生がこんな響きを！」が実感できる１枚
ブレーン・ミュージック／BOCD－7122

日本の吹奏楽'80 Vol. 3
沖縄県那覇市立石田中学校吹奏楽部
屋比久 勲

本文中では触れられなかったが、《シチリア島～》の「名演！」といえる演奏の一つ
ソニー・ミュージックエンタテインメント／22AG773（LP 廃盤）

バッハ

トッカータとフーガ ニ短調

'62年初登場

この曲が日本の吹奏楽を変えた!

グレード ★★★★★
人気度 ★★★★☆
演奏回数 40回

これぞ名曲!

どこまで本当か分らないが、こんな話がある。

ある人が、夕闇《ゆうやみ》迫る中、出雲市立第一中学〔島根〕のそばを歩いていたら、荘重《そうちょう》なバッハの調べが聴こえてきた。すると、その人、こう呟《つぶや》いたとか。

「たいしたもんだ。最近では、公立中学校にも、パイプオルガンがあるのか」

つまり、**《トッカータとフーガ ニ短調》**を練習中だった、同校吹奏楽部の響きが、本物のパイプオルガンに聴こえたというのだが……。

少々眉《まゆ》にツバをつけたくなる話だが、それでも、一九六七年に、中学生としては初めて、この曲で全国大会に挑んだ出雲第一中学の演奏は、確かにそれほど素晴らしいものだった（それ以前に、中央大学〔東京〕と、島根県立川本高校が演奏している）。

私も中学・高校時代に、LPの名演集レコードで擦り切れるほど聴いた記憶がある。この演奏は、間違いなく、日本の吹奏楽の何かを大きく変

ヨハン・セバスティアン・バッハ
Johann Sebastian Bach
1685~1750 ドイツ

音楽の父。全国大会ではほかに**《プレリュード、コラールとフーガ》**や**《ファンタジア ト短調》**も演奏されているが、コンクール抜きでいえば、吹奏楽でいちばん演奏されているのは、やはり《主よ、人の望みの喜びよ》であろう。彼は、生涯を教会や宮廷専属のオルガニスト・音楽監督として過ごした。晩年、眼病を患ったが、ヤブ医者テイラーの手術を受けて失敗し、失明。失意のうちに死去した。ちなみにこのテイラー医師は、後年、ヘンデルの目も治療しているが同じく失敗、死に追いやっている。

えたのだ。

　原曲は、バッハによるオルガン曲……ということになっているのだが、実は、少々怪しい。作曲年代は「少なくとも一七〇八年より前」、バッハ二〇歳前後の若書きらしいとしか分っていないし、自筆譜も残っていない。別の人物の作品だとか、ヴァイオリンのために書いた曲を、別人がオルガン用に編曲したのだとか、果ては、オルガン音楽の先輩パッヘルベルやブクステフーデの曲を拡大編曲したものだ、との説もある。どうも、この曲は、プロのオルガン奏者から見ると、「バッハらしくない曲」なのだそうだ。それだけに、あれこれと疑問が生じるのであろう。

　だからといって、吹奏楽版も簡単だというわけにはいかない。そもそも曲名にある「トッカータ」とは「触れる」の意味で、そこから転じて「即興的に演奏する」ことである。この曲の前半部は、いかにもアドリブ的な要素に満ちているが、それを数十人の吹奏楽で、一糸乱れず揃《そろ》って演奏するのは、並大抵のことではない。

　だいたい、何だって、オルガン曲を吹奏楽で演奏するようになったのだろうか……おそらく、四〇年のディズニー映画『ファンタジア』が、影響大と思われる。この映画の中で、ストコフスキーがフィラデルフィア管弦楽団を振って、驚くべき管弦楽版を披露した。これを観て「管弦楽でできるなら、吹奏楽でも」と思ったかどうか不明だが、その後、フランスのギャルド・レピュブリケーヌ吹奏楽団がレパートリーとし、特にブラン楽長時代に初期ステレオ録音によるレコードを出して一世を風靡《ふうび》することになる。

　六一年、そのギャルドが初来日し、東京・台東体育館での、第九回全日本吹奏楽コンクール全国大会で特別演奏を披露した。その際は、ラヴェルやドビュッシーなどを演奏したが、別のコンサートでは、ほかにも古今

成績表

金賞 14　銀賞 16　銅賞 7　ほか 3

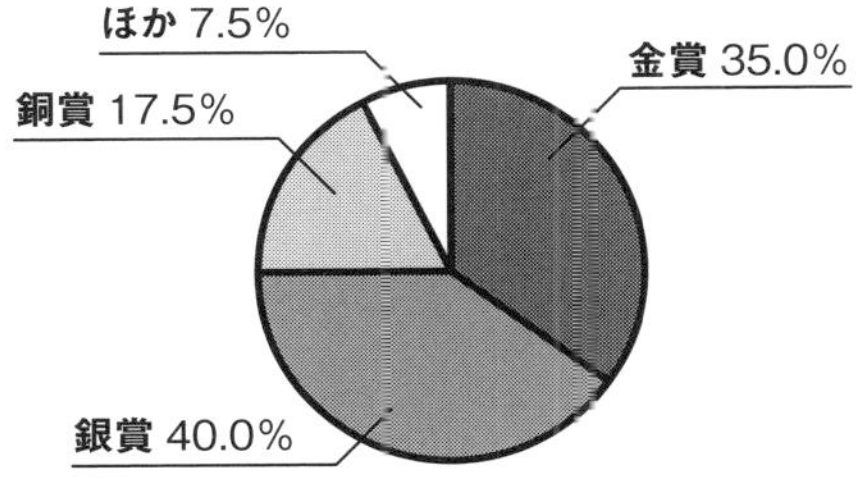

東西のクラシック名曲を次々演奏し、聴衆の度肝を抜いている。中でも、最も驚かされたのが、この《トッカータ～》だった（P98参照）。なぜ、あんなことができるのか？　いったいどれだけの者が、この時、ギャルド＝《トッカータ～》と記憶したことだろう。さっそく翌六二年、中央大学が《トッカータ～》を全国大会初演している（惜しくも二位だったが）。実は彼らは、前年の全国大会会場で、ギャルドの音をナマで聴いていた。よほど影響を受けたのであろう。六七年の出雲第一中学の名演のルーツには、そんなギャルドや中央大学の存在があったのである。

名演・熱演

　一九六七年、後世に語り継がれる《トッカータとフーガ　ニ短調》の超名演が誕生した。**出雲市立第一中学**［島根］である。ストコフスキー編曲の管弦楽版の登場にも度肝を抜かれたが、この出雲第一中学の演奏には魂を抜かれてしまった。テクニック、サウンド、音楽性といい、すべての要素でまさしく「日本一」の演奏だ。「何だ、これは？」と、冒頭の音色を聴いた瞬間に誰《だれ》もが思うだろう。このまま今のコンクールに出たとしても、金賞確実の演奏なのである（当時は順位表彰制だったので「一位」だった）。前記のとおり、冒頭を聴いただけで魂を抜かれてしまうのだが、実は冒頭部分だけではない。当時では考えられない、完璧《かんぺき》で緻密《ちみつ》なアンサンブルにも驚かされる。演奏時間は約六分なので、カットには多少強引さが見られるが、「そんなモン、どうでもいい！　この演奏を聴けただけで幸せだ」と、その年の会場だった東京厚生年金会館まで足を運んだ人の心に残ったことだろう。漢字一文字でこの演奏をあらわすと「豪」な《トッカータとフーガ》である。

　部門別にいくつかピックアップしてみたい。金銀銅賞制になってから、この曲で初の「金賞」を受賞をしたのは、七二年の**那覇市立真和志中学**［沖縄］だ。出雲第一中学の名演登場後、音楽表現を工夫した演奏が多く登場したが、この真和志中学の演奏は、木管楽器の持つ優しく温かみのある音色を最大限生かしたものになっている。金管のテヌートに若干「ん？」となるが、木管楽器がそれを包み込んでいるので、違和感はない。こちらは「豪」に対して「和」といえる。

　もう一団体、中学の演奏を取り上げたい。八五年、**西宮市立今津中学**

〔兵庫〕の演奏に冒頭部の木管にやや鋭さがあるが、曲全体を通して聴くと木管楽器の美しい響きに驚かされる。金管も伸びやかな音色で、表現もあざとさを感じさせない。実に自然に音楽が流れている。こちらは「柔」だろう。

　高校の部で印象に残っているのは、八七年の**大阪府立淀川工業高校**(現・淀川工科高校)の演奏だ(七五年にも演奏して金賞を受賞している)。こちらは非常に緻密な演奏で、もともと淀工は独自のカラーを持っているバンドであるが、「ああ、こういう演奏もするんだ」と、あらためて凄《すご》さを見せつけられる仕上がりになっていた。淀工の意外な一面を見ることができた演奏なので、「驚」とあらわしてみたい。

　衝撃的な印象を聴衆全員に与えた、九九年高校前半の部のトリ、**埼玉県立伊奈学園総合高校**の演奏にも本当に驚かされた。木管の扱いが巧みな森田一浩の編曲なので期待していたが、期待以上の演奏だった。はっきりいって、この編曲版は難しい。しかし、彼らは必死にしがみつくような素ぶりはまったく見せず、むしろ余裕さえ感じさせた。森田の編曲ポリシーは、「ただの編曲ではなく、吹奏楽でしか表現できない、原曲とはまったく異なる作品を新たに作り出す」だが、伊奈学園はそれを完璧に表現し、編曲者も大絶賛の演奏を披露してくれた。これは漢字二文字になるが「最高」としかいえない。

バッハ:オルガン名曲集
K・リヒター

原曲を知らなければ仕方ない。管楽器に似たオルガンのサウンドでどうぞ
ユニバーサル ミュージック/UCCD-7028

Eternally 1
チャイコフスキー交響曲第4番
沖縄県那覇市立
真和志中学校吹奏楽部
屋比久 勲

柔らかなサウンドと随所に気を配った秀逸な演奏。一聴の価値ありのアルバム
ブレーン・ミュージック/BOCD-7138

JAPAN'S BEST CLASSICS1999
高校編
埼玉県立伊奈学園
総合高等学校吹奏楽部
宇畑知樹

編曲者自身も大絶賛した演奏。木管楽器の使い方と音色に注目して聴いてほしい
ブレーン・ミュージック/BOD-3038(DVD)

ホルスト 木星～組曲《惑星》より

'63年初登場

近年リバイバル、クラシックの定番人気曲

グレード ★★★★☆
人気度 ★★★★☆
演奏回数 17回

これぞ名曲！

ホルストがこの曲を作曲した頃《ころ》（一九一四〜一六年）、イギリスでは、占いや心霊術が大流行する、空前の〝オカルト・ブーム〟だった。当時、シャーロック・ホームズで知られる作家コナン・ドイルでさえ、降霊実験に凝り、ついには捏造《ねつぞう》された妖精《ようせい》写真を本物と信じて自ら喧伝《けんでん》してまわるありさまだった。

　だから、この曲も、決して「天文学」への興味から生まれたものではない。あくまで「占星術《せんせいじゅつ》」を題材としているのである（ホルスト自身、占星術を研究していた）。いわば〝オカルト音楽〟なのだ。だから各曲に、占星術にちなんだ副題がついていた（〈木星〜快楽をもたらすもの〉のように）。邦題も《惑星》よりは、《星めぐり》とでも呼んだ方が合っている。そんな曲だったせいか、はたまたオルガンや合唱までを必要とする巨大編成のせいか、一九二〇年の全曲初演こそ成功したが、やがて忘れられてしまった。

　それが復活するのは、六一年、デ

グスターヴ・ホルスト
Gustav Holst
1874～1934 イギリス

　本来がトロンボーン奏者。のちに女学校で教員を勤めながら作曲をこなした。合唱曲が多いが、やはり**《吹奏楽のための第一組曲》《同第二組曲》《ハンマースミス》**など、ほぼ現代編成による、最初の吹奏楽オリジナル曲を書いたことで、我々には印象深い。名指揮者の故フレデリック・フェネルは「バンド指揮者になりたいなら、第一組曲のスコアを完璧《かんぺき》に勉強し、一緒に生活せよ」とまでいっている。

ッカ・レコードの名プロデューサー、ジョン・カルショーが発掘し、カラヤン指揮＝ウィーン・フィルでレコード化してからだった。もちろんカラヤン以前にも録音はあったが、カルショーお得意のスペクタクル録音と、カラヤンの見事な演出指揮のおかげで、レコードとして初のベストセラーになったのだ。以後この曲はクラシック・レコード界の定番人気曲となるのである。

　さらに《惑星》は、クラシックの枠を超え始める。七七年には冨田勲のシンセサイザー版（宇宙旅行に託した音のパノラマ。今聴いても抜群の面白さ！）、八六年には〈火星〉がエマーソン・レイク＆パウエルによってプログレッシブ・ロックになった。九七年、ダイアナ元妃の葬儀では〈木星〉中間部のメロディが聖歌として歌われた。故・本田美奈子や平原綾香が歌ったのも記憶に新しいところだろう。

　だが、日本に限っては、もう一つ、人気の理由がある。〈木星〉が吹奏楽版となって、日本中で演奏されたのだ。全国大会初演は、六三年の大阪市立天王寺商業高校と富山県立富山商業高校。時期的に、前記カラヤン盤の影響がうかがえる。中間部のイギリス民謡風の旋律が繰り返され、次第に拡大していくさまも、吹奏楽ならではの迫力に満ちていた。八〇～九〇年代には全国大会では聴かれなくなったが、二〇〇〇年代に入ってから再び演奏されるようになっている。名曲ゆえ、歴史は繰り返すといったところだろうか。近年は、建部知弘編曲版に人気があるようだ。

　なお、作曲当時、冥王《めいおう》星は発見されていなかった（発見は一九三〇年）。よって、原曲は、地球と太陽を除いた〈火星〉〈金星〉〈水星〉〈木星〉〈土星〉〈天王星〉〈海王星〉の七曲で構成されている。

　その後、二〇〇〇年に、ホルスト研究家のコリン・マシューズにより

成績表

金賞 5　銀賞 5　銅賞 2　ほか 5

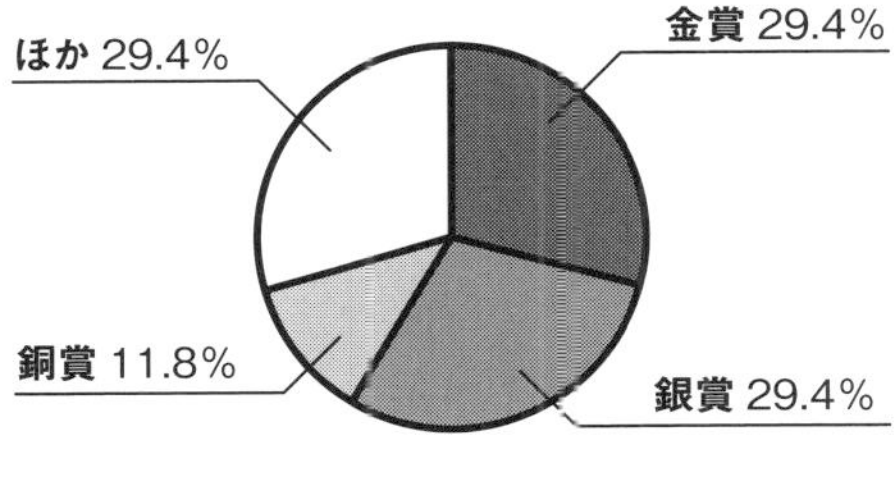

〈冥王星〉が新たに作曲され、〝完全版〟となった。ところが、すでにご存知のとおり、〇六年に冥王星が太陽系の惑星から除外されてしまった。これによって、再びホルストの組曲どおりの惑星構成に戻ることになった。偶然、ほぼ同時期に、サイモン・ラトル指揮＝ベルリン・フィルの、〈冥王星〉付き完全版CDがリリースされた。皮肉なことに、発売と同時に〝幻の組曲〟となったこのCDは、世間の注目を浴び、大ヒットすることになってしまった。

《惑星》は、初演以後も、様々な形で我々に話題を提供しつづけてくれる、まさに〝オカルト〟色に満ちた神秘音楽なのである。

名演・熱演

吹奏楽に携わっていない人やクラシック音楽に興味のない人にも非常になじみ深い作品のはずだ。だが、吹く方はたいへんである(特に木管)。しかも広く親しまれている曲なので、かなりインパクトのある演奏をしないと、聴き手にもストレスがたまってしまう。四団体の演奏を紹介するが、この四つの演奏は、どれを聴いてもハズレなし！

一番目は、一九七一年の**北九州市立響南中学**［福岡］。冒頭の木管を聴いた瞬間に「え!?」となり、現在とは多少異なる音楽表現に「キョトン」としてしまうが次の瞬間に「最後まで聴けずにおけるか！」と、響南ワールドに誘われる。サクソフォーンの音色は特筆モノで、鳴ってはいるがやや素の音色のクラリネットと融合した時、何ともいえない魅力あるサウンドが誕生する。個人技が凄《すご》いというパートはないが、楽器の組み合わせの妙で、味のある演奏を披露してくれる。終結部の木管低音とテューバのサウンドは、聴いた瞬間に「うおっ！」と、唸《うな》ってしまうこと必至。

二番目は、これも七一年で**沖縄県立首里高校**。これはいまだかつて聴いたことのない、冒頭の木管でノックアウトされる。何度も聴き返してしまうサウンドだ。そして、その直後のテヌートに驚かされる。曲の場面転換は自然で、音楽も清流のように流れていくのだが、時折脇腹《わきばら》をくすぐられるような遊び心も入っている。中間部の歌い方はやや平坦《へいたん》だが、ホルンの唸りが聴きモノ。後半に入るとさらに白熱するかと思いきや、意外と淡々と進んでいく。そして終結部に入り、最後の音になるわけだが、ここで「意外」な終わり方をする。実際に聴いてのお楽しみ。

三番目は、ずいぶん飛んで二〇〇〇年の**龍谷大学**〔京都〕（一九七七〜九九年の間は、一度も演奏されていない）。会場でワクワクしながら聴いていたのだが、期待以上の演奏を披露してくれた。事前には「この時代に、今さら〈木星〉？」と感じてしまう人が多かったと思うが、この演奏を聴いて、「この時代だからこそ〈木星〉！」と納得しただろう。残念ながら銀賞であったが（会場中から「えーっ!?」というざわめきが起きた）、聴衆の心に深い印象を与えたのは間違いない。

四番目は、〇四年の**駒澤大学**〔東京〕。実に豪快なサウンドで、終始、聴衆を圧倒した。私は、たまたま一階席の真ん中、舞台上の奏者と同じくらいの高さの席に座っていた。そのため、音が直接、バシバシ飛んで来る。しかし中間部は優雅に歌い上げ、聴衆をうっとりさせた。この曲はいわゆる「A〜B〜A」形式だが、中間のBから最後のAに至る際の、各楽器の受け渡しも実に見事だった。終結部は全員が「これ以上大きな音だと破裂音になる。しかしこれ以上下げると間抜けな音になる」ギリギリの境界線を見極めているので、うるささは感じられない。

最後の一音が鳴り終わった時の感想は、「ごちそうさまーっ！」。

ホルスト：組曲《惑星》
シカゴ交響楽団
J・レヴァイン

誰もが唸る、豪快な《惑星》全曲。価格も驚きのたった千円での再発売。必聴！
ユニバーサル ミュージック／UCCG-5015

沖縄県立
首里高等学校吹奏楽部
富原守哉

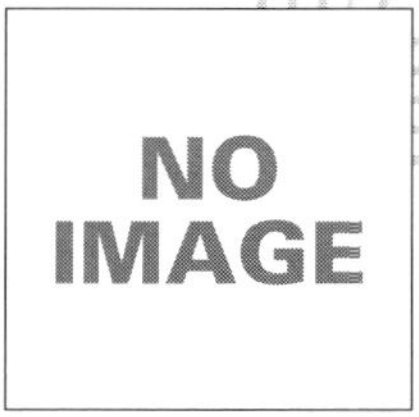

冒頭の木管の美しさと直後の強烈なテヌート奏法。ラスト50秒からにも驚きあり
ブレーンよりダウンロード

全日本吹奏楽2004
金賞団体の競演【CD 6 枚組】
駒澤大学吹奏楽部
上埜 孝

実に豪快な〈木星〉、しかし歌うところはしっかり歌い上げている。おいしゅうございました
ビクターエンタテインメント／VICS-61249

ドリーブ
バレエ組曲《コッペリア》より

'65年初登場

《コッペリア》といえば中村学園女子高校！

グレード	★★★☆☆
人気度	★★★☆☆
演奏回数	13回

これぞ名曲！

コンクールで演奏されるドリーブ作品といえば、昔は、**バレエ組曲《シルヴィア》**の中の〈**バッカスの行列**〉と相場が決まっていた。一九六四年、福井市立成和中学と明石高校ＯＢ吹奏楽団［兵庫］が同時に全国大会初演して以来、しばらく人気のあった曲だ。

一八七六年パリ・オペラ座の初演。ギリシャ神話を題材にしたバレエで、チャイコフスキーが絶賛したことで知られている。〈バッカスの行列〉は、第三幕冒頭で演奏される曲だ（組曲だと、四曲構成の最終曲にあたる）。

それが、一九八五年を境に、一挙に**《コッペリア》**に取って代わる。実は六五年という早い時期に、一回だけ、岩手大学が演奏しているのだが、まだこの頃《ころ》は《シルヴィア》全盛時代だった。それが完全に入れ替わるのは、何といっても、八五年に中村学園女子高校 ［福岡］ が、小長谷宗一編曲版《コッペリア》で金賞を獲得してからだった。女子高の金賞にも驚いたが、元気いっぱいの

レオ・ドリーブ
Léo Delibes
1836〜91 フランス

ドリーブ以前、バレエの音楽は、まともな作曲家がやる仕事とは見られなかった。だがドリーブは、名作バレエ《ジゼル》の作曲者アダンに学んだことで吹っ切れ、《コッペリア》や《シルヴィア》を生んだ。それゆえ〝フランス・バレエの父〟と呼ばれている。

なお、《コッペリア》の原案小説『砂男』は、かつて河出文庫に種村季弘の邦訳があったが、現在入手困難。

若々しさは圧倒的だった。まさに「中村学園の《コッペリア》か、《コッペリア》の中村学園か」といわれたほどの名演だった。翌八六年には、一挙に三団体が、この小長谷版《コッペリア》で全国大会に挑んだほどの影響を与えている。

　小長谷版は、〈前奏曲とマズルカ〉〈ワルツ〉〈チャルダーシュ〉〈第二幕終曲〉の四曲で構成されている。このうち、最初の三曲を組み合わせると演奏時間にピッタリだった。コンクール自由曲には、高度な技術が駆使できて、演奏時間に収まって、それでいて音楽的なまとまりが求められる。小長谷版《コッペリア》は、そのすべての要素を満たしてくれるスコアだったのだ（近年は、淀彰版、鈴木英史版なども登場している）。

　ドリーブは幅広いジャンルの音楽を書いたが、人口に膾炙《かいしゃ》したのは《シルヴィア》とこの《コッペリア》、あとは歌劇《ラクメ》くらいであった。その《ラクメ》でさえ、一般には、アリア〈鐘の歌〉くらいしか知られていない。二〇〇七年四月にスロヴェニアの歌劇場が来日して上演したが、日本ではこれが実に八〇年ぶりだったそうだ。やはりドリーブは、よくいわれるように〝フランス・バレエ音楽の父〟なのだ。

《コッペリア》は一八七〇年、パリ・オペラ座の初演。《くるみ割り人形》原作者、ドイツの幻想作家ホフマン（一七七六～一八二二）が書いた怪奇小説『砂男』が原案である。人形に恋する男の狂気を描く小説だが、バレエでは換骨奪胎《かんこつだったい》され、科学者コッペリウスが製作した美少女ロボットのコッペリアをめぐるドタバタ喜劇となっている。ヒロインのスワニルダは、バレリーナ憧《あこが》れの有名役だ。

コッペリウス邸前の広場で村の若者が集まって踊る〈マズルカ〉の場は、あらゆるバレエの中で屈指の人気場面であり、何度観ても楽しい。吹奏楽版でもここが聴かせどころの

成績表

金賞 5　銀賞 3　銅賞 4　ほか 1

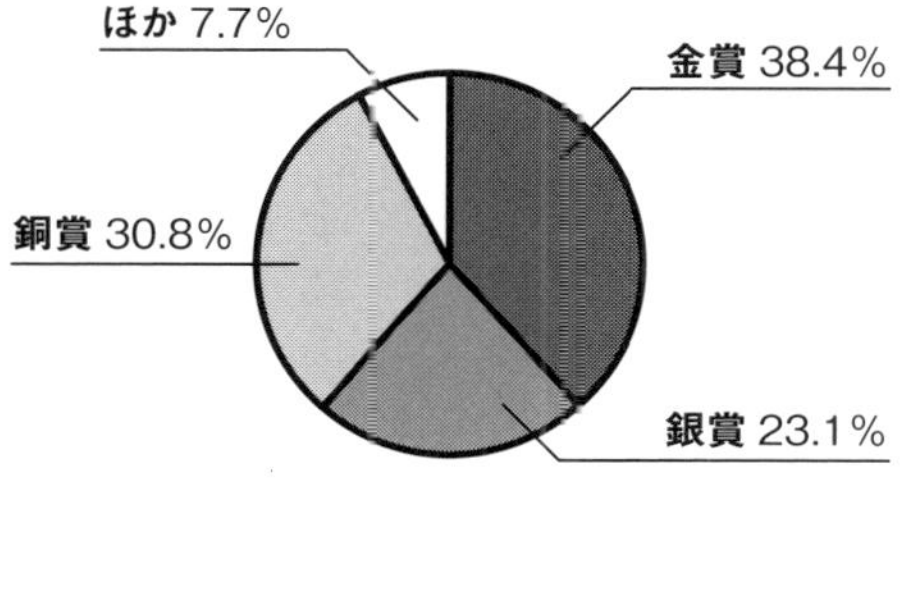

一つとなっている。

フランス・バレエといえば、オッフェンバックの名旋律を集めて、ラヴェル最後の弟子ロゼンタールがバレエ用に編曲した**組曲《パリの喜び》**（一九三八年初演）も、小長谷宗一によって吹奏楽版になっている。これを全国大会初演したのがまたも中村学園で、しかも《コッペリア》の翌八六年だった。以後、一二回登場の人気曲となった。中村学園&小長谷コンビは、まさにフランス・バレエを日本吹奏楽界に定着させる、水先案内人だったのである。

名演・熱演

全国大会初演は一九六五年の**岩手大学**だが、前半の解説でも触れているとおり、この作品を広く知らしめた演奏は、八五年の**中村学園女子高校**［福岡］である。普門館でナマで聴いた時も、「楽しい曲で、元気いっぱいに吹いているなあ」と思ったものだ。あらためて聴いてみても、「これ、今でも金賞取れるんじゃないか？」と思わずにはいられない。七〇年代後半からつづいている「とにかく鳴らせ！」ブームは、八〇年代以降も引き継がれ、特に女子高バンドは「鳴らしたモノ勝ち」という風潮もみられた。しかし、この中村学園の《コッペリア》は、鳴らすだけでなく、歌心も持っていた。茶目っ気たっぷりな場面もあれば、シリアスに歌いこむ場面もある。〈チャルダーシュ〉では「いけいけ！」のノリで、普門館の舞台を楽しんでいるように思える。それだけに〈ワルツ〉が終わった瞬間、フライング拍手が起きてしまうんじゃないかと、ハラハラしたものだ。

翌八六年、さっそく三団体が自由曲として取り上げているが、**就実高校**［岡山］のていねいな演奏に好印象を持った。中村学園がカットしていた部分も取り上げたため、普門館の聴衆が「おや？」という感じで顔を上げた。もちろんカット部分を変えたのが珍しいというだけで、〈ワルツ〉の優雅な歌い方は実に見事だし、〈チャルダーシュ〉でも開始早々の、木管楽器の深い音色にはため息が出る。

もう一団体、同年金賞を受賞した**上尾市民吹奏楽団**［埼玉］にも触れておこう。不安定な冒頭には、「ん？」と感じたが、その後はさすが一般バンド。大人の音楽と充実したサウンドと歯切れのよい音楽で、聴衆を魅了した。

八七年には、**ブリヂストン吹奏楽団久留米**［福岡］と**札幌吹奏楽団**［北海道」がともにこの曲で金賞を受賞している。ゴージャスなサウンドのブリヂストン吹奏楽団久留米に対し、札幌吹奏楽団は〈ワルツ〉と〈チャルダーシュ〉のみのシンプルな組み合わせだった。課題曲に長めの《風紋》を選んでいたので、時間の都合もあったのだろうが、これが逆に新鮮さを感じさせてくれた。〈ワルツ〉の軽やかな歌いまわし、微妙なアッチェレランドには脱帽。〈チャルダーシュ〉もしっかりとアゴーギクされており、違和感をまったく感じさせない。テンポ・アップした場面の軽やかさは特筆モノである。

さて、中村学園は、八六年に、新曲《パリの喜び》を普門館で初披露した。これまた勢いのある楽しい作品で、拍手喝采《かっさい》を受けた。

その後、九一年に**愛媛県立伊予高校**がこの《パリの喜び》の見事な演奏で、念願の金賞を初受賞した。同校は、課題曲《コーラル・ブルー》も素晴らしい演奏で、ソニーのライヴ盤では、課題曲の代表収録という栄誉もつかんでいる。

ドリーブ：バレエ
《コッペリア》全曲 他
ナショナル・フィルハーモニー管弦楽団
R・ボニング

《コッペリア》全曲。アンセルメ指揮が有名だが容易に入手できるのはこの盤
ユニバーサル ミュージック／UCCD－3833

Eternally 4 中村学園「コッペリア」
中村学園女子高等学校吹奏楽部
松澤 洋

《コッペリア》大ヒットの火つけ役となった演奏。女子高らしい歌いまわしに注目
ブレーン・ミュージック／BOCD－7141

日本の吹奏楽'91 Vol.5 高等学校編
愛媛県立伊予高等学校吹奏楽部
上甲広文

《パリの喜び》の名演。素朴ながらも奏者の熱い想いが伝わってくる演奏
ソニー・ミュージックエンタテインメント／SRCR－8696（廃盤）

ワーグナー

エルザの大聖堂への行列 ~歌劇《ローエングリン》より

'66年初登場

今でも耳を疑う、豊島第十中学の超名演

グレード ★★★★☆
人気度 ★★★★☆
演奏回数 19回

これぞ名曲！

吹奏楽コンクールの歴史、もしくは日本のアマチュア吹奏楽の歴史を語る際、エポック・メーキングがいくつかあるが、一九六六年の全国大会における、豊島区立第十中学（現・同区立明豊中学）〔東京〕の演奏は、間違いなくその一つに数えられるであろう。指揮は、のちに全日本吹奏楽連盟の理事長を務める酒井正幸先生（二〇〇六年六月逝去《せいきょ》）。ここで演奏された自由曲が、**〈エルザの大聖堂への行列〉**であった。

全編がロングトーンのような曲である。しかも、高度なレガート奏法、正確なピッチを要求される。それらをあどけない中学生が見事にこなしたのだ。誰《だれ》もが唖然《あぜん》となった。

これは、ワーグナーの**歌劇《ローエングリン》**の、第二幕後半（第四・五場）を約七分ほどに凝縮した編曲である。ワーグナーは、のちに「楽劇」と称する、音楽とドラマが一体化したジャンルに突入するが、《ローエングリン》は、旧来のロマン豊かな「歌劇」に取り組んでいた時期

リヒャルト・ワーグナー

Richard Wagner
1813~83 ドイツ

オペラの革命児。旧来の歌劇に演劇要素を絡めた「楽劇」なるジャンルを創出した。だが人間としては褒められたものではなく、不倫、借金、夜逃げ、政治犯、指名手配とさんざんで、それでも最後はバイエルン国王にバイロイト祝祭劇場を建てさせ、自作のみを上演するワンマン音楽祭をスタートさせた。まさにやりたい放題、気宇《きう》壮大を絵に描いたような人生だった。

曲は、多くが金管バリバリ。今だったら間違いなく「吹奏楽作曲家」であろう。

の、最後の作品だ。初演は一八五〇年。指揮はリストだった。

物語は、中世のオランダを舞台に、ブラバント公国の危機をめぐり、白鳥伝説をからめた悲恋ファンタジーである。

第二幕で、ブラバントの皇女エルザは、氏名不詳の「白鳥の騎士」（実は、聖杯守護騎士団のローエングリン）と結婚する。二人は、多くの供と大聖堂へ向かって荘厳に歩を進める。そこへ、敵対する者たちが妨害に入り、二人の結婚を非難する。しばらく激しい問答がつづくが、やがて騎士によっておさめられ、行列は大聖堂の中へと進んで行く。

このシーンから、葛藤《かっとう》の場面を除いて、行列の音楽のみが再構成され、吹奏楽曲になった。いわばダイジェスト編曲である（カイリエ編曲）。一般には、フレデリック・フェネル指揮＝イーストマン・ウインド・アンサンブルによるマーキュリーのLPで有名になったスコアだ（一九五九年録音）。あまりにうまくダイジェストされているので、吹奏楽オリジナル曲のような錯覚さえ覚える。豊島第十中学の名演は多くの団体に衝撃を与え、以後、大ヒットして、今に至る吹奏楽界の有名レパートリーになった。

近年は、カイリエ編曲のほかにもいくつかの楽譜が出ており、たとえばブジョワー編曲版は、オルガンやバンダ（金管別動隊《べつどうたい》）までが加わる壮大なスケールで、かなり原曲に近い構成となっている。

ちなみに、《ローエングリン》からは、〈第三幕への前奏曲〉も、しばしば吹奏楽版で演奏される。この前奏曲につづいて幕が上がると新婚初夜のシーンで、ここで演奏されるのが、有名な〈結婚行進曲〉。メンデルスゾーンの同名曲（《真夏の夜の夢》より）に並ぶ結婚式の名BGMだが、《ローエングリン》の方は、そのあとに悲劇が待っているので、

成績表

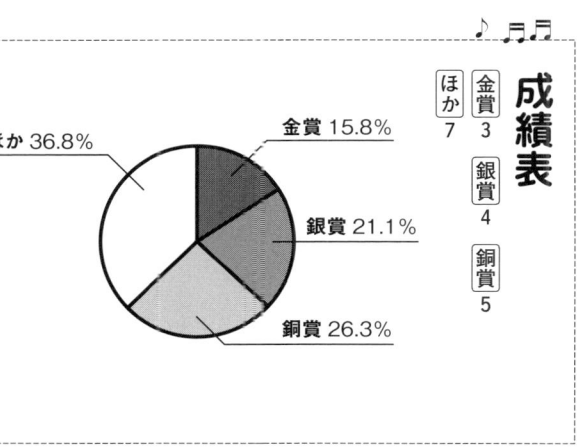

金賞 3　銀賞 4　銅賞 5　ほか 7

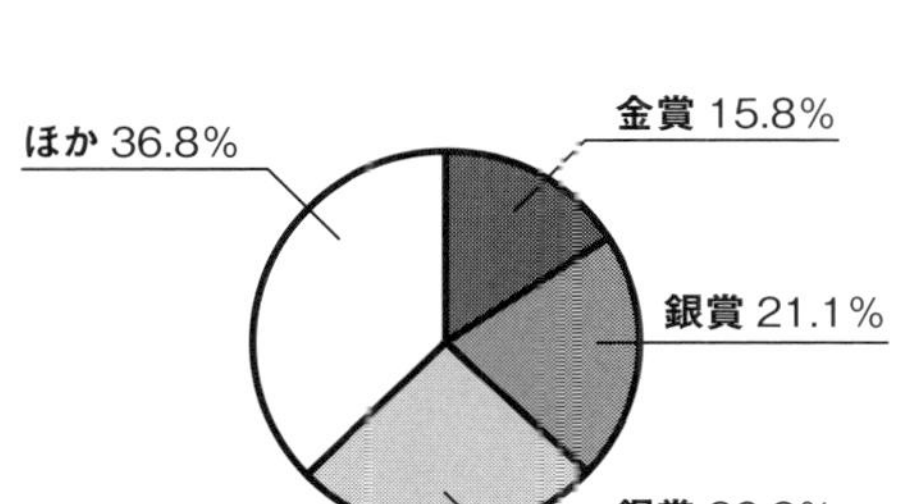

実は「不吉な曲」なのである。時折、これを流している結婚式場があるが、オペラの結末を知っていると、「う〜む」と唸《うな》りたくなってしまう。

ほかに吹奏楽版で演奏されるワーグナー作品としては、**《リエンツィ》序曲**、**《さまよえるオランダ人》序曲**、**《ニュルンベルクのマイスタージンガー》**より、**《タンホイザー》序曲・大行進曲**、**〈ワルキューレの騎行〉**、**《ラインの黄金》**より、**《神々の黄昏《たそがれ》》**より、などがあって、コンクールにもよく登場している。

名演・熱演

一九六六年、**豊島区立第十中学**［東京］の演奏した〈エルザの大聖堂への行列〉は、今や伝説となった名演だ。冒頭のフルートの音色を聴いた瞬間に、頭の中が真っ白になる。優雅な音色で奏されるこの旋律は、一瞬で聴衆を虜《とりこ》にしてしまった。旋律の受け渡しの音の処理（「処理」なんて言葉、使いたくないが）は完璧《かんぺき》であり、また、後半で盛り上がるまではほとんど「基礎練習状態」の金管群も、しっかりと旋律を支えていて出しゃばることなく、木管と見事に溶け合っており、不思議なサウンドが会場中に響きわたった。曲が盛り上がるにつれ、徐々に金管が、「待ってました！」といわんばかりに、元気いっぱいで芯《しん》のある素晴らしい音色で歌い出す。この曲は終わり方にも苦労するが、ラストもしっかりとした和音を保ったまま、全員の呼吸がピタリと止まる。最初から最後まで、まさに「息の合った」演奏を披露してくれた。もちろん一位だった（当時は順位制）。

七二年には**ブリヂストンタイヤ久留米工場吹奏楽団**（現・ブリヂストン吹奏楽団久留米）［福岡］が取り上げ、金賞を受賞している。こちらはさすが大人のバンドだけあって各奏者の技術も高く、ヴィブラートも十分かかって、より美しく劇的な演奏だった。「息がつらい」部分もフォローが完璧で、ていねいな伴奏の歌い上げが、音楽全体の自然な流れを作り出すという効果をもたらしている。特に後半のトロンボーンとホルンは、心から「拍手！」の出来である。一瞬音量を落とす部分で「あ！」となる箇所があるが、これもご愛嬌《あいきょう》。今聴いても十分に楽しめる演奏だ。

七四年には**沖縄県立首里高校**がこの曲で金賞を受賞しているが、その後二〇年間、しばしば全国大会で演奏はされるものの、金賞受賞の演奏は生まれていない。その中で銀賞ながら印象に残っている団体が、八七年の**松山市立雄新中学**［愛媛］の演奏だ。雄新中学は、この頃《ころ》が全盛期で、前年の八六年には、これも銀賞だったが、ベルリオーズの序曲《ローマの謝肉祭》で超絶《ちょうぜつ》技巧《ぎこう》の演奏を披露した。非常に速いテンポで演奏されたのだが、一糸乱れぬアンサンブルには度肝を抜かれた。もちろん拍手喝采《かっさい》だったが、それよりも、曲が終わって部員が立ち上がった時、全員が笑顔だったことに驚かされた。しかも「満面の笑み」なのである。

出場メンバー全員が「楽しかったーっ！」という思いだったのであろう。そんな雄新中学の〈エルザ～〉は、木管も金管も技術が高く、特にオーボエの音色に驚かされた。歌い方も音楽も実に見事で、「何でこれが銀賞なのか？」と、誰もが思ったはずだ。

次の金賞受賞の演奏は、ようやく九五年になって登場した。実に二一年ぶりである。**小平市立小平第六中学**［東京］だ。九〇年代に入ると、「とにかく鳴らせ！」の時代はようやく幕を下ろす。どこのバンドでも、「鳴るのは当たり前」になってきたからだ。音楽性重視の時代にピタリと合った、この朗々とした柔らかなサウンドは、それだけに新鮮だった。ていねいな歌い方と、劇的な終わり方で、聴衆の心に深く残る演奏であった。

ワーグナー：オペラ合唱曲集
ウィーン・フィルハーモニー管弦楽団
G・ショルティ

数少ない原曲盤。〈エルザ～〉全曲ならいろいろ出ているが〈行列の場〉のみはこの盤だけ
ユニバーサル ミュージック／FOCL－5128

ワーグナー：名曲集
イーストマン・ウインド・アンサンブル
F・フェネル

〈エルザ～〉を語るに絶対に外せない極上の演奏！（P170参照）　うっとりする美しい演奏をどうぞ！
ユニバーサル ミュージック／UCCP－3269

Legendary Ⅲ
豊島区立第十中学校吹奏楽部
東京都豊島区立第十中学校吹奏楽部
酒井正幸

古い音源なので少しノイズがあるが、それを差し引いても「必聴！」の１枚
ブレーン・ミュージック／BOCD－7124

ボロディン ダッタン人の踊り ～歌劇《イーゴリ公》より

'67年初登場

″アマチュア・バンド″に愛された″アマチュア作曲家″の名曲

グレード	★★★★☆
人気度	★★★☆☆
演奏回数	18回

これぞ名曲！

いったいどういうものなのか、私ごときにはまったく理解できないのだが、有機化学の世界に「ハンスディーカー反応」なる現象（?）があって、これが別名「ボロディン反応」とも呼ばれているらしい。そう、ロシアの作曲家ボロディンが発見(?)したのである。

彼の本職は、超一流の化学者だった。昔から音楽が好きで、暇を見つけては作曲などをしていたが、二九歳でバラキレフに出会うまでは、正式に音楽を学んだことはなかった。以後も、終生《しゅうせい》、化学者でありつづけ、作曲は休日にしか手がけない″日曜作曲家″だった。

そのため、彼の作品は、ほとんどが未完だったり、未熟な内容のものばかりであった。それを助けつづけたのが、″ロシア五人組″の中の、バラキレフとリムスキー＝コルサコフ、あるいはグラズノフといった音楽仲間たちであった。最も有名な交響詩《中央アジアの草原にて》なども、リムスキー＝コルサコフによっ

アレクサンドル・ボロディン
Alexander Borodin
1833～87 ロシア

彼はグルジア皇族の生まれだったため、十分な教育を受けることができ、おかげで一流化学者になった。一九五四年にブロードウェイで、演劇やミュージカルを対象としたトニー賞最優秀ミュージカル作品賞を「受賞」。受賞作ミュージカル『キスメット』が、《イーゴリ公》を中心とするボロディン・メロディを集めてつくられた作品だったのだ。

イーゴリ公のオリジナル伝説については、岩波文庫に『イーゴリ遠征物語』（木村彰一訳）があったが、現在入手困難。

て編曲完成したものである。
歌劇《イーゴリ公》は、ボロディン唯一のオペラだが、やはり生前に完成させることはできなかった。物語は、中世のロシア南部の領主イーゴリ公が、しばしば侵入してくるポーロヴェツ人から母国を守る英雄譚《えいゆうたん》である（日本ではダッタン人と呼ばれているが、これは明らかな間違い。「ダッタン人」とはモンゴル系の遊牧民族のことで、ここに登場するのは「ポーロヴェツ人」＝トルコ系の遊牧民族であり、両者はまったく関係ない。一時、ポーロヴェツの地がモンゴルの支配下にあったので、ごちゃまぜになったのであろう）。

　ボロディンは、この大作に三六歳で着手した。だが、医大教授としてもどんどん出世するし、研究活動も超多忙とあって、筆は容易に進まなかった。結局、五三歳の時、謝肉祭の仮面舞踏会で倒れて死去。《イーゴリ公》は未完のまま遺された。ここで登場するのが、またも、昔からの音楽仲間たちである。リムスキー＝コルサコフとグラズノフの二人が、未完の台本・音楽を補筆完成させ、序幕＋全四幕の大作に仕立て直して、一八九〇年、ペテルスブルクで初演に持ち込むのである。ボロディンの死後三年目のことだった。

　この第二幕、捕えられたイーゴリ公の前で、ポーロヴェツ人たちが繰り広げる大宴会の場面が、通称**〈ダッタン人の踊り〉**いや、**〈ポーロヴェツ人の踊り〉**である。文字どおり「踊り」なので、バレエが加わる。時折、バレエ公演で、この場のみが取り上げられることもある。原曲では合唱も加わるのだが、管弦楽で抜粋演奏される際はカットされる（もちろん、吹奏楽版でも）。中間部分のゆったりした旋律が特に有名で、ＴＶＣＭやポップスでもしばしば使用されている。

　吹奏楽版は、一九六七年に徳島市立富田《とみだ》中学が全国大会初演して以来、

成績表

金賞 2　銀賞 7　銅賞 7　ほか 2

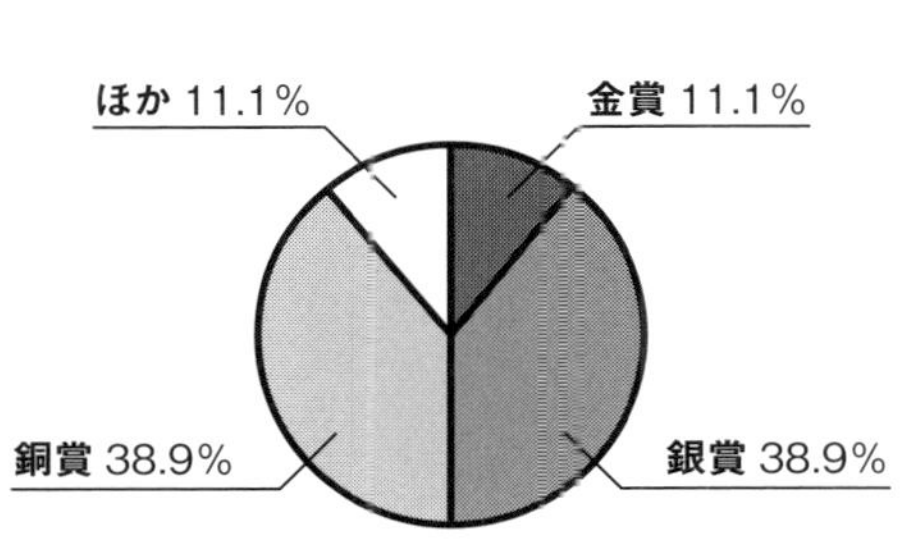

人気曲となっている。編曲は、マーク・ハインズレイ版を中心に、今では内外で各種出ているようだ。

余談だが、歌劇《イーゴリ公》は、ボロディン死後の初演まで、まったく演奏されないわけではなかった。親友リムスキー＝コルサコフの指揮によって、途中まででき上がった部分が、少しずつ、コンサートで発表されていたのだ。アマチュアだったボロディンを支えて世に送り出したリムスキー＝コルサコフ。そして今、それを演奏しつづけている多くのアマチュア・バンドたちと、汗を流して指導している先生たち。どこか似ていないだろうか。

名演・熱演

一九六七年の**徳島市立富田中学**による全国大会初演から一一年後の七八年に、**西宮市立今津中学**［兵庫］の演奏で初めて金賞を受賞した楽曲である。それは今でも通用する名演だった。まず驚く点はオーボエ奏者の技術の高さと、コール・アングレをキチンと使用していることだ。オーボエの奏でる有名な旋律でうっとりしていると、突然コール・アングレに変わる。今ならこんなことでは驚かないが、時は七〇年代後半である。そして場面はテンポ・アップする箇所に移動するが、ここの個人技のレベルの高さにも度肝を抜かれる。ティンパニの強打で変わる場面は、バス・トロンボーンのすてきな破裂音が実に心地よい。曲が終盤に向かっても、金管に埋もれることなくしっかりと自己主張する木管群のサウンドと、金管と木管のブレンドされた音色にはため息しか出てこない。本当に素晴らしい演奏だ。

この名演解説は、基本的に年代順に書いているが、本項では少々前後させたい。次に紹介するのは、九七年の**ＮＴＴ中国吹奏楽団**［広島］（現・ＮＴＴ西日本中国吹奏楽クラブ）の演奏である。残念ながらタイム・オーバーのため、審査対象外になってしまったが、非常に特徴のある演奏だ。テンポを落とせば、それだけ時間もかかるわけだが、実際、かなり遅めのテンポなのである。それゆえ、今まで聴き逃していた音もはっきり見えた。随所でていねいな心配りがされており、まるでスコアが見えるような演奏であった。

二〇〇一年の**福岡工業大学附属城東高校**の、豪快な演奏も紹介しないわけにはいかない。朝一番の出演で、非常に不利とされる順番だったが、聴衆を眠りに誘うような美しい木管の音色と技術は特筆モノ。テンポ・

アップした場面の個人技も冴《さ》えている。ティンパニで始まる強奏部は「待ってました！」といわんばかりに金管群が盛り上げる。特にバス・トロンボーンの音色は「キミ、合格！」といってあげたい。もともと輝かしい金管の響きが自慢のバンドだったが、それを割り引いても文句のつけようがない。ただ、朝イチでまだ唇も身体《からだ》も堅かったせいか、力みすぎて破裂音になってしまった部分があったのが残念だ。それでも、演奏終了後、会場内は「朝イチなのにスゴイ音だ！」と誰《だれ》もが興奮していたことをつけ加えておく。

さて、年代を前後させたのは、この曲の「白眉《はくび》の名演」を紹介して結びたかったからだ。それは、八三年の**兵庫県立明石北高校**の演奏である。取り立てて各奏者のレベルが高いとか、音色が素晴らしいということではないが、音楽全体が自然に流れており、聴き手に何の違和感も与えない。こういう演奏は、どうやったら生まれるのだろうか？　答えは簡単である。奏者全員が一つになり、自分たちの想いを込めて奏すればいいだけのこと。しかしこれを実際に行なうのがいかにたいへんか、それは読者諸氏もご存知のはずだろう。自然な流れの音で紡ぎあげ、心を一つにして完成するタペストリー、それこそが最高の演奏なのである。

ロシア管弦楽曲集
サンクトペテルブルク・キーロフ歌劇場管弦楽団
V・ゲルギエフ

色褪せない代表的名演の一つ。指先の魔術師ゲルギエフの魅力をご堪能ください
ユニバーサル ミュージック／PHCP－21033

Legendary Ⅲ
西宮市立今津中学校吹奏楽部
兵庫県西宮市立今津中学校吹奏楽部
得津武史

中学生とは思えないこの演奏。その素晴らしさは実際に聴いてもらうしかない
ブレーン・ミュージック／BOCD－7122

日本の吹奏楽'83 Vol.6 高校編
兵庫県立明石北高等学校音楽部
松井隆史

今聴いても「絶対金賞！」な最高の〈ダッタン人の踊り〉。ぜひ聴いてもらいたい！
ソニー・ミュージックエンタテインメント／25AG976（LP 廃盤）

ショスタコーヴィチ 祝典序曲

'67年初登場

もしかして「人の死を祝う」曲？

グレード ★★★★☆
人気度 ★★★☆☆
演奏回数 16回

これぞ名曲！

旧・ソヴィエト社会主義共和国連邦（現・ロシア）のショスタコーヴィチは、二〇世紀最大の天才作曲家であったが、その生涯は、まことに複雑だった。当時のソ連は、独裁者スターリンが率いるワンマン社会主義国である。新機軸の音楽を開拓するたびに政府から「西洋かぶれ」「人民の敵」「もっと大衆向けに」と批判され、その都度、あらためてお褒めに与《あずか》れる音楽を書く——そんなことの繰り返しだった。要するに独裁者スターリンとの闘いの毎日だったのだ。だったら亡命すればよさそうなものだが、家族思いで生真面目《きまじめ》だった彼は、そこまでは踏み切れなかった。

だが、そのために彼の音楽は、様々な側面を持つことになり、まさに二〇世紀現代社会の縮図のような面白さを我々に与えてくれている。

一九五四年、ショスタコーヴィチは、「革命三七周年記念」「ボルガ＝ドン運河開通記念」の曲として、この《**祝典序曲**》を発表した。

ドミトリ・ショスタコーヴィチ
Dmitry Shostakovich
1906～75 旧・ソ連

彼は、神童と称されるほど早熟な天才だったが、サッカーも大好きで、公式審判員の資格さえ持っていた。一九三〇年初演のバレエ《黄金時代》は、ソ連のサッカー・チームがヨーロッパへ遠征して交流する〝サッカー音楽〟である。映画音楽も多く、特に『ハムレット』（グリゴリ・コージンツェフ監督、六四年）は音楽も映画も超名作。映画『ベルリン陥落』（四九年）は、独裁者スターリンを英雄として描く一方、ヒトラーを演じるそっくりさん俳優の怪演が一見に値する珍作。ただしショスタコーヴィチの音楽はさすがに一級品である。

だが、革命「三七周年」記念とは中途半端だ。さらに「ボルガ＝ドン運河の開通」は、もう二年前のことなのである。よって曲の出自《しゅつじ》が憶測を招くことになった。

　それ以前の四七年に、ショスタコーヴィチは「今、戦後復興に打ち込んでいる人民のための、革命三〇周年記念曲を書いている」と記録しているのだが、それらしき曲がないので、もしかしたら、この「記念曲」が《祝典序曲》だったのではないかとの見方がある。それが本当なら、なぜすぐに初演せず、七年もたってから世に出したのだろうか？

　実は「記念曲」直後、彼は政府から徹底的に批判されていた。「抽象的な音楽はダメ。国家の意向に沿った分りやすい音楽を書け」と。このままでは作曲活動をつづけられなくなると判断したショスタコーヴィチは、《森の歌》などの、「分りやすい音楽」を書いて〝反省〟した。そんな時期だったので、神経質になって引っ込めたのだろうか（それにしては《祝典序曲》は、たいへん「分りやすい音楽」だと思うのだが）。

　だが、仮にそうとして、なぜ五四年になってから世に出す気になったのだろうか……そういえば、前年に独裁者スターリンが死んでいる。これからは、自由に好きな音楽を書ける！　これはスターリンの死を祝う曲として初演されたのかも？

　以上はもちろん推測だが、そう考えた方がピッタリくるほど、この《祝典序曲》は、華々しい祝祭気分に満ちている（人の死を祝う曲というのも変な話だが）。原曲はラスト部分にバンダ（金管別働隊）が加わる派手な曲で、今では吹奏楽版の方が演奏の機会が多い。かつてはハンスバーガー編曲版が人気だったが、最近は上埜孝版もある。全国大会初演は、六七年の埼玉県立大宮工業高校だった。ちなみに同校は、コンクール全国大会史上、初めてショスタコーヴ

成績表

金賞 5
銀賞 3
銅賞 6
ほか 2

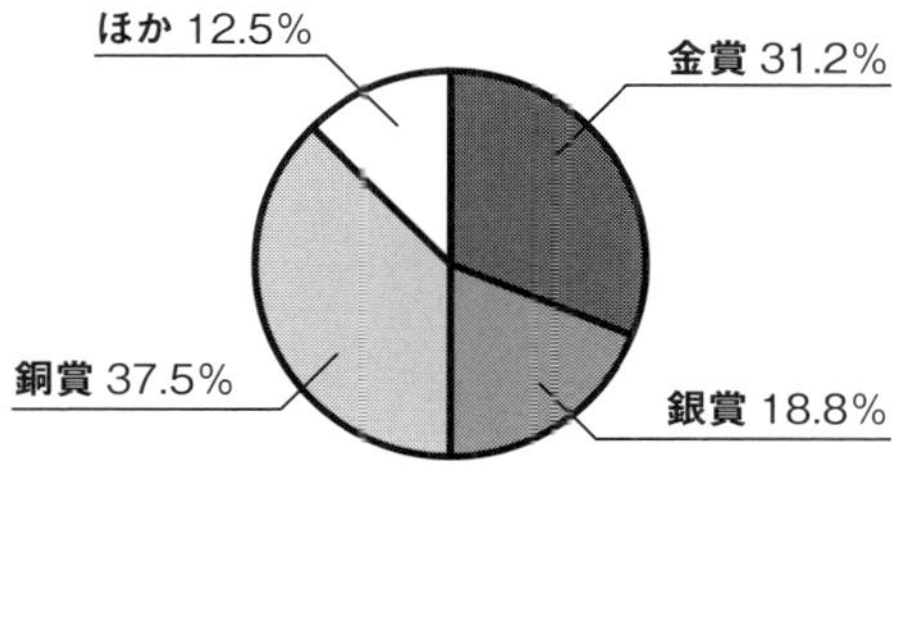

ィチを演奏した団体で、それは六二年の**《交響曲第五番》第四楽章**、指揮は秋山紀夫だった。

ショスタコーヴィチは、吹奏楽オリジナル曲はマーチくらいしか書いていないが、吹奏楽版で演奏される曲は多い。前記のほかには、**喜歌劇《モスクワよ、チェリョームシキよ》組曲**、**《ジャズ組曲》第一・二番**などのほか、**映画音楽《ベルリン陥落》《馬あぶ》**や、**バレエ組曲《ボルト》**までが吹奏楽版で登場しており、吹奏楽界におけるショスタコーヴィチは、拡大の一途をたどっている。

名演・熱演

この曲は、中学校対決の観点でご紹介したい。最初に金賞を受賞したのは、一九七〇年、**西宮市立今津中学**［兵庫］だ。冒頭のトランペットのファンファーレは、最近の演奏よりもやや遅め。それだけに、トランペット奏者はたいへんだっただろう。しかし、実に勇壮である。ファンファーレのあと、クラリネットが旋律を奏でるが、このクラリネットの音色が実に伸びやか。主旋律に対するリズムの刻みも、意外に吹くのが難しいのだが、軽々とこなしてしまっており、高い技術にも驚かされる。基本的にテンポが変わらずに進む曲だが、細かい音符のあとに、ゆったりとする、半ば一休みの部分がある。これが奏者にとっては、恐怖の音符なのだ。それまで必死に刻んでいたのが、二分音符主流になってくると、どうしてもテンポが遅れがちになる。この今津中学の演奏も、多少その傾向が見られたが、すぐに立ち直るところはさすがである。また、金管楽器にとっては、スタミナが要求される曲だが、全然バテる気配がない。そして木管楽器には「勘弁して下さい！」といいたくなる毛深い（細かい）音符が、びっしり書き込まれてある。その木管楽器だが、存在感をしっかり出し、「ここは」という部分では、余裕すら感じさせる高いレベルだ。全体をとおして聴くと、木管楽器の巧みな技に驚かされる演奏だ。CD化されているので、お聴きになる際は、ぜひその点を気にかけてほしい。

次は七三年、**出雲市立第一中学**［島根］が、金賞を受賞している。こちらも冒頭部はやや遅め。二分の二拍子に入り、クラリネットの旋律が終わったあとのピッコロの音色が素晴らしい。ていねいに仕上げようとしているのか、どちらかというとレガート奏法になっている。しかし、これを金管低音群が「ちょっと待った」

とばかりに雰囲気をがらりと変えてしまう。その後は細心かつ大胆な演奏で終結部まで突き進む。ここまでの中で注目したいのは、バス・ドラムの音色である。周りを壊すことなく、しっかりと自己主張をしている。

　七七年には、**豊島区立第十中学**（現・同区立明豊中学）［東京］が金賞を受賞。ファンファーレが実に独特で、それを支える低音群の柔らかい響きが重なり、不思議なサウンドを生み出している。二分の二拍子は、ここまで金賞を受賞してきた中学の中では、いちばん速い。しかし、それでも縦の線が乱れることはない。この豊かな響きを保ったまま、あの細かい音符をこなしてしまうのには、本当に驚く。終結部にかけては、アッチェレランド（加速！）して曲を終える。

　高校では七八年に**中村学園女子高校**［福岡］、八九年に**富山県立富山商業高校**が金賞を受賞している。どちらも素晴らしい演奏だが、高校の演奏をもう一つ紹介したい。九八年の**兵庫県立西宮高校**だ。銅賞ではあったが、奏者全員の目指す音楽がはっきり分る演奏だ。音源を聴くチャンスがあったら、ぜひ聴いてほしい。

ショスタコーヴィチ：祝典序曲／交響詩《十月革命》他
ロイヤル・フィルハーモニー管弦楽団
V・アシュケナージ

《祝典序曲》の定番CD。輝かしいサワンドで楽しめる
ユニバーサル ミュージック／POCL－5253

Legendary Ⅲ
出雲市立第一中学校吹奏楽部
島根県出雲市立第一中学校吹奏楽部
渡部修明

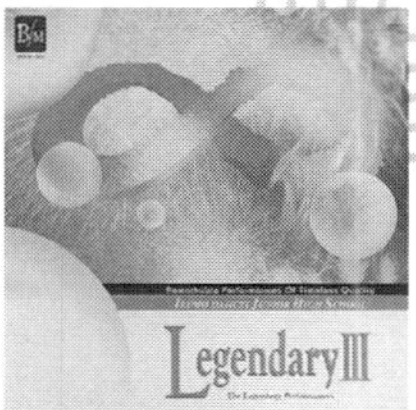

華々しいファンファーレ、軽やかな木管、重厚な低音と、三拍子揃ったバンドの熱演
ブレーン・ミュージック／BOCD－7123

全日本吹奏楽コンクール自由曲名演奏シリーズVol.1 編曲作品集
富山県立富山商業高等学校吹奏楽部
坪島照信

実にオーソドックスだが、聴いている方も曲に合わせて自然と力が入ってしまう名演
ブレーン・ミュージック／BOCD－7001

ハチャトゥリアン
バレエ組曲《ガイーヌ》より

'68年初登場

作曲者自身が「書かなきゃよかった」といった名曲

グレード	★★★★☆
人気度	★★★★☆
演奏回数	44回

これぞ名曲！

「アルメニア」といえば、アルフレッド・リードの名曲《アルメニアン・ダンス》（P118）が思い出されるが、ハチャトゥリアンの母国としても有名だ。彼は、グルジアの生まれだが、アルメニア人なのである。ハチャトゥリアン自身にも《アルメニアン・ダンス》なる曲がある。

アルメニアは、トルコに隣接する古い国で、西暦三〇一年に、世界で初めてキリスト教を国教にした国として知られている。また、旧約聖書に登場するノアの方舟《はこぶね》が漂着したアララト山が、隣国トルコにまたがってそびえていることでも有名だ。ハチャトゥリアンの生地グルジアもすぐ隣だが、彼が生まれた頃《ころ》は、アルメニアとともに、ソヴィエト社会主義共和国連邦の傘下国だった。もちろんソ連崩壊後は、どちらも共和国として独立している。

彼は、国家の意向に沿った社会主義リアリズムを実践したが、その音楽には、単なる国家礼賛にとどまらない魅力があった。というのも、母

アラム・イリイチ・ハチャトゥリアン
Aram Il'ich Khachaturian
1903〜78 旧・ソ連

彼は、一時、ソ連政府の批判を受けたこともあったが、基本的に〝国家公認作曲家〟であった。《レーニン追悼頌歌》《スターリンに寄せる歌》などのほか、社会主義国時代のアルメニア国歌も作曲している。にもかかわらず、その音楽はハチャトゥリアン以外の何ものでもなく、どれを聴いてもグッとくる哀調がある。甥のカレン・ハチャトゥリアン（一九二〇〜）も作曲家。最近人気の美青年ヴァイオリニスト、セルゲイ・ハチャトゥリアンもアルメニア人だが、姻《いん》戚《せき》関係はない（ロシア語の綴《つづ》りが微妙に違う）。

国の民族音楽が常に盛り込まれていたからである。グルジアやアルメニアは、地理的にヨーロッパとアジアの中間なので、音楽も東西混交、独特なムードがあった。旋律もどこかアジアの香りが漂い、リズムは野性的だった。特に《ガイーヌ》は、それらが顕著に現れた、あまりに個性的な音楽である。

バレエ《ガイーヌ》は、一九四二年、キーロフ・バレエ団によって初演された。後年の改訂版で他愛ない恋愛物語になったが、オリジナルは、当時のソ連が推進していたコルホーズ（集団農場）政策を礼賛した、愛国熱血バレエである。「ガイーヌ」とは、アルメニア人のヒロインの名前だ。音楽は、以前に書いたバレエ音楽《幸福》から多くが転用された。

このバレエ音楽から、のちに三つの管弦楽組曲が再構成され、さらに知られるようになる。特に、クルド人戦士の出陣の曲〈剣の舞〉は強烈で、いったい何だってこんなスゴイ音楽が生まれたのか、不思議に思えるほどだ。第二次世界大戦中は西側にはあまり知られていなかったが、戦後、ハチャトゥリアンの名は、ほとんどこの一曲で世界中に知られるようになった。実は、バレエ初演の際、曲が足りなくなったので、一晩で書いたやっつけ音楽なのだが、こればかり有名になって、常に「《剣の舞》のハチャトゥリアン」と呼ばれるものだから、本人もほとほと呆《あき》れ果て、晩年には「あんな曲、書かなきゃよかった」といったほどだった。

コンクールでは、六八年に広島吹奏楽団が全国大会初演して以来、多くの団体が抜粋組み合わせを変えながら挑戦している。編曲者によって収録曲は違っており、〈前奏曲〉〈剣の舞〉〈アイシェの目覚めと踊り〉〈子守歌〉〈収穫祭〉〈バラの乙女たちの踊り〉〈ガイーヌのアダージョ〉〈レスギンカ〉……と、様々な曲が

成績表

金賞 18
銀賞 16
銅賞 9
ほか 1

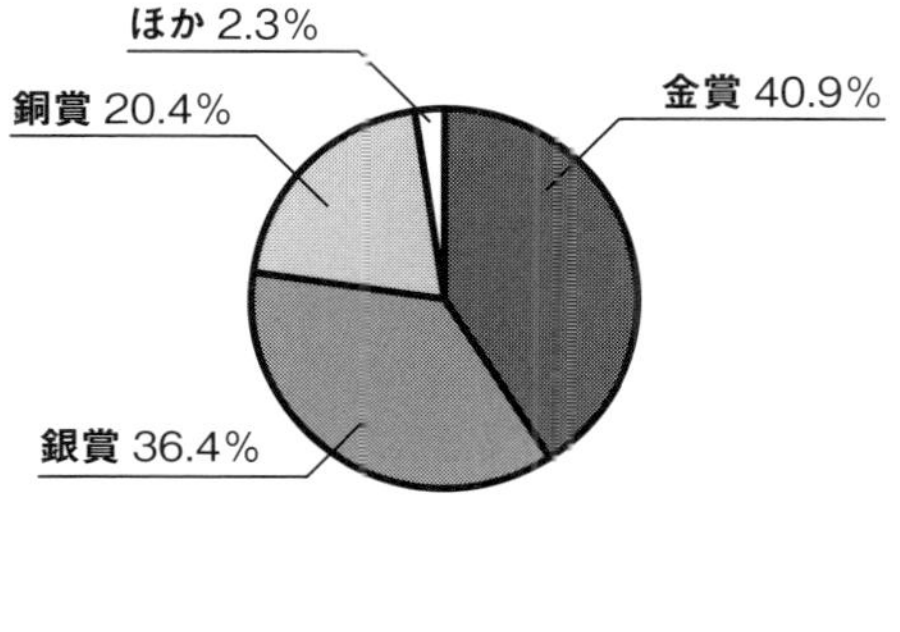

ある。どれもエキゾチックな曲ばかりで、たいへん親しみやすく、日本人向けである。アルメニアやグルジアは、我々と、どこか遠くで遺伝子がつながっているのかもしれない。

　ほかにコンクールには、**バレエ音楽《スパルタクス》**、**劇音楽《仮面舞踏会》《ヴァレンシアの寡婦》**、**《交響曲第二・三番》**などが登場している。個人的には、四九年の映画音楽《スターリングラードの戦い》がそろそろ登場してくれないかと、密《ひそ》かに願っているのだが。

名演・熱演

　一九七九年に**島田市立島田第二中学**［静岡］が〈アイシェの目覚めと踊り〉〈レスギンカ〉で金賞を受賞してから、八〇年代前半まで、取り上げる団体が多く出た。なじみやすい曲ということもあり、すぐに人気曲の一つになる。

　しかし、この作品を、「超人気曲」とでもいうべき不動の地位にまで高めたのは、八七年の**中央大学**［東京］の演奏である！　指揮者・林紀人自らの編曲で演奏されたこの《ガイーヌ》は、今までとはまったく異なる曲だった。これ以前は、基本的に〈アイシェ～〉と〈レスギンカ〉の組み合わせがほとんどだったが、中央大学の演奏は、「バレエ組曲って、ほかにもいっぱいあるんですよ」と教えてくれた。この演奏の登場で、この曲に限らず、「バレエ音楽」から、独自に複数の曲を選んで演奏する団体が多くなったことは、周知の事実である。

　さて、この年に中央大学が取り上げたのは、〈前奏曲〉〈ヌーネの踊り〉〈バラの乙女たちの踊り〉〈レスギンカ〉という構成であった。誰もが「まさかこんな始まり方をするとは！」と驚かされたことだろう。スネア・ドラムのロールのあとに、金管楽器の輝かしいファンファーレ。もう、この時点で林ワールドに聴衆の全員が引き込まれてしまう。そして〈ヌーネの踊り〉。曲にも驚いたが、演奏技術の高さにも驚いた。〈バラの乙女たちの踊り〉では、ミュートをつけたトランペットの効果が素晴らしかった。そして、〈レスギンカ〉である。冒頭のあのリムショット！　驚き以外の何ものでもなかった。「今いったい何が起きたんだ？」と、多くの聴衆も感じたはずだ。呆然《ぼうぜん》とする中、木管の旋律に驚き、ホルンの雄叫《おたけ》びに驚き、終結部の伸ばしの長さにも驚かされた。「驚異の演奏」としか言葉が出てこない。この名演により、以後、さらに多数のバンドがこの曲を取り上げるようになった。
余談だが、指揮の林氏と会合で一緒になった際、疑問に思っていたことを尋ねてみた。「あのリムショットはカヒッゼ指揮モスクワ放送交響楽団の演奏を参考になさったのですか?」「はい、部員が『どうしてもこうしたい!』といってきて、迷ったのですが『一〇〇%成功するならやってもいい』といったんです。そうしたら、猛練習を始めましてねえ」と笑顔で答えてくれた。

一言触れておくことがある。中央大学は以後、〈収穫祭〉で終わるバージョンも生み出したが、〈収穫祭〉を最初に取り上げたのは、八八年の**関東第一高校**［東京］である。こちらも指揮者・塩谷晋平の編曲によるものだ。

中央大学は九〇年に、〈前奏曲〉〈友情の踊り〉〈アイシェの孤独〉〈剣の舞〉〈収穫祭〉のバージョン(これも指揮者自らの編曲)で、再び金賞を受賞する。ほかにも多くの団体が名演を生み出している。〈レスギンカ〉バージョンでは八八年の**創価学会関西吹奏楽団**［大阪］、〈収穫祭〉バージョンでは九一年の**柏市立柏高校**［千葉］(特に〈剣の舞〉に注目)と、九二年、またも**創価学会関西吹奏楽団**の演奏が、順位をつけられないほど最高の名演といえるだろう。特に創価学会関西の〈収穫祭〉は圧巻!

ハチャトゥリアン:バレエ音楽《ガイーヌ》全曲(ボリショイ劇場版)
モスクワ放送交響楽団
D・カヒッゼ

のちに話題となる演奏の原典。輸入盤も入手困難だが機会があればぜひ聴いて!
ビクターエンタテインメント/VICC-40113(廃盤)

Legendary Ⅱ 中央大学学友会文化連盟音楽研究会吹奏楽部
中央大学学友会文化連盟音楽研究会吹奏楽部
林 紀人

伝説のリムショット! バレエ音楽抜粋という形態を定着させた演奏。必聴
ブレーン・ミュージック/BOCD-7116

Legendary Ⅴ 創価学会関西吹奏楽団
創価学会関西吹奏楽団
磯貝富治男

とにかくゴージャスな演奏。〈レスギンカ〉もいいが〈収穫祭〉バージョンはまさに圧巻
ブレーン・ミュージック/BOCD-7136

リムスキー＝コルサコフ 交響組曲《シェエラザード》より

'68年初登場

リムスキー＝コルサコフこそ吹奏楽の大先輩！

グレード ★★★★☆
人気度 ★★★☆☆
演奏回数 24回

これぞ名曲！

リムスキー＝コルサコフは、ロシア海軍の軍人だった。洋上勤務の合間を縫ってバラキレフに作曲を習い、才能を開花させた。やがて退役し、作曲に専念するようになると、ペテルスブルク音楽院の教授に任命されて管弦楽法の大家となった。多作家で、歌劇だけでも一五作以上書いている。吹奏楽版では、《雪娘》～道化師の踊り、《ムラダ》～貴族たちの行進、《皇帝サルタンの物語》～三つの奇蹟／熊蜂の飛行——などが有名だ。《スペイン奇想曲》も人気がある。だが何といっても、彼の作品といえばクラシック界でも吹奏楽界でも《シェエラザード》だろう。

原作は『千夜一夜物語』。アラブのおとぎ話だ。女性不信の王が、若い女性と一夜を過ごしては朝になると殺してしまう。そこで大臣の娘シェエラザードが王の寝室に派遣され、千一夜にわたって寝物語を連続で語り、やっと惨殺をやめさせる。その寝物語をまとめたのが『千夜一夜物語』だ。有名な「シンドバッドの冒

ニコライ・リムスキー＝コルサコフ
Nikolay Rimsky-Korsakov
1844～1908 ロシア

彼の功績は、多くの友人を助け、後進を育てた点にもある。P40のボロディンをはじめ、ムソルグスキーの《はげ山の一夜》や歌劇《ボリス・ゴドゥノフ》なども彼が補筆完成させた。弟子にグラズノフやストラヴィンスキーがいる。レスピーギも彼に習った。《ディオニソスの祭り》のフローラン・シュミットも彼の管弦楽法を参考にしているし、日本の伊福部昭も師匠筋をたどっていくと彼に突き当たる。やっぱり吹奏楽の大先輩だと思いたい。

険」や「アラジンと魔法のランプ」「アリババと四〇人の盗賊」なども、その一部である。フランスの作家アントワーヌ・ガランによってまとめられ、英訳に際して『アラビアン・ナイツ・エンタテインメンツ』と改題された。この寝物語を四楽章構成の交響組曲にしたのが、《シェエラザード》である。

この曲は、六〇年代に出た三つの名盤レコードによってさらに人気が高まった。まず、アンセルメ指揮＝スイス・ロマンド管弦楽団（六〇年録音）。アンセルメは、この曲を一〇〇〇回以上振っているそうで、まさに自家《じか》薬籠中《やくろうちゅう》のもの。次が今でも決定盤の一つ、ストコフスキー指揮＝ロンドン交響楽団（六四年録音）。いったい、どうやればこんなに面白く演奏できるのかと思えるほど見事な音のパノラマが展開する。三つ目が、この種の曲をやらせたら超一流、カラヤン指揮＝ベルリン・フィル（六七年録音）。

案の定、この名盤三枚につづくようにして、吹奏楽版がコンクール全国大会に登場した。六八年に全国大会初演した逗子開成高校［神奈川］は、残念ながら選外だった（当時は順位表彰制だった）。ところが七二年、あの豊島区立第十中学（現・同区立明豊中学）［東京］が再演して金賞を獲得したため、にわかに人気曲となった。八〇年代になると内外で様々な編曲譜が出揃い、大ヒットの様相を呈した。

演奏されるのは第四楽章が多いが、原曲は全編にわたってヴァイオリン・ソロが登場する（シェエラザードを象徴）。アンセルメもストコフスキーもカラヤンも、トップ奏者に飛び切りゴージャスなソロを披露させていた。吹奏楽版はここをサクソフォーン・デュオで演奏するのだが、これが意外とはまった。弦楽器とは違う妖艶《ようえん》さがあった。後半、荒れ狂う海の描写は、さすがに作曲者が海

成績表

金賞 8　銀賞 9　銅賞 6　ほか 1

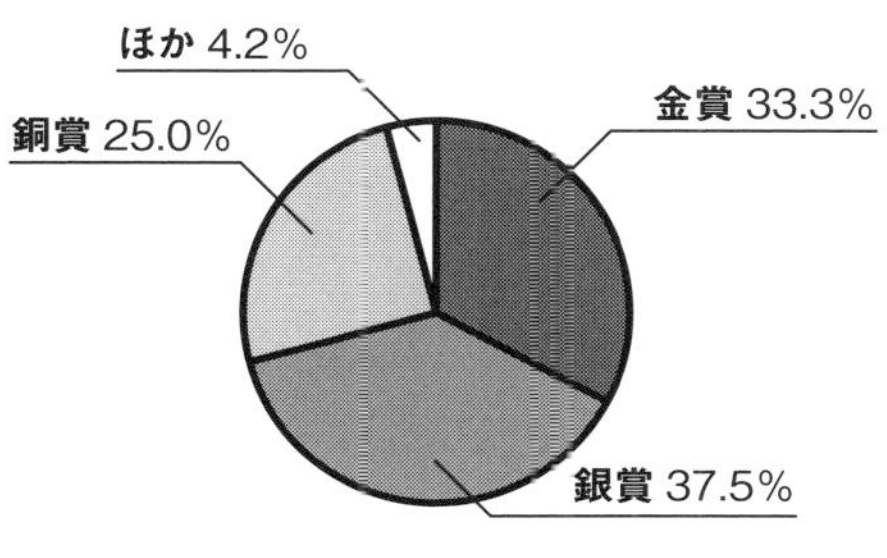

軍時代、世界中を航海で回っていただけあってリアルで、吹奏楽版でも聴かせどころとなっている。だが、彼の曲が吹奏楽版でも面白さが失せないのは、実は海軍軍楽隊の監督を一〇年も務めていたからではないだろうか。たとえば、トロンボーン、クラリネット、オーボエのための協奏曲を各々書いているのだが、すべて「吹奏楽」との協演曲である。彼の書いた教科書『管弦楽法原理』は名著として知られているが、その根底には吹奏楽があったのだと思いたい。だからこそ、あれほどの色彩感でスケール感豊かな曲を書けたのだろう。リムスキー＝コルサコフこそは、我らの大先輩なのである。

名演・熱演

この曲では、一九七二年という、わりと早い年代に金賞受賞校が登場している。**豊島区立第十中学**［東京］だ。取り上げた楽章は第四楽章だった(その後も第四楽章が主流となる)。この演奏で驚くのは、サクソフォーン・デュオの「君たち、本当に中学生？」と聞きたくなる、大人のような音色と歌い方である。聴いた人全員、驚嘆《きょうたん》すること間違いなし。「何でこの時代にこんなサウンドが生み出せたんだ？」と、本当に「？」だらけの演奏である。終結部に登場するシェエラザードの主題を奏でるフルートの音色も、非常に素晴らしい。

　そして翌七三年には、**秋田県立花輪高校**が、高校の部初となる金賞を受賞している。こちらは第四楽章ではなく、第二楽章を取り上げた。第四楽章ほどなじみ深くはないが、けっこう吹奏楽には向いている楽章である。この花輪高校は、トロンボーンの音色が素晴らしい。やや吹き過ぎと感じる箇所もあるが、実に堂々としたサウンドである。七〇年代最後には、七五年に第四楽章を取り上げた**出雲市立第一中学**［島根］が金賞を受賞している。

　八〇年代に入ると、大学・職場・一般のバンドが取り上げるようになり、「大人の演奏」が主流を占めるようになる。八二年には、**ブリヂストンタイヤ久留米工場吹奏楽団**（現・ブリヂストン吹奏楽団久留米）［福岡］の、しっとりとした演奏が金賞を受賞する（ただ、この段階でも、豊島第十中学のサクソフォーン・デュオを超える演奏は生まれていない）。さすが職場バンドだけあって、個人の技術も安定しており、聴いていて違和感はない。

　同年、中学の部で、残念ながら銀賞だった**足立区立第十四中学**［東京］

のとても柔らかいサウンドのことも書いておきたい。攻撃的な演奏が多い中、この試みには頭が下がった。実に心地よい《シェエラザード》であった。

さて、八三年、**中央大学**［東京］が、指揮者・林紀人自らの編曲を引っ提げて、皆を仰天させる演奏を披露する。冒頭の部分はやや柔らかめの音色で、心地よい。その後はサクソフォーン・デュオによるシェエラザードの主題の演奏。その後も「当然サクソフォーン・デュオがつづくだろう」と思っていたら、何とトランペット・パートが吹く準備を始めた。「は？　何でトランペットがここで構える？　いきなりカットして、とんでもない部分へ飛ぶか？」とキョトンとしているうちに、会場いっぱいにトランペットによるシェエラザードの主題が響きわたった。呆然《ぼうぜん》としている聴衆をそのままに、演奏は進んでいく。木管の豊かな響きにハッとなり我に返って、ようやく演奏に集中することができるようになった。それからの流れも実に見事であり、風景が目の前に見える演奏だった。それにしても、あのトランペットは本当に鮮烈だった。「金縛りのトランペット」――こう呼ばせていただこうか。

リムスキー＝コルサコフ：交響組曲
《シェエラザード》／スペイン奇想曲
モントリオール交響楽団
C・デュトワ

デュトワの洗練された《シェエラザード》。原曲を聴くならこの１枚から始めるのがベター
ユニバーサル ミュージック／UCCD-3491

Legendary Ⅲ
豊島区立第十中学校吹奏楽部
東京都豊島区立
第十中学校吹奏楽部
酒井正幸

本文中にあるとおり、サクソフォーンの音色を味わってほしい。ああ、これが中学生か？
ブレーン・ミュージック／BOCD－7124

Legendary Ⅱ Special Sampler
中央大学学友会
文化連盟音楽研究会吹奏楽部
林 紀人

ありがたいことに商品化されていた。この演奏は必聴！　紹介できて幸せだ
ブレーン・ミュージック／OSBR－15000W

レスピーギ
交響詩《ローマの祭り》より

'69年初登場

人気第一位、今や"陰の課題曲"！

グレード	★★★★★
人気度	★★★★★
演奏回数	89回

これぞ名曲！

お待たせしました、演奏回数ナンバー・ワン！　全国大会だけで八九回も演奏されている、コンクール史上、群を抜く大ヒット作品。一九六九年に電電中国吹奏楽団（現・NTT西日本中国吹奏楽クラブ）［広島］が全国大会初演して以来、特に八〇年以降は、この曲が登場しない年を探す方がたいへんだ。いったいなぜ、これほど演奏されるのだろう？

レスピーギはイタリア人だが、作曲家になる前は、ロシアのオーケストラでヴィオラを弾いていた。ヴィオラは、オーケストラの中音部を担当する（吹奏楽でいうと、テナー・サクソフォーンやホルンなどにあたる）。高らかにメロディを奏でる高音部と、下で支える低音部を、その真ん中で聴いていた。これによって、オーケストレーション全体を幅広く眺める視点が沁《し》みついた。

その視点は、管弦楽法の大家リムスキー＝コルサコフに師事したことで、さらに磨かれる。

イタリアに帰国後は、一種の復古

オットリーノ・レスピーギ
Ottorino Respighi
1879～1936 イタリア

イタリア近代を代表する作曲家。ボローニャで音楽を学び、ロシアでヴィオラ奏者として活躍し、作曲も勉強。イタリアへ帰国後、本格的に作曲家としての活動を開始する。有名なサンタ・チェチーリア音楽院の院長も務めた。色彩感豊かな管弦楽曲が得意で、多くの曲は、今や日本の吹奏楽界になくてはならない存在。「バッハやベートーヴェンはよく知らないけど、レスピーギは大好き！」と胸を張る中高生が続出している。

（P88も参照）

主義を実践する。バロック時代の古い曲に、現代感覚を加えてもう一度甦《よみがえ》らせたのだ。《リュートのための古風な舞曲とアリア》なども、その姿勢に基づいて生まれた作品である。だから彼の作品は、昔の曲のように、楽章ごとに区切られた、はっきりした構成が多い。しかも各部分は短め。切れ目なく数十分もダラダラつづくような曲は少ない。

以上――幅広く、色彩感に満ちたオーケストレーションと、現代感覚がありながらどこか昔風、適度な長さ――これらはどれも吹奏楽向きの要素だった。

最も有名なのが、**交響詩《ローマの噴水》《ローマの松》《ローマの祭り》**の「ローマ三部作」だ。どれも数分の短い断章四つずつで構成されており、抜粋して吹奏楽版にするにはピッタリだった。まずは《松》の最終曲**〈アッピア街道の松〉**が、六〇年代半ばあたりからコンクールで流行し始めた。古代ローマの軍団が、アッピア街道を凱旋《がいせん》する様子を描いた壮大なファンタジー音楽だ。六一年にギャルド・レピュブリケーヌ吹奏楽団が初来日して《松》全曲を驚異的名演で披露した、その影響が大きかった。

やがて八〇年代になると、さらに技巧を要する《祭り》が爆発的に演奏されるようになる。中でもⅠ**〈チルチェンセス〉**とⅣ**〈主顕祭〉**の組み合わせは演奏時間にピッタリで、華麗な技術を見せられる部分も多く、また、バンダ(金管別働隊)を用いればステージ効果も抜群とあって、今に至る超人気曲となった。小長谷宗一版、木村吉宏版を中心に、編曲譜も多く出ている。二〇〇六年の全国大会・高校の部では、いくつもの団体が連続してこれを演奏したので、客席から「次も《祭り》なの?」と、ため息がもれたほどの人気ぶりだった。

レスピーギでは、そのほかにも、**バレエ音楽《シバの女王ベルキス》**

成績表

金賞 40
銀賞 28
銅賞 20
ほか 1

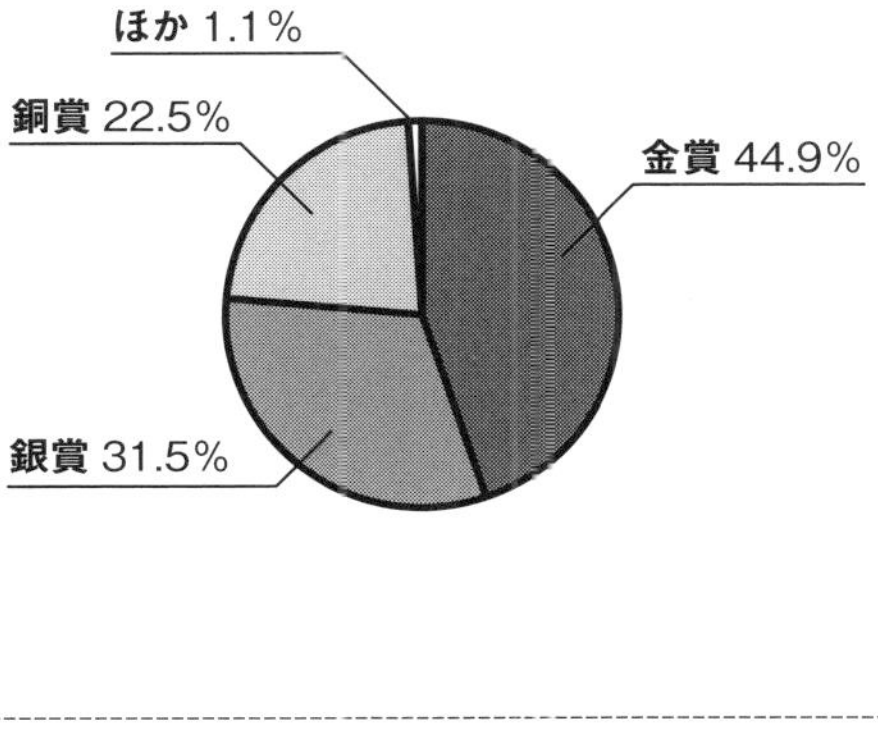

（P88）や、**交響的印象《教会のステンドグラス》**なども、吹奏楽版となって人気曲になっている。もちろん《噴水》も。

演奏は、どれも容易ではない。大型編成が必要だし、ハープやピアノを要する曲がほとんどだ。それでも《祭り》をはじめとするレスピーギ作品に挑戦し、上位入賞を狙う団体が、特に中学・高校の部であとを絶たない。

今やレスピーギは、全日本吹奏楽コンクールの、〝陰の課題曲〟なのだ。（P88も参照）

名演・熱演

二〇〇六年全国大会、高校の部後半の客席にて。「石本さん、今日は朝からですか？」「はい、朝イチから聴いてました」「じゃあ、《祭り》三連発も？」「ええ、しっかりと聴いています」

一九八二年の全国大会から二〇〇六年まで、実に二五年間、交響詩《ローマの祭り》という文字が、プログラムに載らなかったことはない。超人気曲の最たる作品といえるだろう。それだけに、名演も多い。

七三年、**駒澤大学**［東京］の「これはあり得ないだろ？」と、今聴いてもそう感じてしまう大爆演が、金賞受賞第一号だった。Ⅰ〈チルチェンセス〉とⅣ〈主顕祭〉の組み合わせだった（以後、これが主流となる）。

その後、しばらく演奏される機会はなかったが、八〇年の**兵庫県立兵庫高校**の金賞の演奏が起爆剤となり、多くの団体が取り上げるようになった。この兵庫高校の演奏は、Ⅳのみだったが、指揮者・吉永陽一本人による編曲で、吉永氏に当時のことを尋ねてみたら、「いや〜、ホンマたいへんだったで〜。ポケット・スコアをずっと見て、必死になって編曲したわ」と語っていた。聴いていると、自然とテューバに耳がいってしまう。それだけ鳴っているわけだが、これがまったく嫌味を感じさせない。トロンボーン・ソロも茶目っ気たっぷりで（余裕まで感じさせてしまう）、後半のややシリアスな場面を、より引き立たせている。なお、兵庫高校は、終結部に向かってのアッチェレランドはほとんどしていない。

八二年には、中学の部で初めて**弘前市立第三中学**［青森］が取り上げ、見事金賞を獲得している。今でこそ中学生が平気で演奏する曲となっているが、当時としては「考えられない」と誰《だれ》もが思う選曲であった。その演奏は、「これが中学生なのか？」と、今でも耳を疑ってしまうものだった。

翌八三年、この曲の、人気曲第一位の座を不動のものにする、素晴らしい演奏が誕生した。**富山県立高岡商業高校**だ。「《ローマの祭り》で最高の演奏は？」と尋ねられたら、私は「八三年の高岡商業！」と自信を持って即答する。輝かしい金管群と美しい木管群、否《いや》が応でも聴衆を興奮させてしまう打楽器群の、絶妙なバランスの取れた最高の演奏である。冒頭の木管群の音、それだけで聴き手を引きずり込んでしまう。Ⅰの低音群の音の深さに驚かされ、Ⅳの軽やかな箇所では余裕すら感じる。終結部に向かってのアッチェレランドも非常に自然であり、何度聴いても飽きることがない。手放し大絶賛の演奏だ。

　そして八五年に初めて、Ⅲ〈十月祭〉とⅣという組み合わせが登場する。**習志野市立習志野高校**［千葉］だ。ほかに印象に残っている演奏では、まず「すべてがギリギリ、これ以上鳴らしすぎるとヤバい」のが九六年の**愛知工業大学名電高校**。「ここまできたらトコトンやってしまえ！」の爆演が、二〇〇一年の**東海大学第四高校**［北海道］。ライヴCDではあまり感じられないが、曲終盤のドラはかなり強烈なモノがあった。爽《さわ》やかさを感じさせてくれるのが、〇二年の**北九州市立沼中学**［福岡］。終盤の、トランペット・トロンボーン・ユーフォニアムの、雛壇《ひなだん》全員スタンド・プレイにはちょっと驚かされたが、清々しさが残る好演だった。

レスピーギ：交響詩《ローマの松》《ローマの祭り》《ローマの噴水》
モントリオール交響楽団
C・デュトワ

ローマ三部作はこれから。《松》の神々しさ、《祭り》の興奮度、《噴水》の美しさ、必聴
ユニバーサル ミュージック／UCCD－5045

伝統｜創造｜飛躍
富山県立高岡商業高等学校吹奏楽部
土合勝彦

普門館を沸かせた超名演！　低音群の深みのある音色、熱い終結部には脱帽だ
ブレーン・ミュージック／BOCD－9713（廃盤）

JAPAN'S BEST CLASSICS 2002
中学校編
福岡県北九州市立沼中学校吹奏楽部
武田邦彦

数ある演奏の中、沼中を取り上げた。初出場の初々しさと、雛壇最上段に注目
ブレーン・ミュージック／BOD－3049（DVD）

ドビュッシー

三つの交響的素描《海》より

'75年初登場

コンクールに"フランス印象派元年"を告げた名曲

グレード ★★★★☆
人気度 ★★★★☆
演奏回数 58回

これぞ名曲！

ドビュッシー最高傑作にして、フランス印象派における最重要作品である。つまり、西洋音楽史に偉大な一頁を刻んだ作品というわけで、それを毎年のように、日本でアマチュアが（特に中高生が）吹奏楽で演奏しまくっているというのも、考えてみれば不思議な光景である。

全国大会初演は七五年の玉川学園高等部［東京］。これをきっかけに、同じドビュッシーの《夜想曲》《映像》、あるいはラヴェルの《ダフニスとクロエ》《スペイン狂詩曲》といったフランス印象派の管弦楽曲が、続々とコンクールに登場することになる（よって、本書でもしばらく、それらがつづく）。

海に魅せられた作曲家は多い。ドビュッシーもその一人で、この**《海》**は、《牧神の午後への前奏曲》《夜想曲》、歌劇《ペレアスとメリザンド》などの成功作につづく決定打となった。彼は「音楽の本質は色彩とリズムにある」と語っており、その考え方は、この曲で完成したといっても

クロード・ドビュッシー
Claude Debussy
1862～1918 フランス

当時のフランスではワーグナーが大人気で、彼も最初は憧《あこが》れていたが、聴けば聴くほど、限界を感じるようになってきた。その結果、今までになかった、新しい音楽「印象派」が生まれた。そもそも音楽における「印象派」なる名称は、絵画から来たもので、本来は半ばバカにした言い方だった（モネやドガの真似を、音楽でやっているというわけだ）。だから、ドビュッシー自身は、自分を印象派と呼ばれることを、かなり嫌っていた。

過言ではない。
そもそもドビュッシーは、貧しい家の出身だったが、気分はほとんど貴族だった。音楽は高等遊戯《ゆうぎ》であって、これでカネを稼ぐなんて下世話だと思っていた。だから、ひたすら他人と違うことを、高貴なムードと精神で、ゆったりとやりつづけた。調性をぼやかし、物語や情景描写《じょうけいびょうしゃ》よりも雰囲気を描くことに主眼を置いた。その結果生まれたのが、周囲が「印象派」と呼んだ〝モヤモヤ音楽〟だった。

作曲にかかったのは一九〇三年だったが、妻の自殺未遂や離婚騒動、新しい女性エンマとの同棲《どうせい》開始などがあったものだから、時間がかかった（よくそんな時期に、これほどの音楽が書けたものだ）。ようやく初演にこぎつけたのは〇五年。指揮はシュヴィヤール。演奏は、近年、佐渡裕によって人気が再燃したコンセール・ラムルー管弦楽団だった。

初版スコアの表紙に、葛飾北斎の浮世絵連作集『富嶽《ふがく》三十六景』の中の、有名な「神奈川沖浪裏」の一部がデザイン使用され、またドビュッシー自身もこの浮世絵を持っていたので、実際、北斎をイメージして作曲したのではないかといわれている。特に、六六年録音のブーレーズ指揮＝ニュー・フィルハーモニア管弦楽団のＬＰジャケットにこの浮世絵がデカデカと使用され、イメージは決定的となった（ほかの西洋絵画からもインスピレーションを得たとの説もある）。

この、〝モヤモヤ音楽〟が吹奏楽版で登場した時、誰《だれ》もが驚いた。ああいう音楽を、弦楽器なしでできるのか？　それができたのだ。しかも、なかなかよかった。バッハのオルガン曲を吹奏楽でやったのと同じくらいの意外性を感じたものだった。

全体は、**Ｉ〈海の夜明けから真昼まで〉**、**Ⅱ〈波の戯れ〉**、**Ⅲ〈風と海の対話〉**の三部から成っている。コ

♪♫♫
成績表

金賞 27　銀賞 23　銅賞 8

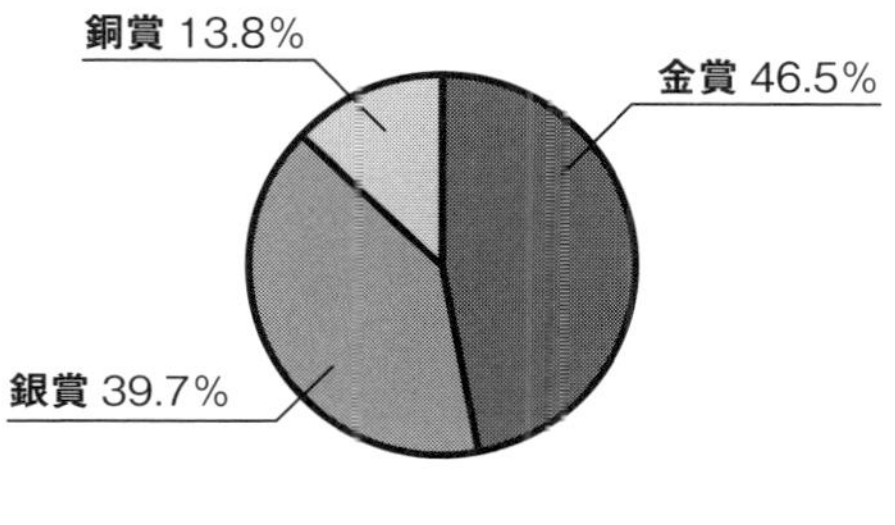

ンクールでは、ほぼⅢが演奏される。編曲譜も多くの種類が出ており、中高生から大人まで、すべての部門で演奏されている人気曲だ。

コンクールに登場するドビュッシー作品はほかにも様々あるが、特に**《夜想曲》〜〈祭り〉**、**《映像》第二番〈イベリア〉**、**《喜びの島》**（ピアノ曲だが、モリナーリ編曲の管弦楽版がある）などに人気がある。

七五年こそは、全日本吹奏楽コンクールにおける〝フランス印象派元年〟であった。

名演・熱演

コンクールが中学生バンドに支配されていた一九七〇年代の最後。この曲で、またもや驚きのあまり聴き手を固まらせてしまうようなとどめの演奏を、中学生が生み出した。七九年、**豊島区立第十中学**（現・同区立明豊中学）［東京］だ。「こんな難曲、中学生にできるのか？」と誰もが思ったであろうが、彼らは、そんな聴衆の心配なんぞどこ吹く風、実に素晴らしい演奏を披露してくれた。冒頭部から「え？」となってしまう深い響きに、聴衆は酔わされた。

木管楽器の深い音色。特に、当時としては、アマチュア吹奏楽ではあまりメジャーでなかった楽器「オーボエ」の音色には、本当に惚《ほ》れ惚《ぼ》れする。場面ごとによって音色を吹き分ける金管群。すべてが「信じられない」といっていいくらい、衝撃的な演奏だった。音の受け渡しも見事で、各自が役割をきちんと把握していなければ、絶対に埋もれてしまう音の浮き立たせ方、曲の雰囲気の出し方など、すべてが完璧《かんぺき》だった。今聴いても、「これ、間違いなく金賞だな」と思わずにはいられない。曲が終わった瞬間のフライング拍手（今は当然のようにする輩《やから》が多いが……）も納得できよう。それくらい、会場を沸かせた演奏なのである。

八〇年、この年も中学生が聴衆を驚かせた。まずは**島田市立島田第二中学**［静岡］。ほとんどの団体がⅢ〈風と海の対話〉を演奏する中、選んだ楽章はⅠ〈海の夜明けから真昼まで〉であった。もちろん素晴らしい演奏だったが、そのあとに登場する中学校が、またまたとんでもない演奏を生み出した。**八戸市立湊中学**［青森］だが、とにかくトランペットがもの凄《すご》い。この曲では随所にトランペット・ソロが登場するが、それがすべて完璧！ 全体を通しても緊張感が途切れる箇所は一つもなく、最後のティンパニの強烈な一打で曲を終えた瞬間に、当時としては珍しい「ブラボー！」の歓声と大拍手が沸き起こった。これもCD化されているので、ぜひ聴いてほしい演奏だ。

「視覚」で驚いたのは、八三年の**富山県立富山商業高校**だ。通常、一〜二本の弦バスを五本も使用していたのだ。まるでオーケストラである。それだけの弦バスを使用しているのだから、当然、冒頭部は不思議なサウンドになる。ただ、これは見た目だけでなく、非常に演奏効果も高かったことを特筆しておく。音楽全体の流れも自然で、色彩感に溢《あふ》れた《海》だった。

　さて、この曲も名演が多いので、最後にどの団体を紹介するか、非常に悩んだ。「駒澤大学もいいし、天理高校もいいし……」と迷った末に、八八年の**市川交響吹奏楽団**［千葉］の演奏を選ぼう。非常にスケール感のある演奏で、音楽の流れも自然。特にホルンが充実しており、たいへん深みのあるサウンドになっている。

ドビュッシー：交響詩《海》／牧神の午後への前奏曲／管弦楽のための映像
クリーヴランド管弦楽団
P・ブーレーズ

非常に写実的な演奏。スコアが見える上、聴いていると目の前に海が広がる
ユニバーサル ミュージック／UCCG－7029

Eternally 4 中村学園「コッペリア」
青森県八戸市立湊中学校吹奏楽部
佐藤憲一

とにかくトランペットの音に注目してほしい。ロシアの奏者も真っ青な音色とパワー
ブレーン・ミュージック／BOCD－7141

Legendary Ⅱ 駒澤大学吹奏楽部
駒澤大学吹奏楽部
上埜 孝

美しいオーボエとピッコロのサウンドに注目。オーソドックスながら熱の入った演奏
ブレーン・ミュージック／BOCD－7118

ラヴェル

バレエ音楽《ダフニスとクロエ》第二組曲より

'76年初登場

《ローマの祭り》に迫る大人気曲

グレード ★★★★★
人気度 ★★★★★
演奏回数 84回

これぞ名曲！

《ローマの祭り》に次いで、人気第二位。これもまたほとんど〝陰の課題曲〟みたいな存在である。一九七六年、出雲市立第一中学［島根］によって全国大会初演された。前年のドビュッシー《海》初登場を追いかけるような〝フランス印象派〟シリーズ第二弾というわけだ。おなじみ出雲第一中学の演奏は圧倒的名演で、冒頭部、次第に朝日が差してくる中、小鳥たちがさえずり始める部分など、鳥肌が立つ素晴らしさだった。以後も人気曲でありつづけ、三〇年余を経た今では、《ローマの祭り》を抜きかねない人気ぶりである。

　この曲は、二〇世紀初頭にパリで大人気だった、ディアギレフ率いるロシア・バレエ団の委嘱でラヴェルが作曲したバレエ音楽である。一九一二年にパリのシャトレ座で初演された。指揮がピエール・モントゥー、ダフニス役がニジンスキー、クロエ役がカルサヴィナという豪華版だった。

　原作は古代ギリシャ時代に書かれ

モーリス・ラヴェル
Joseph-Maurice Ravel
1875～1937 フランス

　ほかにコンクールに登場したラヴェル作品には、**《道化師の朝の歌》《ラ・ヴァルス》《マ・メール・ロワ》《夜のガスパール》《優雅で感傷的なワルツ》《クープランの墓》**、そして次項**《スペイン狂詩曲》**などがある。

　また、ラヴェルといえば、ムソルグスキーのピアノ曲**《展覧会の絵》**を管弦楽版に編曲したことでも有名だ。吹奏楽版も、多くはこのラヴェルの管弦楽版がもとになっており、八〇年代あたりまでは、コンクールでもよく演奏されたものだ。

（P68も参照）

た恋愛物語。エーゲ海のレスボス島を舞台に、海賊に拉致《らち》された少女クロエを、ダフニスがパン神の助けを借りて救出、再会するまでの物語だ。

バレエ全体は三部に分かれており、のちにラヴェル自身の手で二つの組曲になった。第一組曲が第一・二部から抜粋構成されたのに対し、第二組曲は、第三部をほぼそのまま演奏する。原曲は合唱を伴うのだが、組曲ではカットされることが多い。演奏の頻度《ひんど》は第二組曲が圧倒的である。

ラヴェルは、この曲をバレエ音楽であると同時に、交響曲の変型と考えていた。というのも、いくつかの主題をきれいに配置・展開し、全体に統一感を与えているからだ。よくラヴェルというと、ドビュッシーと並んで印象派の代表格に挙げられるので、自由な雰囲気の音楽ばかり書いていたように思われがちだが、実は古典的でがっちりした構成を好んだのである。

吹奏楽版では、第二組曲（三部構成）のⅠ**〈夜明け〉**と、Ⅲ**〈全員の踊り〉**を組み合わせると演奏時間内にうまく収まった（時折、Ⅱ**〈無言劇〉**を入れる団体もある）。当初は、フランスの名門ギャルド・レピュブリケーヌ吹奏楽団の楽長だったロジェ・ブトリーの編曲譜がよく使われていたが、近年では、仲田守、森田一浩、佐藤正人、真島俊夫らによる様々な国内版が出ており、そちらの方が人気があるようだ。ラスト、歓喜の舞踏が爆発する箇所は多大な感動に襲われる。この部分だけで一年をかけて作曲されたという、〃管弦楽の魔術師〃ラヴェルの面目躍如《めんもくやくじょ》たる名曲である。

それにしても、この時期のコンクールは、何と活気に満ちていたことか。《ローマの祭り》を追うように、《海》《ダフニスとクロエ》《スペイン狂詩曲》が登場し、まるで吹奏楽にできないことなどない、といわんばかりの迫力だった。それらを牽引《けんいん》し

成績表

金賞 37　銀賞 37　銅賞 9　ほか 1

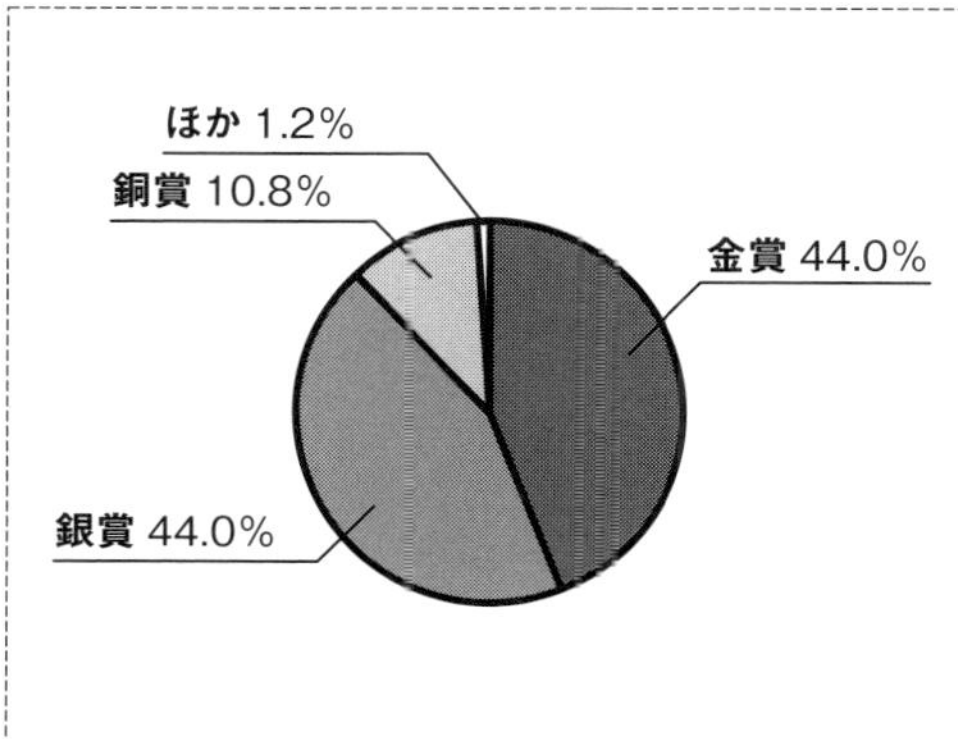

たのが主に中高生たちの名演だったことにも、今さらながら驚かされる。当時の中高生は、今四〇歳代後半から五〇歳代。どこにいるのだろう。一般市民バンドで吹いているのか。あるいは指導者となって、今度は中高生たちを教えているのか。それとも、吹奏楽や音楽などとは、まったく無縁の生活を送っているのか。

　あれから三〇年が過ぎてしまったとは、何とも不思議な気分である。

（P68も参照）

名演・熱演

　一九七六年一一月六日、信じられないような名演が生まれた。曲目も「え?」と、誰もがプログラムを見て驚いたことだろう。現在では超人気曲の、ラヴェル作曲、バレエ音楽《ダフニスとクロエ》第二組曲が、初めてコンクール全国大会で演奏されたのだ。クラシック音楽としては広く知られている名曲だが、中学生がこの曲を演奏するなんて、今でも「あり得ない」ことだと思う。**出雲市立第一中学**［島根］である。しかも、実に素晴らしい演奏だった。当然のことながら、聴衆は大拍手で、この名演を讃《たた》えた。「昭和四〇〜五〇年代、全国大会をリードしてきたのは中学の部」という事実は、この出雲第一中学の演奏を聴けば、納得できるはずだ。翌七七年には**玉川学園高等部**［東京］が、七九年には**秋田市立山王中学**も演奏している。

　出雲第一中学の演奏から一〇年を経て、この曲の人気度を不動にする名演が登場した。八六年、**埼玉栄高校**の演奏だ。アナウンスが流れる前から、場内はざわついていた。同校は、前年が全国大会初登場（銀賞）で、まだそれほど有名ではなかった。この曲も、ここしばらく演奏されていなかった。

「次の学校、関東大会一位通過だってさ」「へぇ〜、でも、こんな自由曲、知らないな」「とにかく関東大会では凄《すご》かったらしいよ」

　そんな会話が、そこかしこで交わされていた。アナウンス後、課題曲が演奏され、静まりかえった普門館に、その音が奏でられた。厳かな冒頭部に、聴衆は「静かに始まる曲なんだ……あまり面白そうじゃないな」という空気を作り上げてしまったが、曲が進むにつれ、その雰囲気は壊れていく。〈全員の踊り〉が始まった時、一瞬にして聴衆は、その演奏の虜《とりこ》となった。「え、何?何なの、この曲?」、ポカーンとしている聴衆。曲が進んでいっても、聴き手は何が演奏されているのか、分らなかった。最大の盛り上がりを見せる終結部が奏でられ、最後の一音が鳴り終わった瞬間、場内は様々な奇声と大拍手に包まれた。奏者が退場しても、場内の興奮は冷めず、いつまでもざわめいていた（次の演奏団体の進行に差し障るほどであった）。この演奏が、今日の《ダフニスとクロエ》人気を不動のものにした。

そして翌年以降、「金賞を取りやすい曲」との伝説を生み、多くの団体が演奏するようになった。これについて一言いっておきたい。確かに八八年中学の部では、全出場団体二八団体中、五団体が演奏し、四校が金賞、一校が銀賞を獲得した。九七年中学の部では、偶然ではあるが、《ダフクロ》三連発で、その三校がすべて金賞を受賞した。これだけ見れば、確かに「金賞を取りやすい曲」といえよう。だが、これはのべ演奏回数が多いからなのであって、宝くじにたとえてみれば、「一等〇本出ました！」で有名な売り場があるのと同じこと。そこで買う人間が多ければ、一等の本数は当然多くなる。「金賞を取りやすい曲」などというのは、いささかラヴェルに失礼ではないかと思う。

近年、「お、いいねぇ！」と感じた演奏は、二〇〇六年の**狭山ヶ丘高校**［埼玉］の演奏だ。若干クールな面もあったが、随所をくすぐる個人技が冴《さ》えており、特に終わり方のためと音の残し方に「よくやってくれた！」といいたくなる演奏であった。

ラヴェル：バレエ音楽
《ダフニスとクロエ》（全曲）他
モントリオール交響楽団
C・デュトワ

バレエ音楽全曲版。美しいサウンドが心地よい。原曲は合唱が入っている
ユニバーサル ミュージック／POCL－6006

Legendary Ⅲ
出雲市立第一中学校吹奏楽部
島根県出雲市立
第一中学校吹奏楽部
渡部修明

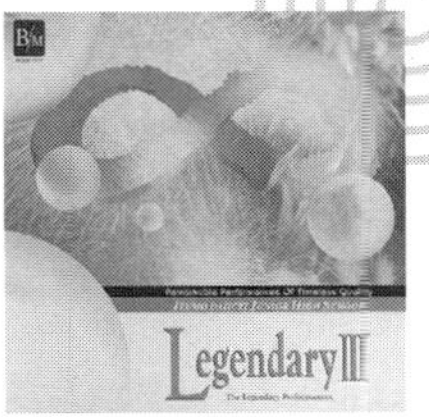

中学生が全国初演。その驚異の演奏を十分ご堪能あれ！　ビックリすること必至
ブレーン・ミュージック／BOCD－7123

全日本吹奏楽コンクール自由曲
名演奏シリーズVol 1 編曲作品集
埼玉栄高等学校吹奏楽部
大滝 実

《ダフクロ》ブームはこれから始まった。曲が終わった時の場内の沸き方にも注目
ブレーン・ミュージック／BOCD－7001

ラヴェル《スペイン狂詩曲》より

’76年初登場

聴け！　バスクの熱い血を！

グレード ★★★★☆
人気度 ★★★★☆
演奏回数 40回

これぞ名曲！

前項《ダフニスとクロエ》が初登場した一九七六年、もう一曲、ラヴェル作品が初登場している。秋田市立山王中学が演奏した**《スペイン狂詩曲》**である。前年がドビュッシー《海》初登場で〝フランス印象派元年〟だったとすれば、まさにこの年は〝ラヴェル元年〟だったのである。

ラヴェルの父はスイス人であるが、生まれたのはスペイン国境に近いバスク地方である。ことに母はスペイン出身の生粋《きっすい》のバスク人だった。つまりラヴェルにはバスクの血が流れているのだ。このことは、ラヴェルを語る上で欠かせない重要な要素なので留意《りゅうい》が必要だ。

バスクとは、フランスとスペインにまたがる一帯で、本来が、人種も言語も独自のものを持つエリアである。それだけに独立意識も強く、近年、民族組織「ＥＴＡ」（バスク祖国と自由）が、しばしばテロ事件を引き起こし、フランス・スペイン両政府にとっての悩みの種となっている。

ラヴェルは、そんな地域の生まれ

モーリス・ラヴェル
Joseph–Maurice Ravel
1875～1937 フランス

彼は、晩年、交通事故にあって脳に障害を負い、記憶喪失と言語障害に悩まされた（事故以前から脳障害があったとの説もある）。字や楽譜もまともに書けなくなり、見るに見かねた友人たちは、半ば彼を騙《だま》すようにして、成功率の低い脳外科手術を受けさせた。だが、結果は芳しくなく、失意のうちに世を去っている。臨終の際、彼は長年世話になった家政婦に会いたがった。純朴な彼女はラヴェルが世界的作曲家であることすら理解していなかった。生涯独身で天涯孤独だったラヴェルが、唯一心を許したのは、この家政婦だったのだ。

（P64も参照）

なのである。優雅なパリの街に生まれたわけではないのだ。母国フランスを愛しながらも、スペインにまたがるバスクの熱い血も抑えがたかった。

《スペイン狂詩曲》は、そんな彼の血が爆発した、ほぼ最初期の成功作である。子供の頃《ころ》に身近で聴いたり、母が歌ってくれたバスク民謡などがもとになっている。全体は、Ⅰ**〈夜への前奏曲〉**、Ⅱ**〈マラゲーニャ〉**、Ⅲ**〈ハバネラ〉**、Ⅳ**〈祭り〉**の四楽章構成。Ⅰに登場する旋律が一種の循環主題となって、Ⅲ以外にも使用されて全体が統一されている（Ⅲは、過去の曲の転用）。

初演当時、ラヴェルはさんざんな目にあっていた。作曲家の登竜門《とうりゅうもん》であるローマ大賞には何度挑戦しても落選。あまりに不明朗な選考基準に多くの文化人が抗議し始め、パリ音楽院院長は辞職する騒ぎになった。さらに歌曲集《博物誌》がドビュッシーの盗作だとの指摘が起こっていた。そんな時期だっただけに、一九〇八年、パリ・シャトレ座での初演では、一階高額席にいる聴衆の反応は冷ややかだった。だが、天井桟《てんじょうさ》敷《じき》の若者たちは熱狂して拍手を送った。特に一人の男が「〈マラゲーニャ〉をもう一度やって、一階の連中に分らせてやれ！」と叫んだ。かくして第二楽章だけがアンコールされ、今度は一階からも拍手が送られた。この、〈マラゲーニャ〉をアンコールさせた男こそ、後年《ディオニソスの祭り》を書くフローラン・シュミットであった（P106参照）。

吹奏楽版は仲田守版、森田一浩版、八田泰一版を中心にたくさん出ており、コンクールではⅣ、もしくはⅡ＋Ⅳの組み合わせに人気がある。

後年、彼の名声を聞いたアメリカのガーシュウィンが、パリを訪れ、ラヴェルに弟子入りしようとした。だがラヴェルは「今さら二流のラヴェルになりたいのですか」といって

成績表

金賞 20　銀賞 16　銅賞 4

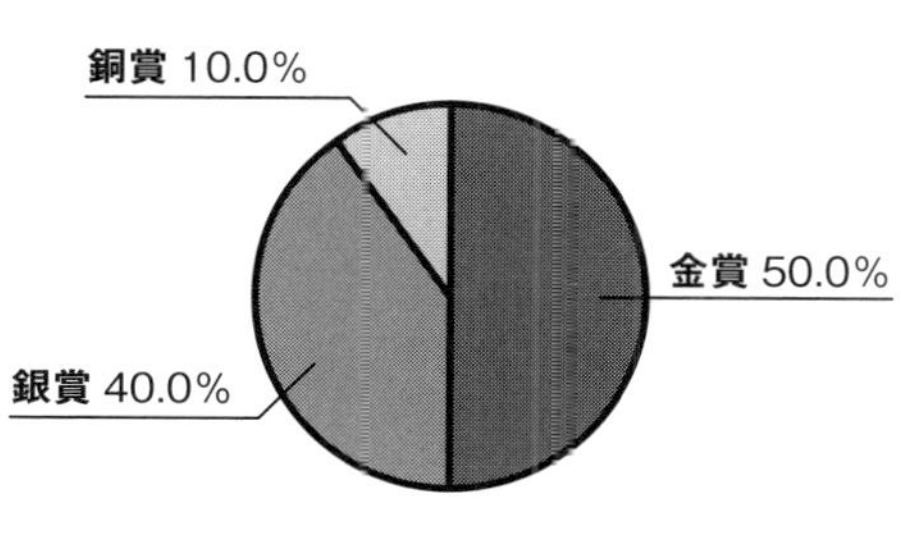

断った。彼は「自国の民族音楽に誇りを持ちなさい。私にフランスとバスクがあるように、アメリカにも素晴らしい民族音楽＝ジャズがあるじゃないですか」といいたかったのだ。ガーシュウィンはがっかりして、その無念を音楽にした。それが有名な《パリのアメリカ人》である。これこそ、ジャズとクラシックが融合した、新しいアメリカ音楽であった。いわばガーシュウィンにとっての《スペイン狂詩曲》だったのである。

（P64も参照）

名演・熱演

一九七六年には、前項《ダフニスとクロエ》に並ぶ、もう一つの、驚くべきフランス印象派の名演が生まれている。こちらもラヴェルの作品で、《スペイン狂詩曲》より、Ⅱ〈マラゲーニャ〉とⅣ〈祭り〉。これも信じられないことに、中学生が全国大会初演を果たしているのだ。東北の雄、**秋田市立山王中学**。〈マラゲーニャ〉冒頭の木管低音群は、「本当に君たちは中学生か？」といいたくなる、実に深いサウンドだ（これは全パートにいえる）。勇ましく登場するトランペットの音の引き方にも、ため息しか出てこない。ダレた音でなく、気だるい雰囲気を出すのはアマチュアにはかなり難しいが、その表現がちゃんとできている。Ⅳ〈祭り〉冒頭は、木管群にとって、非常に高度な技術を要求されるが、いとも簡単にこなしてしまっている（もちろんその背景には、猛練習している姿が見える）。これも中間部で気だるさを表現しなければならないが、この演奏は、そこにいくまでに、すでに前もって音楽がそうなるようにでき上がっていた。各奏者の高いレベルには脱帽せずにいられない。当然、聴衆から絶賛の大拍手を受けた。

その後、この作品の人気を不動にしたのは、八九年の**常総学院高校**［茨城］の演奏であろう。非常に柔らかいサウンドで奏でられる〈マラゲーニャ〉には驚かされた。各ソロも高い技術を駆使し、素晴らしい音色で楽しませてくれる。〈祭り〉では、最初のうちは木管を主体にし、金管を抑えているが、次第に金管群も「待ってました！」とばかりに、独特のサウンドを響かせる。中間部のコール・アングレの音色には、誰《だれ》もが惚《ほ》れ惚《ぼ》れしたことだろう。全体をとおして木管主体の柔らかいサウンドを見せる演奏だったが、その木管が、実に様々な風景を描き出す。各楽器の組み合わせでも変化を生んでいるが、それだけではない。音色を見事に使い分けているのだ。ちょっと矛盾する言葉になってしまうが、「輝かしい木管」と表記したい。色彩感に溢《あふ》れた、ラヴェルの世界を十分堪《たん》能《のう》できる演奏である。

九〇年中学の部の、**いわき市立平第一中学**［福島］も、面白さに溢れた演奏を披露してくれている。〈マラゲーニャ〉の冒頭が、実に可愛《かわい》らしいのである。ユーモア感を持ったサウンドに出逢う機会はごく稀《まれ》なので、特筆しておきたい。同年、大学の部でも**三重大学**が演奏して見事金賞を獲得している。こちらの演奏は〈マラゲーニャ〉〈祭り〉ともに、繊《せん》細《さい》な印象を聴き手に与える。少し型にはまった感があるが、こういう演奏も面白い。ほかには九四年の**天理高校**［奈良］の演奏が、スケール感のある演奏を披露してくれている。

九三年から、課題曲が「短めのマーチ」と「やや長めの曲」が交互に登場するようになったが、それがこの曲の人気にも影響している。「やや長め」の課題曲の年に、Ⅳ〈祭り〉を組み合わせると、ちょうどぴったり演奏時間内に収まるのだ。そのため、「やや長め」の課題曲の年に演奏される頻度が高くなった。またこの曲も金賞受賞率が高くなっているが、それだけ有名実力バンドが取り上げている結果であることをつけ加えておく。

※注……九四年天理高校の演奏収録CDは廃盤のため、「おすすめディスク」では九四年の演奏に近い二〇〇二年の演奏を紹介。

ラヴェル：スペイン狂詩曲 他
ベルリン・フィルハーモニー管弦楽団
P・ブーレーズ

クリアな演奏。その中にもラヴェルの持ち味が引き出されているのが特徴
ユニバーサル ミュージック／UCCG－7030

Eternally 1
チャイコフスキー交響曲第４番
秋田県秋田市立山王中学校吹奏楽部
木内 博

中学生が初演。そのレベルの高さには本当に驚かされる。心して聴きたい１枚
ブレーン・ミュージック／BOCD－7138

全日本吹奏楽2002
金賞団体の競演【CD６枚組】
天理高等学校吹奏楽部
新子菊雄

色彩感豊かな演奏。〈祭り〉のみだが、効果的なハープなど、随所に気配りがなされている
ビクターエンタテインメント／VICS－61237

リヒャルト・シュトラウス 七つのヴェールの踊り～楽劇《サロメ》より

'79年初登場

"わいせつ音楽規制法"適用第一号?

グレード ★★★★★
人気度 ★★★★☆
演奏回数 59回

これぞ名曲!

もし、現代に「わいせつ音楽規制法」なんてのがあったら、この曲を演奏している未成年の団体は、即座に摘発されるであろう。

原作は、アイルランド系の作家オスカー・ワイルド(一八五四～一九〇〇)が、一八九三年に出版した戯曲《ぎきょく》『サロメ』である。まことにとんでもない内容で、ユダヤのヘロデ王が、再婚した妻の連れ子サロメに、踊りを所望する。サロメは「ヨカナーンの生首をくれたら踊る」と答える(ヘロデ王に敵対する預言者ヨカナーンは、逮捕されて城の中に幽閉されていた)。ヘロデ王は悩むが、最終的に願いを聞き入れる。サロメは、全身にまとっていた七つのヴェールを一枚ずつ脱ぎ、妖艶《ようえん》なストリップ・ダンスを披露。ヘロデ王は大興奮。直後、ヨカナーンは斬首《ざんしゅ》刑にされ、サロメは血の滴る生首をもらい受け、キスしながら抱き締めて恍《こう》惚《こつ》となる……。

ストリップに斬首、死体愛好……当然、世界各地で上演禁止になった。

リヒャルト・シュトラウス
Richard Strauss
1864～1949 ドイツ

ドイツ後期ロマン派を代表する作曲家・指揮者。主に交響詩とオペラで新機軸を開拓し、新鮮な和声と巨大な管弦楽でロマン派を究極にまで拡大させた。代表作には、本文中の曲のほか、交響詩《ツァラトゥストラはかく語りき》、歌曲集《四つの最後の歌》などがある。

原作戯曲『サロメ』は岩波文庫版で読める(福田恆存訳)。ビアズリーの名挿絵も収録されており、生首のシーンには「お前の口に口づけしたよ」「舞姫の褒美」「最高潮」など凄《すさ》まじい題がついている。

そもそもワイルドは奇行の人で、同性愛の罪で刑務所暮らしを経験したほどの〝過激派〟だった（その一方で、『幸福な王子』のような、素晴らしい童話集も著している）。

　これを一幕物のオペラにしたのが、ドイツ後期ロマン派の大家リヒャルト・シュトラウスである。彼のオペラとしては最初の成功作だ。原作戯曲を、ほぼそのまま台本にしてオペラ化した（原文フランス語のドイツ語訳）。これもまた各地で上演禁止になったが、音楽的評価は絶大だった。

　このストリップ・ダンスの場面が、通称〈**七つのヴェールの踊り**〉である。昔は、歌手が音楽に合わせてクネクネと身体を動かす程度の演出だったのだが、九〇年代初頭、マリア・ユーイングが英国ロイヤル・オペラで演じた際、本当に七つのヴェールを脱ぎながら踊り、最後は、〝完璧《かんぺき》な全裸〟になって世界中を驚かせた（DVD化されているが、当然TVでは放映できない）。よく中高生が、この曲を平然と演奏しているが、「この子たち、どういう曲か分って演奏しているのかねえ」といいたくなる。指導者は、このあたり、うまく説明してあげてほしい。

　このダンス音楽はオペラの一部ながら、声楽なしの管弦楽のみである。しかも派手なオーケストレーションと高度な技術満載の上、演奏時間もコンクール向きとあって、吹奏楽版でよく演奏されている（編曲は、ほとんどがマーク・ハインズレイ版。近年は小澤俊朗版もある）。七九年に千葉県立銚子商業高校が初めて演奏して以来、この曲が登場しない全国大会の年は、めったにない。

　リヒャルト・シュトラウスは指揮者でもあった。だから、オーケストラを隅から隅まで知り尽くしていた。その結果、彼の曲は楽器編成も音楽性も、ひたすら巨大化の一途をたどった。それらはどれも、吹奏楽向き

成績表

金賞 24
銀賞 23
銅賞 11
ほか 1

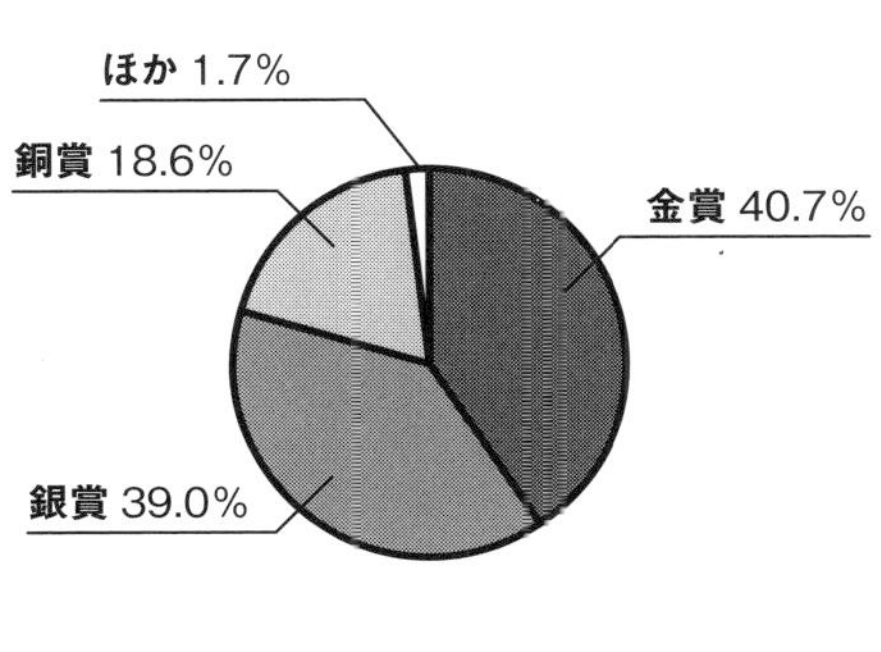

だった。交響詩**《ティル・オイレンシュピーゲルの愉快ないたずら》《英雄の生涯》《ドン・ファン》《アルプス交響曲》**なども、《サロメ》に次いでよく取り上げられている（もちろん、どれも一部抜粋）。

こうなると、あとは、リヒャルト・シュトラウスの代表作、楽劇《ばらの騎士》組曲である。すでに吹奏楽版のスコアは登場しているので、コンクール会場で、あの華麗なホルンの冒頭フレーズが鳴り響くのも、時間の問題であろう。

名演・熱演

前半解説にあるように、全国大会初演は一九七九年、**千葉県立銚子商業高校**だ。冒頭、強烈なティンパニの音が会場に響きわたったのを覚えている。聴衆を虜《とりこ》にするにはこの冒頭部だけでも十分だった。そのあとに奏でられる官能の世界、冒頭部の再現、そして終結部に至るまで、聴衆が受けた衝撃度は、演奏終了後の大拍手でもよく分る。ちなみに銚子商業の演奏では、冒頭部でサクソフォーン群が受け持つ上行形の部分は、原曲と異なり、本来つながる音が、ややスタッカート気味になっている。この部分で好き嫌いが分れてしまう、不思議な箇所だ。

八三年には、**前橋市立第二中学**「群馬」と、**大阪市立城陽中学**が演奏し、ともに金賞を受賞している。前橋第二中学の演奏も素晴らしかったが、個人的には城陽中学の演奏が、印象深く残っている。冒頭部から「え、何？　この音」となってしまうブレンドされたサウンド（当時はこの「ブレンド」という言葉が流行していた）に驚いたのだ。冒頭部のサクソフォーン群は、スタッカート気味のパターンで奏されたが、その後のトランペットとトロンボーンの雄叫《おたけ》びで、ノックアウトされてしまった。オーボエのソロが開始されるまでの曲の運び方や、バス・クラリネットの音色だけでも惚《ほ》れ惚《ぼ》れしてしまうのだが、その後のオーボエ・ソロの悩ましくも美しい音色と演奏には驚嘆させられる。その後ソロはフルートに受け継がれるが、この音色と奏法も素晴らしい。相当厳しい練習をしての成果だと思うが、全体をとおして音楽が巧みに構成されている。突然のトランペットの強奏（これも凄《すご》い！）のあと、物悲しげな旋律が登場するが、伴奏のトロンボーンだけでも音楽になっている点は「凄い」をとおり越して呆《あき》れてしまう。そしてアグレッシブな後半部に突入するのだが、ミュートをつけたトランペットの音色に驚かされ、本来、粒が見えるように演奏するのが困難なトロンボーンの、見事な刻みの迫力に圧倒され、それに負けない木管群に驚嘆しているうちに、トゥッティの最後の三音（ここもあざといリタルダンドなぞせず、むしろ突っ込み気味で最後の音に向かう）が強烈に普門館に響きわたった。ため息しか出てこない、見事な演奏であった。

その後、様々な団体が取り上げているが、印象に残っているのは八七年の**千葉市立土気中学**、八九年の**埼玉栄高校**などがある。しかし、「文句なし！」といえる演奏は、八八年の**神奈川大学**だ。この時は冒頭部のサクソフォーン群は通常パターンで奏でられていた。頭から終わりまで文句のつけようがまったくない、完璧な演奏だった。全日本吹奏楽連盟会報に審査結果一覧が掲載されるようになったのは八二年からだが、審査員九人中、オールAが七人、BBAAが一人、BAAAが一人の驚異的な高得点の審査結果がそれを物語っている。

※注……一九八四～九八年の一五年間は、著作権の関係上、コンクールでの《サロメ》の演奏はソニーのLP、CDに収録されていない。「おすすめディスク」の神奈川大学の演奏は、二〇〇五年大会での金賞受賞時のもの。

リヒャルト・シュトラウス：楽劇《サロメ》

ウィーン・フィルハーモニー管弦楽団

ヘルベルト・フォン・カラヤン

《サロメ》全曲。演奏には定評のあるカラヤンを選んだ。全曲ではお薦めのアルバム

Emi Great Recordings／5671592（輸入盤）

日本の吹奏楽'83 Vol. 4

中学・高校編

大阪府大阪市立城陽中学校吹奏楽部

神出有光

非常に衝撃的だった《サロメ》。入手困難だが、機会があればぜひ聴いてほしい

ソニー・ミュージックエンタテインメント／25AG974（LP 廃盤）

全日本吹奏楽コンクール2005

Vol. 11 大学・職場編

神奈川大学吹奏楽部

小澤俊朗

艶かしい場面が描けている演奏。技術の高さも申し分なし

キングレコード／KICG－3311

バルトーク 無言劇《中国の不思議な役人》より

'79年初登場

超難曲をサラリと初演！ その名は駒澤大学！

グレード	★★★★★
人気度	★★★★☆
演奏回数	26回

これぞ名曲！

都会の片隅。廃墟《はいきょ》のようなビルの一室で、三人の男たちが、少女を幽閉している。彼らは、少女に売春を強要し、そのあがりを収入としている女衒《ぜげん》である。

今日も彼らは少女を窓辺に立たせ、客引きをさせている。最初は老人が引っかかった。だがカネがないので、放り出される。次に少年が引っかかったが、またも無一文だったので追い出される。

そして三人目に、〃中国の不思議な役人〃が引っかかった（宦官《かんがん》である）。だが、どうにも不気味な雰囲気で、気持ち悪い。少女は怖がるが、カネはありそうだ。男たちは、誘惑するように少女を急き立てる。

少女は、いやいやながら役人とダンスを始める。役人は次第に息を荒立て、興奮し始める。いやがる少女は、役人の手をほどいて逃げる。室内で追いかけっこが始まった。転び、つまずきながら逃げる少女、必死に追う役人。とうとう、少女は役人につかまる。

バルトーク・ベーラ

Bartók Béla
1881〜1945 ハンガリー

生まれはドラキュラの故郷トランシルヴァニア。第二次世界大戦でアメリカに移住し、ニューヨークで没した。共産主義体制崩壊後、遺体はアメリカからハンガリーに移され、一九八八年に国葬が営まれた。民族音楽研究の権威でもある。ほかに全国大会には**無言劇《かかし王子》**、**《舞踏組曲》《ルーマニア民族舞曲》《管弦楽のための協奏曲》**などが登場している。

なお、ハンガリーでは日本と同様、「姓・名」の順で氏名を称するので、現地風だと「バルトーク・ベーラ」。西洋風だと「ベーラ・バルトーク」となる。

そこへ男たちがなだれ込んで役人を抑えつけ、金品を奪って身ぐるみを剝《は》ぐ。

「面倒だ。殺《バラ》しちまえ！」

役人の上に毛布を積み上げ、抑えつけ、窒息死させた……はずだったが、毛布の隙間《すきま》から、役人のギラギラした目が、少女を見ているではないか！

「まだ生きてるぜ！」

男たちは役人の腹に何度もナイフを突き立てる。それでも死なない。少女をじっと見ている。

「こいつぁ、バケモノだ！」

彼らは役人の弁髪《べんぱつ》（昔の中国の、長く編んだ髪型）で首を絞め、抱え上げ、天井から下がった室内灯のフックに突き刺してぶら下げる。すると役人の身体が、青緑色の光を放ち始めた！　しかも、少女をうっとりと見ているではないか！

あまりの光景に、少女は、涙ながらに役人を下ろしてくれるよう哀願《あいがん》する。半死状態の役人を少女は抱きしめる。役人は、やっと満足そうな笑みを浮かべ、血を流しながら、死んでいく……。

——以上、バルトーク作曲、無言劇《パントマイム》**《中国の不思議な役人》**の筋である（バレエとしての上演もあるが、本来、舞踏劇ではない）。台本は、ハンガリーの劇作家メニヘールト（一九三九年のハリウッド映画『ニノチカ』でアカデミー賞候補）。一九二六年、ドイツのケルン劇場で上演されるが、一日で上演中止となる。その後も、四五年まで舞台上演は容易に実現しなかった。この間、内容に絶対の自信を持っていたバルトークは、音楽を二〇分前後の組曲に圧縮した（全曲は、ほぼ一時間前後）。前半で、追いかけっことなり、役人が少女をつかまえるあたりまでがまとめられている。

七九年、その吹奏楽版を、駒澤大学［東京］が全国大会初演した。この年は全部門が東京・普門館での開

成績表

金賞 12
銀賞 8
銅賞 6

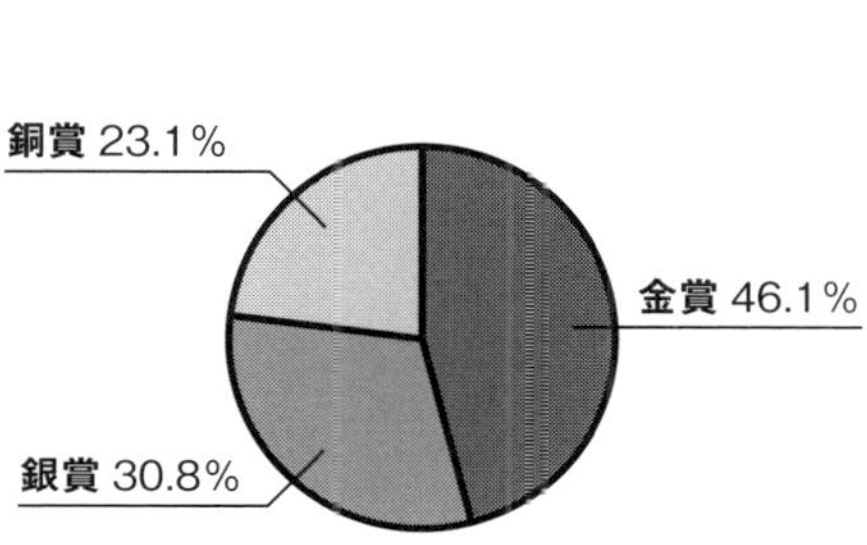

催だった。私は、初めて吹奏楽版の《役人》を聴いて、一瞬、何が起きているのか理解できなかった。当時私も大学生だったが、何か、とんでもないことが起きているような気がした。超絶技巧にも驚いたが、このような物語を同世代が平然と演奏している光景は、まことに「不思議」に感じられた。それでも、吹奏楽界を大きな変化が襲っていることだけは理解できた。

　この年には、前項《サロメ》〜〈七つのヴェールの踊り〉も初登場している。一九七九年とは、まことに凄《すさ》まじい年であった。

名演・熱演

　一九七一年から八二年まで、全国大会の大学の部は、**駒澤大学**［東京］の天下であった。七一年から七五年まで連続金賞、七六年は五年連続金賞受賞後の特別招待演奏、七七年から八一年まで連続金賞、八二年にこれまた特別招待演奏と、「出れば金」が、当然のようになっていた（七〇年から九五年までは、全国大会で五年連続金賞を受賞すると、翌年にはコンクールを休場しなければならない代わりに、全国大会会場において特別演奏を披露する場が設けられていた）。同大学の斬新《ざんしん》な選曲、パワー溢《あふ》れる豪快なサウンドは、毎年聴衆を魅了したものだ。

　この《中国の不思議な役人》も、七九年に、駒澤大学によって全国大会初演された。たいへんな難曲だが、駒澤大学の演奏で聴いていると、「そんなに難しくないよ〜」とばかりに、さらりと演奏しているように感じてしまうが、各楽器に超絶技巧が要求される、恐ろしく難度の高い曲である。

　中でも広く知られているのは、後半に登場するトロンボーン・パートだ。一本で吹いているように聴こえるが、あれは二人で吹いているのである。最近はライヴDVDの普及で、映像を見ることができるようになったので、映像で見る機会があれば、そこに注意していただきたい。間違いなく画面はトロンボーン二人のアップになるはずだ。超絶技巧を駆使し、聴衆の度肝を抜いた演奏は、テンポどおりに終わるが、最後の一音の残響が非常に生々しいのが、この演奏の特徴である。

　ほかにお気に入りの演奏をいくつか挙げてみたい。

　まずは九七年、**埼玉県立伊奈学園総合高校**の演奏だ。森田一浩編曲版を使用しているので、木管のサウンドが重視されるが、その点を見事に表現した演奏になっている。曲の終わり方のためも、十分に重厚なサウンドが堪能《たんのう》できる演奏である。

次が二〇〇〇年の**駒澤大学**。この年は課題曲が長い年だったので、例年のバージョンで演奏したのでは、タイム・オーバーは確実だ。どこかをカットしなければ、絶対に演奏時間内に収まらない。「いったいどこを、どんなふうにカットするのだろう?」とワクワクしながら待っていたら、「おお、そう来たか!」と後頭部をガツーンと殴られたような思いをした。途中のクラリネット・ソロから始まる新バージョンだったのだ。初演から二一年、吹奏楽界の流れも当然変わっているが、この年の演奏は、ていねいな中にも初演時の衝撃の響きが見え隠れする演奏であった。

〇一年の**福島県立磐城高校**の気迫のこもった熱演も、聴いていて非常に楽しく、忘れられない名演の一つである。

バルトーク:管弦楽のための協奏曲/中国の不思議な役人 他
ロンドン交響楽団
G・ショルティ

曲の持ち味を引き出している名演。全曲版よりまずはこの組曲版の演奏を聴くべし!
ユニバーサル ミュージック/UCCD-3733

JAPAN'S BEST CLASSICS 1998
大学職場一般編
関西大学応援団吹奏楽部
楊 鴻泰

まさに狂気の世界。間の取り方とためのの効果が実感できる猟奇的大名演!
ブレーン・ミュージック/BOD-3035(DVD)

全日本吹奏楽2001 金賞団体の競演
【CD 6枚組】
福島県立
磐城高等学校吹奏楽部
根本直人

巨大な普門館を奏者の気迫が支配した!驚異の集中力の熱演に「ブラボー!」
ビクターエンタテインメント/VICS-61231

矢代秋雄《交響曲》より

'79年初登場

吹奏楽が伝える「日本音楽界の至宝」

グレード ★★★☆
人気度 ★★★☆☆
演奏回数 16回

これぞ名曲！

一九五一年夏、フランスへ向かう船上に、三人の若い日本人の姿があった。黛敏郎、別宮貞雄、そして矢代秋雄の三人である。パリ国立高等音楽院に留学する新進気鋭《しんしんきえい》の作曲家たちであった。当時の日本はアメリカ占領下。進駐軍から特別発給された〝マッカーサー旅券〟を手にしての旅だった。

このうち、黛と矢代は東京藝術大学の同級生で、師匠も、橋本國彦・池内友次郎・伊福部昭と共通だった。だが、身につけたものは二人の間に大きな違いがあった。黛は伊福部の線の太い音楽に惹《ひ》かれ、ストラヴィンスキーの野性味に憧《あこが》れていた。これに対し、矢代はパリで学んだ池内に惹かれ、整然とした和声理論や作曲技法を重視した。

案の定、パリに着いた三人だったが、天才肌の黛は一年とたたず「ここに学ぶべきものなし」と、帰国してしまった。だが、矢代と別宮は残った。特に矢代は、フランス派の師匠・池内の影響もあって、パリで「音

矢代秋雄
[やしろ・あきお]
1929〜76 日本

父はボッティチェッリ研究で有名な美術研究家・矢代幸雄。母もピアノ愛好家だった。《ピアノ協奏曲》も筆舌に尽くしがたい名曲。吹奏楽オリジナル曲には、七二年札幌冬季オリンピックの《白銀の祭典》や、七五年三重国体用《ファンファーレ》《祝典序曲》などがある。それにしても矢代の死は早すぎた。七六年、心臓発作で急逝《きゅうせい》した時、四六歳の若さだった。なお《交響曲》第二楽章の元ネタとなった小説『自由学校』は現在入手困難。実は著者・獅子文六の本業は劇作家・演出家で、演劇の勉強をしたのはパリであった。矢代とどこかで通底するものがあったのではなかろうか。

楽の書き方」をあらためて吸収しようとした。一流教授陣の講義をすべて受講し、和声学の講義では一位の成績を取った。特に循環形式や分厚い和音で知られたフランクを愛好した。卒業作品《弦楽四重奏曲》は、《ディオニソスの祭り》のフローラン・シュミットほか数名の審査員の推奨で、ラジオ放送された。

　学生時代からそれほど真面目《まじめ》だっただけに、矢代は、感性やムードが先行する音楽を嫌った。前衛《ぜんえい》に走ることもなく、昔ながらの技法で、常にキチンとした音楽を書いた。そのため、作風は完全主義で、寡作《かさく》にならざるをえなかった。

　五六年、パリから帰国したばかりの矢代に、日本フィルハーモニー交響楽団から声がかかった。日本人作曲家への委嘱新作「日フィル・シリーズ」の第一弾に矢代が選ばれたのだ（三善晃《交響三章》などもこのシリーズから生まれた名曲だ）。第一楽章は、パリ時代に、オスカー・ワイルドの戯曲『サロメ』序曲として書きかけていたスコアを転用した。それがこの《交響曲》である（初演は五八年六月、渡邉曉雄の指揮）。

　この曲の素晴らしさを詳述する紙幅はない。全四楽章、四〇分弱。フランクばりの循環形式、バッハのパッサカリアを思わせる技法、そして見事な構成。ある人は「日本音楽界の至宝」とまで称している。

　この曲の、感動の第四楽章が吹奏楽版となって全国大会に登場した時、私は「この手があったか！」と膝《ひざ》を叩《たた》いた。七九年、秋田県立秋田南高校の演奏である。もともと管楽器が活躍する曲だったが、吹奏楽版も素晴らしかった（秋田南高校は、この翌年、五年連続金賞の偉業を達成する）。矢代作品の魅力をあらためて教えられたようだった。邦人作品に疎《うと》い若者たちに、矢代秋雄の名前を知らしめた点でも、この選曲は多大な功績といえた。現に、吹奏楽界の

成績表

金賞 7　銀賞 9

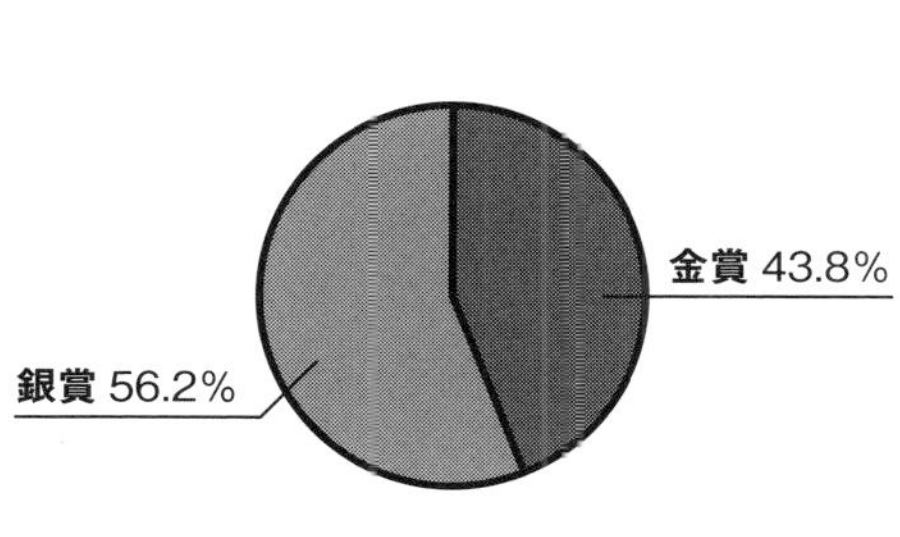

重要レパートリーとしてすぐに定着し、人気曲になったのだ。編曲は天野正道。その後、近藤久敦版や伊藤康英版も出た。

なお、できれば第二楽章もコンクールで聴いてみたいものだ。獅子文六の小説『自由学校』に登場する神楽太鼓のリズムに矢代が興味を持って取り入れた、賑《にぎ》やかでユニークな楽章である。

名演・熱演

ホルンによる超低音の不協和音の伸ばし、木管低音による旋律のあとに、突如耳をつんざくピッコロとフルート、超低音で支えていたホルンの突然の雄叫《おたけ》び。これだけで聴衆の心をつかむには十分であった。一九七九年、**秋田県立秋田南高校**による全国大会初演は、衝撃的なものであった。

「ホルンの雄叫び」後のピッコロとバスーンによって奏でられる旋律、これも今までになかった響きであった。楽器の組み合わせ次第で、今までの吹奏楽ではあまり聴かれなかった新しい音色を作り出せる可能性を、見事に演奏をもって知らしめたといえる。再び鋭いピッコロとフルートのあと、ホルンが雄叫びをあげる。その後「アレグロ・エネルジコ」(こう書くと分りにくいと思うが、木管楽器のユニゾンでフーガのように開始される部分)に向かうまで、チャイムが静かに鳴り響くが、ヴィブラフォンが非常に効果的に用いられている。さて、静寂を破る木管楽器のユニゾンだが、次第に楽器が変わり、テューバもこれに参加する。ここでまた聴衆の目を引くのが、ピッコロとコントラ・バスーンによる旋律だ。七九年当時、コントラ・バスーンを目にする機会など、ほとんどなかっただろう。曲は進み、トロンボーンのグリッサンドに再び目と耳を奪われる。「アダージョ・モデラート」でたっぷり歌いこんでから、真のクライマックス「プレスト」で全員が完全燃焼する。当然、拍手の嵐となった。

八二年には、**秋田県立仁賀保高校**による大爆演が登場する。この「ホルンの雄叫び」にはビックリする。全体も「これ以上鳴らすとうるさいだけ」のギリギリの線を超えないものであった。中でもトランペットの鋭さは特筆モノ。秋田南高校の名演で知名度も上がっていただけに、すでに聴衆はこの曲をよく知っていた。普通の演奏なら驚かないが、前述どおりの大爆演。聴衆は惜しみない拍手を送った。

「ホルンの雄叫び」第一位は、九一年の**習志野市立習志野高校**［千葉］。習志野高校は八三年にも同曲を演奏しているが（金賞）、九一年のホルンの方が強烈だし、演奏もいい。普門館のホールをつんざく、実に強烈な雄叫びであった。また、この曲は第四楽章のみを取り上げる団体がほとんどだが、九三年には**小平市立小平第六中学**［東京］が、第三・四楽章という珍しい組み合わせで演奏している。

二〇〇六年、高校後半の部で、後世に語り継がれる名演が誕生した。トリを務めた**福島県立磐城高校**、指揮者・根本直人先生自らの編曲による演奏だ。第一楽章の一部と第四楽章という、これも珍しい組み合わせだったが、見事にハマった。奏者の熱気がムンムンと伝わってくる、聴いていて恐怖感さえ覚える演奏であった。特に「アレグロ・エネルジコ」の歯切れのよさには驚いた。楽器に吹き込む息のスピードが十分にないと、ああはできないものだが、全員がしっかりこなしていた。「アダージョ・モデラート」の歌いこみは、背筋が寒くなるほど見事なもので、終結部のためも最高だった。私も会場で聴いていたが、曲が終わった瞬間、全身に鳥肌が立った。朝からずっと聴いていささか疲れ気味だった客席も、このトリの名演で一発で目が覚めてしまった。普門館にいた五〇〇〇人全員が心からの大拍手で、この名演の誕生を讃《たた》えていた。

日本作曲家選輯 Vol. 2
矢代秋雄：ピアノ協奏曲／交響曲
アルスター管弦楽団
湯浅卓雄

入手容易な原曲の音源。矢代秋雄の魅力を引き出したシャープな中にも温かみのある演奏
NAXOS／8.555351J

Legendary
秋田県立秋田南高等学校吹奏楽部
秋田県立
秋田南高等学校吹奏楽部
高橋紘一

全国大会初登場の演奏。今聴いてもため息の出る音楽作りとサウンドには脱帽
ブレーン・ミュージック／BOCD－7111

全日本吹奏楽コンクール2006
高等学校編 Vol. 5
福島県立
磐城高等学校吹奏楽部
根本直人

会場を沸かせた大名演！　木管楽器の驚異的な奏法に注目。必聴の1枚！
キングレコード／KICG－3324

オルフ《カルミナ・ブラーナ》より

'84年初登場

一冊の「古本」から生まれた現代の名曲

グレード ★★★★☆
人気度 ★★★★☆
演奏回数 21回

これぞ名曲！

ドイツ南部、ミュンヘンから車で一時間ほどのボイレン村に「ベネディクトボイレン修道院」がある。たいへん大きな歴史ある修道院で、周囲は一種の自然保護区になっている。

　一八〇三年、この修道院が国家管理されるにあたり、内部調査が行なわれた。中には文書室（写字室）がある。一四世紀までは印刷本なんてなかったから、教会や修道院にある写本が重要な役割を果たしていた。


ここから、一冊の古写本が発見された。一一〜一三世紀頃《ごろ》の原本からの写本らしかった。まるで、映画にもなったウンベルト・エーコのミステリ文学『薔薇《ばら》の名前』を思わせるエピソードである。

　内容は昔の世俗歌謡の詩集で、自然・酒・性愛の歓《よろこ》びなどをおおらかにうたったものだった。多くはラテン語だが、中にはドイツ古語やイタリア古語もあった。かつてこの修道院を訪れた旅の聖職者たちによって書き残されたもののようだった。しかも一部は「ネウマ譜」だった。大

カール・オルフ
Carl Orff
1895〜1982 ドイツ

彼は、作曲家・教育家・研究家など様々な顔を持っていたが、功績の一つに、ルネッサンス〜バロック期の巨人モンテヴェルディを発掘し、ドイツ圏内で再認識させた点も挙げられよう。

　それにしても、《カルミナ・ブラーナ》冒頭部〈おお、**運命の女神よ**〉は、いったい、どれだけの映画やバラエティ番組に使用されてきたことだろう。特に、映画『忠臣蔵外伝・四谷怪談』（深作欣二監督、九四年）のタイトルバックに流れた時は「ついに時代劇にまで登場したか」と、呆気《あっけ》にとられたものだ。

昔の記譜法で、おおまかな強弱高低のみが、歌詞の上に記されたものだ。つまりこれらの詩は「歌われていた」のである。

この珍しい写本は、ミュンヘン王立図書館に収蔵され、分類整理後、一八四七年に『カルミナ・ブラーナ』と題して出版された。ラテン語で「ボイレン村の歌集」という意味だ（「カルミナ」は「歌」の複数形。単数形が「カルメン」）。

時が流れて一九三四年。ドイツの作曲家オルフが、古書目録の中に、この本を見つけた。興味を覚えて取り寄せてみたところ、一瞬にして魅せられてしまった。いわば〝ヨーロッパの万葉集〟である。なのに、現代感覚に溢《あふ》れたエネルギーが感じられた。オルフは、友人の文学者の助けを借りて全二五〇編以上の詩歌から二四編をチョイスし、三部構成（全二五章）に分けて、正式題**《楽器伴奏と舞台演技によって補われた、独唱と合唱のための世俗カンタータ～カルミナ・ブラーナ》**を作曲した。

この正式題から分るように、本来は管弦楽＋独唱（三人）＋合唱（大・小・児童）に加えて舞台演技（舞踏）を必要とする、極めて視覚的な要素の強い作品なのだ。主題の展開とか変奏とかは一切なし。ひたすら単純なリズムとフシが繰り返される野性的な音楽である。輝かしいまでの明るさを基調に、下世話と品格、冗談と真摯《しんし》、古楽と現代が同居する。しかも聴いているうちに異様に興奮してくる。実にユニークな音楽で、一夜にして二〇世紀を代表する名曲となった。一冊の古本から、音楽史に残る名曲が生まれたのである。

普通の吹奏楽版では、当然ながら声楽部はカットされる。それでも、本来が管打楽器やリズム部に特徴のある曲だったから、意外と違和感はなかった。全国大会初演は八四年の長岡市吹奏楽団［新潟］。

現在、吹奏楽版はクランス版、モ

成績表

金賞 5　銀賞 11　銅賞 5

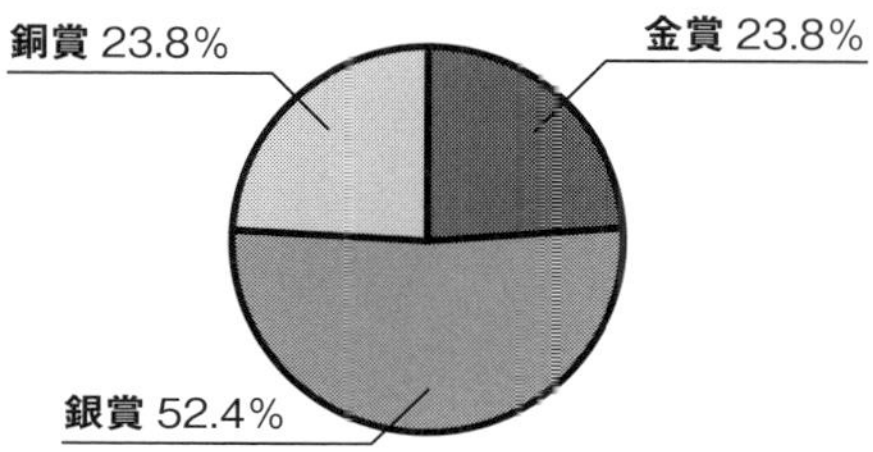

ーレンハウト版、マス・キレス版などがあるようだ。クランス版はバンドのみで演奏できるように編曲されている一三章ほどの抜粋。コンクールで使用されるのはほとんどこのスコアで、バンドごとに組み合わせを工夫して演奏されている。マス・キレス版は声楽を含む全二五章完全版だが、独唱・合唱を入れた形でないと演奏許諾が出ないようだ。二〇〇六年三月、ダグラス・ボストック指揮＝東京佼成ウインドオーケストラがこの版を用いた全曲完全演奏を行ない、聴衆を興奮の坩堝《るつぼ》に陥れた。ライヴCD化されている。

名演・熱演

曲名は知らなくとも、〈おお、運命の女神よ〉の冒頭を聴けば、吹奏楽やクラシックに興味がない人でも「これ、聴いたことある！」と必ず唸《うな》る、もはや日本中で知らない人はいないといってもいい有名曲だ。全国大会初演は前半解説にあるとおり、一九八四年の**長岡市吹奏楽団**［新潟］だ。しかし、その後、九〇年の近畿大学まで、一回も演奏されていない。なぜ、これほどインパクトのある作品が、すぐに大流行しなかったのか？　理由はズバリ、長岡市吹の演奏が銀賞だったため「LP化されなかったから」。八七年までは、大学・職場・一般の部は、金賞受賞団体しかライヴLP化されなかったのである（八七年よりCDも併発。八八年よりCDのみの発売に切り替わった）。全出場団体が収録されるようになったのは八八年からなのだ。

この曲は、二〇〇六年現在、全国大会ではクランス版のみが演奏されているので、以降、曲のナンバーは原曲ではなく、クランス版（※）に従う。

この曲を広く知らしめたのは、前述、九〇年の**近畿大学**［大阪］の演奏だろう。長岡市吹は1、9、10、12、13だが、近畿大学は4、6、10、12、13をピック・アップして演奏した。この順番がコンクールにはピッタリな選曲で、演奏効果も高い。この時の近畿大学の演奏が、この曲を、吹奏楽の枠を超えて日本全国に広めたといっても過言ではない。今日、テレビや映画で〈おお、運命の女神よ〉が頻繁に流れるようになったのも、この近畿大学の演奏後なのだ。

さて、この曲は一人のプロ・ユーフォニアム奏者を生み出した。誰《だれ》もがその音色に驚き、酔いしれた、九六年、**富山県立高岡商業高校**の名演。セレクションは、4、8、10、12、13。この8がユーフォニアム・ソロから始まるのだが、その美しい音色に会場にいた全員が驚いたのだ。「何だ、今のユーフォは？」「すっごい上手なユーフォだったよね」と、演奏終了後も、客席はざわついたままだった。伝説となったこのユーフォニアム奏者の名は岩黒綾乃。その後、国立音楽大学を経てパリ国立高等音楽院へ入学。プロ奏者として本格的に活動している。高岡商業は、ユーフォも素晴らしかったのだが、もともと金管のサウンドに定評があるだけに、全体をとおしても見事な演奏だった。九八年、**福岡工業大学附属高校**（現・同大学附属城東高校）の演奏も、銀賞ながら、豪快なサウンドで楽しませてくれた。

　一番印象に残っているのは、九一年の**西宮市吹奏楽団**［兵庫］だ。セレクションは、4、6、8、9、10、12、13とダントツの長さだが、指揮者・楊鴻泰の巧みな間の取り方により、全体が一つのドラマとなった演奏だった。

　銅賞ではあるが、二〇〇〇、〇一年と二年連続で、この曲で全国大会に進出した**ＪＲ東日本東北吹奏楽団**［宮城］の演出には楽しませてもらった。さて、酒を買いに行こうか。

※注……クランス版（吹奏楽版）全曲
1〈おお、運命の女神よ〉
2〈運命の女神の痛手を〉
3〈見よ、今は楽しい〉
4〈踊り〉
5〈森は花咲き繁る〉
6〈たとえこの世界がみな〉
7〈愛神はどこもかしこも飛び回る〉
8〈わしは僧院長さまだぞ〉
9〈酒場に私がいる時にゃ〉
10〈天秤棒に心をかけて〉
11〈とても、いとしいお方〉
12〈アヴェ、この上なく姿美しい女〉
13〈おお、運命の女神よ〉

オルフ：カルミナ・ブラーナ
シカゴ交響楽団
J・レヴァイン

《カルミナ～》の定番CD。輝かしい金管の音色と迫力が魅力のアルバム
ユニバーサル ミュージック／UCCG－5150

オルフ：カルミナ・ブラーナ
ベルリン・ドイツ・オペラ管弦楽団
E・ヨッフム

こちらも定番。曲が持つ力を生かした名演。合唱のパワーとオケが融合した名演
ユニバーサル ミュージック／UCCG－3354

Legendary Ⅱ
近畿大学吹奏楽部
近畿大学吹奏楽部
薮中登来夫

日本にこの曲を広めた先駆け的な演奏。金管の輝かしさ、曲作りと申し分なしの名演
ブレーン・ミュージック／BOCD－7117

レスピーギ
バレエ音楽《シバの女王ベルキス》より

'88年初登場

突如登場、誰も知らなかった名曲

グレード ★★★★☆
人気度 ★★★★★
演奏回数 32回

これぞ名曲！

さすがに《ローマの祭り》で大人気のレスピーギだけに、こちらも初登場以来二〇年そこそこで、のべ三二団体が演奏しているヒット曲である。

内容は主として旧約聖書が原典。「シバ王国」は、紀元前一〇〇〇年前後に、アラビア半島、現在のイエメンあたりにあったといわれる。交易で栄える豊かな国で、すでに一種のダムまで建築していたそうだ。

この国に女王がいた。名前は不詳なのだが、イスラム側によれば「ベルキス」とされている。彼女と、古代イスラエル王国のソロモン王が恋に落ちた。この伝説を、晩年のレスピーギがとんでもないバレエにした。独唱歌手、ナレーター、大合唱団、舞台外オーケストラ、バンダ（金管別働隊）、中東の民族楽器までが必要なのだ。こうなるともはや単なるバレエとはいえず、総合スペクタクル芸術である。レスピーギの豊かなオーケストレーションは究極にまで達し、一九三二年、ミラノ・スカラ

オットリーノ・レスピーギ
Ottorino Respighi
1879〜1936 イタリア

レスピーギは、母国のファシスト、ムッソリーニを敬愛していた。「ローマ三部作」から《ベルキス》へと、次第に曲が巨大で派手になっていく過程は、まさにイタリアのファシズム台頭と軌を一にしている。特に〈アッピア街道の松〉は、古代ローマ帝国への憧憬《どうけい》と復活を込めた音楽だった。それだけに、第二次大戦後、彼の音楽は〝ファシズム音楽〟のレッテルを貼られ、半ばタブー視されていた時期があった。《ベルキス》が一九八五年まで録音もされず知られなかったのは、そんなイメージを引きずっていたせいかもしれない。（P56も参照）

座での初演は大成功だった。ただし、あまりに大掛かりなので、そう頻繁に再演することもできず、次第に忘れられてしまった。

　レスピーギは、バレエ全曲から四部を抜粋し、組曲にしていた。Ⅰ**〈ソロモンの夢〉**は、ソロモン王のハーレムを描写する妖《あや》しい音楽。後半は二人の出会いの様子が、ソロモン王の「夢」として描かれる。こんな曲を中高生が演奏してもいいのかといいたくなるほどエロチックな音楽である。Ⅱ**〈戦いの踊り〉**は、ベルキス歓迎の祝宴。Ⅲ**〈夜明けのベルキスの舞い〉**は、構成上逆転しているが、ベルキス初登場の場面。早朝、目覚めたベルキスが、半裸で太陽を愛《め》でる。Ⅳ**〈饗宴（バッカス）の踊り〉**は、二人が結ばれたことを祝って、激しい祝宴が繰り広げられる。

　八五年にイギリスのシャンドス・レーベルが、ジェフリー・サイモン指揮＝フィルハーモニア管弦楽団で世界初録音するまで、こんな音楽があるなんて、普通の人は知らなかった（グラシェラ・スサーナのシャンソン《シバの女王》なら誰《だれ》でも知っていたが）。

　これを日本の吹奏楽界が放っておくはずがなかった。八八年に東北学院大学［宮城］が淀彰版で全国大会初演した。この速さと食いつきぶりは、まさに新鮮な獲物を探しつづけるライオンのごときであった。翌年、一挙に三団体がこの曲で全国大会に進出。以後、小長谷宗一版、木村吉宏版などがつづき、超難曲にもかかわらず大ヒットの様相を呈し、曲の存在も一気に知れわたった。その後、アシュケナージや大植英次などが原組曲を新録音しているが、これなども、吹奏楽人気が影響しているとしか思えない。そしてまたも、大人の普通のクラシック・ファンは知らないのに、中高生たちが「レスピーギなら、《ベルキス》も大好き」とのたまう、不思議な状況を生んでいる

成績表

金賞 17　銀賞 10　銅賞 5

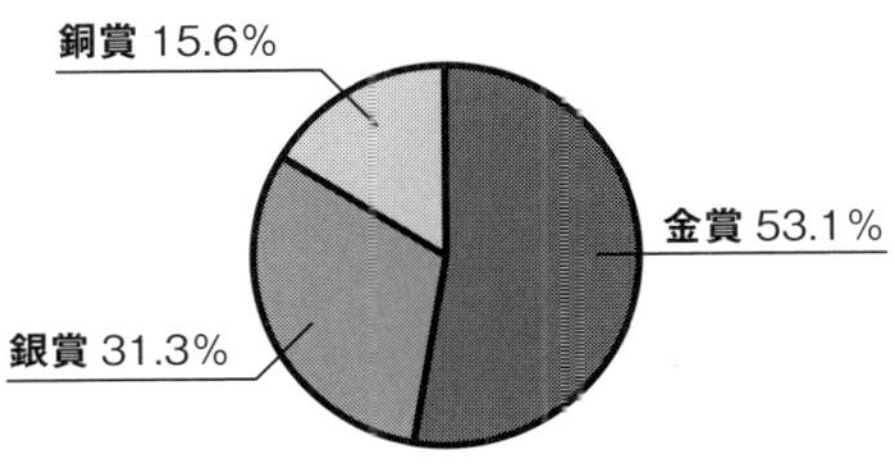

のだ。

　抜粋の仕方は団体によって様々だが、ラストにⅣが来るのが普通。ほとんどの編曲でハープ二台やピアノ、チェレスタまでが必要で、コンクールにおける特殊楽器の多様化を促進した曲でもある。

　余談だが、このソロモン王の父親がダヴィデ王。そのダヴィデ王を描いた曲が《春になって、王たちが戦いに出るにおよんで》（P158）である。父子二代にわたってコンクールに登場したというわけだ。

（P56も参照）

名演・熱演

　一九八八年、**東北学院大学**［宮城］が全国大会で初演。指揮者・淀彰自身の編曲によるⅠ〈ソロモンの夢〉＋Ⅳ〈饗宴の踊り〉という組み合わせであった。当時、「レスピーギはこういう曲も書いていたのか」と実感したのを覚えている。その時は、「なかなかきれいで面白い曲だ」と思っていたが、翌年に、早くもこの感想を覆す名演が登場する。

　八九年、充実した金管群のサウンドに定評のある、**福岡工業大学附属高校**（現・同大学附属城東高校）が、小長谷宗一編曲版によるⅡ〈戦いの踊り〉＋Ⅲ〈夜明けのベルキスの舞い〉＋Ⅳの組み合わせで演奏した。前年の東北学院大学の演奏が記憶にあったので、「静かに始まる曲」と思い込んでいたら、ティンパニの強打、バス・トロンボーンの強烈なサウンド、テューバが加わる荒々しい旋律。開始三〇秒とたたないうちに、指揮者・鈴木孝佳ワールドに聴衆全員がハマッた。E♭クラリネットによる怪しげな旋律のあと、トランペットやホルンなどの金管楽器が大暴れ。呆然《ぼうぜん》とした中、曲は〈夜明けのベルキスの舞い〉に移った。エキゾチック・ムードたっぷりの楽章で、フルートの旋律とグロッケンの音色に酔いしれているうち、コール・アングレが場面転換を促すかのように奏でられた。〈饗宴の踊り〉の始まりだ。ここでも強打するティンパニに聴衆の視線が集まる。木管主体で開始されるが、そのうちに金管が入り組んできて、ファンファーレ風に輝かしいサウンドを響かせる。興奮状態は収まることなく、曲は激しく終わる。我に返った時には自然に拍手をしていた。この演奏が今日の、同曲の大流行を生んだのは紛れもない事実である。

　とにかく九〇年代には大流行した曲である。荒々しさが逆に魅力になってしまう不思議な曲で、「鳴らしたモン勝ち」という風潮になっていた。そんな中、大人の艶《つや》やかさを見せてくれた演奏も生まれた。九二年、**乗泉寺吹奏楽団**〔東京〕の演奏だ。Ⅲ＋Ⅳという組み合わせだったが、〈夜明けのベルキスの踊り〉を実に見事に歌い上げてくれた。

九五年には**神奈川県立野庭高校**（現・同県立横浜南陵高校）がⅠ＋Ⅳという組み合わせで、特にⅠを実に見事に歌い上げ、「こんな美しいベルキスは初めてだ！」と、聴いた者を驚かせた。また、九六年、**大曲吹奏楽団**〔秋田〕もⅠ＋Ⅳを選択し、Ⅳを大きくてもまったくうるささを感じさせないサウンドと歌いまわしで奏で、聴く者を圧倒した。

全国大会ではないが、特筆したい演奏があるので記しておく。九三年関西大会・高校の部での、**兵庫県立西宮高校**の演奏は強烈だった。Ⅲ＋Ⅳの組み合わせであったが、とにかくⅣの木管・金管ともに凄《すご》い！　もしライヴ録音などで聴く機会があれば、ぜひ知っておいていただきたい名演。とにかく驚く。

トリは、やはりこの演奏を挙げるしかないだろう。九三年、**創価学会関西吹奏楽団**〔大阪〕の演奏だ。全楽章からの抜粋だったが、Ⅳはまさに圧巻。ホルンの雄叫《おたけ》びを十分ご堪《たん》能《のう》あれ。

レスピーギ：バレエ音楽《シバの女王ベルキス》他
ミネソタ管弦楽団
大植英次

テノールの独唱が入った版。演奏もエネルギッシュで素晴らしい出来である
REFERENCE RECORDINGS／RR－95CD（輸入盤）

Eternally 6
バレエ音楽「シバの女王ベルキス」より
福岡工業大学附属高等学校吹奏楽部
鈴木孝佳

《ベルキス》大ヒットはこの演奏から始まった。芯のある金管楽器の音色が楽しめる
ブレーン・ミュージック／BOCD－7143

Legendary
神奈川県立野庭高等学校吹奏楽部
神奈川県立野庭高等学校吹奏楽部
中澤忠雄

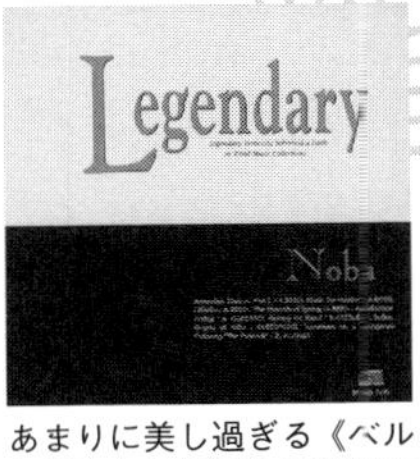

あまりに美し過ぎる《ベルキス》。しっとりとしたⅣ楽章の演奏はこれ以外聴いたことがない
ブレーン・ミュージック／BOCD－7109

コダーイ
ハンガリー民謡《くじゃく》による変奏曲

'93年初登場

「どこから見つけてきたの?」、こんな名曲！

グレード ★★★★☆
人気度 ★★★★☆
演奏回数 28回

これぞ名曲！

コンクールにおけるコダーイの曲といえば、古くから、**組曲《ハーリ・ヤーノシュ》**がおなじみだった……いや、それしか演奏されなかった。

それが、九三年に千葉市立土気中学と神奈川県立野庭高校（現・同県立横浜南陵高校）が、同時にこの**《くじゃく》変奏曲**を全国大会初演し、ともに金賞を獲得してから、ガラリと変わってしまった。あれからまだ一四～一五年しかたっていないのに、もう、のべ二八団体もが演奏する人気曲となっているのだ。

コダーイは、バルトークとともに母国ハンガリーの民謡蒐集《しゅうしゅう》・研究に生涯を捧げ、音楽教育者として多大な足跡を残したが、作曲家としては、その大部分が合唱曲であった。彼の音楽教育理論を実践するには「歌」が最も適していたからだ。彼の合唱曲は国中で歌われ、一種の「うたごえ運動」となって広がっていった。日本でも、合唱コンクールでは今でもコダーイの曲が歌われているし、幼稚園の先生には「コダーイ・

コダーイ・ゾルターン
Kodály Zoltán
1882～1967 ハンガリー

《くじゃく》変奏曲を知ったら、アディの詩『孔雀が舞い下りる』にもぜひ触れていただきたい。現在、アディの邦訳は『新詩集』（原田清美訳、未知谷）があるのみだが、これには収録されていない（ただしアディ入門には最適）。七七年に出た『アディ・エンドレ詩集』（徳永康元・池田雅之訳編、恒文社）には入っていたので、古書店や図書館で探してほしい。明晰《めいせき》で熱い訳文に支えられたアディの詩は実に感動的である。なお、詩人アディを知らなくても、五木ひろしの演歌《よこはま・たそがれ》はご存知だろう。あの詞の原案が、アディの詩『ひとり海辺で』といわれている。

メソッド」で親しみがある音楽家のはずである。

一九三七年、コダーイは、ある労働者の合唱団から新作合唱曲を委嘱された。テキストには、ハンガリーを代表する詩人、アディ・エンドレ（一八七七〜一九一九）の詩集『血と金《きん》』の中の一編『孔雀《くじゃく》が舞い下りる』が選ばれた。この詩の冒頭と最後に、かつてオスマン・トルコの圧政に苦しんだ民衆の思いをうたった民謡の一節が引用されていた——「孔雀が舞い下りる　公会堂に、／多くの義賊たちを解放するために」（徳永康元訳）。「孔雀」はハンガリーの国鳥で、平和の象徴でもある。メロディには、もともとの民謡の旋律を取り入れた。

三九年、オランダのアムステルダム・コンセルトヘボウ管弦楽団（現・ロイヤル・コンセルトヘボウ管弦楽団）が創立五〇周年にあたって、コダーイに記念曲を委嘱してきた。そこで彼は、合唱曲《孔雀が〜》の民謡旋律をもとに管弦楽変奏曲を書いた。それがこの、ハンガリー民謡《くじゃく》による変奏曲である。初演は同年一一月、指揮はメンゲルベルク。二ヶ月前にドイツがポーランドに侵攻して第二次世界大戦が勃発《ぼっぱつ》していたので、まさにファシズムへの抵抗音楽のように受け止められた。

構成は、「主題」と「終曲」に挟まれて第一六変奏まであり、おおよそ三〇分かかる。当然、コンクールでは抜粋演奏となる。吹奏楽版は、国内では森田一浩版しかない。

コダーイは父親が鉄道マンだったので、子供の頃《ころ》は地方を転々とした。特に、ガラーンタ（現・スロバキア）で民謡に魅せられたことで、後年、民謡蒐集に打ち込むようになった。近年コンクールで人気の**《ガランタ舞曲》**は、この頃の思い出による管弦楽曲である。彼の曲には東洋的な雰囲気があり、《くじゃく》にも、一瞬、日本か中国の音楽に聴こえる

成績表

金賞 11　銀賞 9　銅賞 8

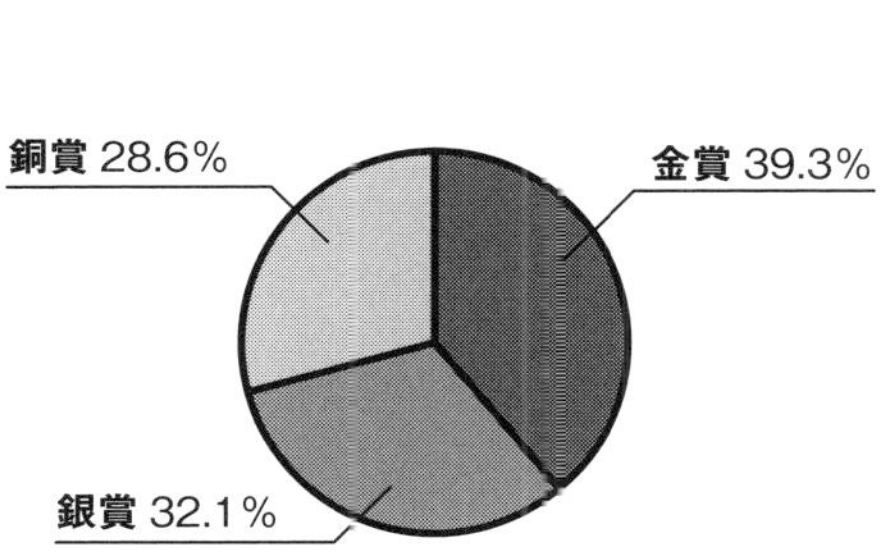

部分もある。

そういえばハンガリーは、日本と同じく「姓・名」の順で氏名を綴るし、文法なども似ているそうだ。似たような響きが多く、水はヴィズ、白鳥はハッチュウ、刀はカトナとなる。リスト、バルトーク、コダーイといったハンガリーの音楽が日本で人気があるのは、どこか東洋的な香りがする、そんな点にも理由があるような気がする。

名演・熱演

全国大会初演は一九九三年、**神奈川県立野庭高校**（現・同県立横浜南陵高校）と**千葉市立土気中学**の同時委嘱によるものなので、両校が初演といえる（九三年一〇月三〇日が高校の部、三一日が中学の部だった）。

二〇〇六年から普門館における全国大会は全席指定席になったが、それ以前は全席自由席だった。開場前は、毎年、長蛇の列になった。徹夜で並ぶ人も珍しくなく、好みの席を確保するために私も夜中から並んでいたものだ。

さて、その九三年の高校の部、当日である。開場少し前になると、プログラムの外売り（入場前の並んでいる人たちに販売する）が始まる。さっそくプログラムを手にした人たちの会話が聞こえてきた。「この野庭高校の曲、何?」「知らないなぁ、こんな曲」「いったいどこからこういう曲を見つけてくるんだろう?」。この年が初演なのでほとんどの人が知らないのは当然だったが、私自身も「本当にどこで見つけてくるんだろう?」と、当時は不思議に思ったものだ。

ティンパニのロールで厳かに開始されるこの曲。場内は水を打ったような静けさに満ちている。野庭高校独自の美しい音色が普門館に流れる。一糸乱れぬアンサンブルに驚嘆していると、フルート・ソロとピッコロ・ソロの場面になった。何ともいえない空気が場内に溢《あふ》れる。そのあまりの美しさに聴衆が酔いしれているのだ。それがトロンボーンの強奏で「ハッ」と我に返る。その後も野庭高校のサウンドは優雅に流れつづける。曲は最後の到達地点に向かう。メリハリのある演奏は小気味よく、トランペットとトロンボーンの力強いサウンドに導かれ、曲は最後の一音を十分に響かせて終わった。客席からは名演に対する惜しみない拍手が送られた。翌日の中学の部でも、土気中学が演奏し、見事に金賞を受賞している。

このダブル金賞の演奏により、無

名だったこの曲は、たちまち吹奏楽界の人気曲となった。
九五年、**西宮市吹奏楽団**［兵庫］の演奏は、指揮者の楊鴻泰マジックが見事に決まった演奏である。奏者全員が抜きん出て技術が高いわけではないが、吹奏楽の持つ魔力(＝魅力)が如実《にょじつ》に現れた演奏だ。しかも演奏時間を目いっぱい使っており(何と九分!)、聴いている方が「タイムオーバーじゃないか?」とハラハラしてしまった。

会場でナマで聴いて「うおっ!」と感動させてくれた演奏で締めたい。
九七年、**東海大学第四高校**［北海道］の演奏には、木管群の、ため息が出てしまうほどの美しさに痺《しび》れた。フルート、ピッコロの各ソロも素晴らしかったが、強奏のあとに登場する木管楽器の上行形のアンサンブルは実に見事だった。たまたま、よく響く審査員席の横で聴くことができたせいもあるが、本当に素晴らしかった(残念ながらライヴCDで聴いても、その魅力は分らない)。トランペットとトロンボーンによるシンコペーションも非常に効果的で、最後はハイB♭まで上りつかなければならないテューバも見事に決まり、またその残し方も見事! テューバ吹きの性《さが》として、「最後の音は残す!」という奏者側の気持ちが、実際にテューバを吹いていた私にはよく分る。指揮者からすれば「こいつ、やりやがったな」といいたくなるが、成功すれば奏者の勝ちである。

コダーイ名曲集
モントリオール交響楽団
C・デュトワ

非常に美しい《くじゃく》。ドラティ盤も有名だが可能なら聴き比べていただきたい
ユニバーサル ミュージック／POCL－1629

音楽は心【４枚組】
神奈川県立
野庭高等学校吹奏楽部
中澤忠雄

美しさの中にも金管の力強さを感じさせる名演。野庭高校集大成のアルバム
ブレーン・ミュージック／OSBR－21049－21052

JAPAN'S BEST CLASSICS1997
高校編
東海大学
第四高等学校吹奏楽部
井田重芳

ピッコロとフルートの音色に注目。細かい粒の見える木管の演奏が素晴らしい
ブレーン・ミュージック／BOD－3030(DVD)

歴史に残る名物指導者たち

現在、アマチュア吹奏楽界で最も有名な指導者といえば、大阪府立淀川工科高校の丸谷明夫先生だろう。吹奏楽に携わっている若い人にとっては雲の上の存在のはず。地方でも、丸谷&淀工は抜群の人気を博している。全国大会の中学・高校の部は、東京の普門館で開催されるため、遠方の中高生は、なかなかナマの丸谷サウンドを聴くことができない。たまたま東京に来た私の後輩が、二〇〇六年に全国大会高校の部を初めて普門館で経験したのだが、この年は淀工が三出でお休みだった。帰り際、「淀工を聴きたかった……」と残念そうだった。

丸谷先生は、実に気さくな人柄で、近寄り難いような空気は微塵《みじん》もない。熱烈な「丸谷ファン」が存在するのも当然のような気がする。

丸谷先生は、日本テレビ系で放映された『笑ってコラえて！ 吹奏楽の旅』にも登場したが、この番組で有名になった指導者がほかに二人いる。習志野市立習志野高校［千葉］の指導者・石津谷治法先生と、柏市立柏高校［千葉］の石田修一先生だ。習志野高校は、元指導者の新妻寛先生の名も記しておきたい。石津谷先生は優しいサウンドで緻密《ちみつ》な演奏を、石田先生は独特のパフォーマンスで確かな演奏を、それぞれ普門館の舞台で披露している。

触れておきたい指導者の方はまだまだいる。まずは元兵庫県立西宮高校の吉永陽一先生。独特な課題曲の解釈、斬新《ざんしん》なカットで、毎回聴衆を驚かせる。別項でも触れたが、一九九八年の課題曲、福島弘和《稲穂の波》では、多くの聴衆が独自の音楽に驚いた。

次は「間」の達人、楊鴻泰氏だ。関西方面で、いくつかの団体を指導している。本文中でも触れているが、九八年、関西大学［大阪］の《中国の不思議な役人》を上回る名演は、そう簡単には生まれないだろう。とにかく「間」を最大限生かす独特の解釈なのだ。

元神奈川県立厚木西高校の中山鉄也先生も、あらためて紹介すべき指導者である。どこもほかのバンドがやった曲を二番煎《せん》じで取り上げている中、自らアメリカに渡り、まだ知られていない作曲者や作品を、次々と日本に紹介してくれた。ウィルソン《シャカタ》や、ギリングハムの名を広めたのもこの中山先生である。

以前はそれほどでもなかったが、近年、一人の指揮者が複数団体の指揮をするようになった。八〇年代だと、小野照三氏が、電電東京吹奏楽団（現・NTT東日本）、ブリヂストンタイヤ吹奏楽団久留米（現・ブリヂストン吹奏楽団久留米）［福岡］、葛飾吹奏楽団［東京］と、同一年に三団体の指揮をしたことがある。二〇〇〇年には、佐川聖二氏が、創価大学［東京］、創価グロリア吹奏楽団［東京］、グラールウインドオーケストラ［神奈川］の三団体を指揮し、すべてのバンドに金賞をもたらしている。

今は亡き指導者で、忘れてはならない人が三人いる。西宮市立今津中学［兵庫］の得津武史先生、豊島区立第十中学（現・同区立明豊中学）［東京］の酒井正幸先生、そして、今津中学吹奏楽部を創設し、阪急百貨店吹奏楽団［大阪］の指揮者だった鈴木竹男氏である。得津先生は、練習の際、テンプラ棒を指揮棒代わりに振り回し、バシバシ叩くスパルタ教育を貫いた。現在であれば体罰と受け止められるだろうが、ただの体罰であったら、今津中学のあのような演奏は生まれない。指揮者の熱意を生徒がしっかりと受け止め、お互いが愛情で結ばれていたからこそ、数々の名演が生まれたのだ。

豊島第十中学の酒井先生は、温厚な人柄で得津先生とは正反対であったが、お互いよきライバルとして「西の今津中学、東の豊島第十中学」時代を築いた。この二人の足跡は、着実に今の時代に受け継がれている。

鈴木竹男氏率いる阪急百貨店は、「マーチの阪急」とまでいわれ、課題曲ではほとんどマーチしか選ばなかった。しかし、その演奏が凄《すご》いのである。ほかのバンドでは絶対出せない「阪急サウンド」のマーチなのだ。コンクールでは、「阪急のマーチを聴きにきた」という人も多くいた。

（石本）

太平の眠りを覚ました吹奏楽！

①一九六一年、ギャルド初来日の衝撃

一九六一年一一月、東京国立博物館などで「フランス美術展」が開催された。ルーヴル美術館の所蔵品を中心とする、当時としては戦後最大規模の美術展であった。

これに関連して招聘《しょうへい》されたのが、フランスの「ギャルド・レピュブリケーヌ吹奏楽団」だった。創設は一八四八年。フランス共和国《レピュブリケーヌ》憲兵隊《ギャルド》に所属。メンバーはパリ国立高等音楽院の首席卒業生で占められた、世界最高の軍楽隊である。もちろん初来日。モーリス・マンガン参謀《さんぼう》長、ジュリアン・ブラン楽長以下、総勢七六人が、エール・フランス特別機でやって来た。それまでの日本人は、昔のレコードでその華麗な響きをかすかに知る程度だった。それをナマで聴けるとあって社会的な話題にまで広がっていた。

彼らは二週間強の滞日中、六都市八会場でコンサートを催している。東京体育館で「サヨナラ・コンサート」が追加開催されたほどの人気ぶりだった。

コンサートばかりではない。一一月三日には、新宿の東京厚生年金会館ホールで「歓迎演奏会」が開催された。陸海空自衛隊音楽隊や、アマチュア・バンドが演奏した。この中に、豊島区立第十中学［東京］の吹奏楽部がいた。指揮は酒井正幸先生。曲目はトーマの歌劇《レイモン》序曲。ギャルドは拍手喝采《かっさい》を送った。中学生が、自分たちの国の音楽を見事にこなしたのだ、驚いたことだろう。そしてギャルドは、返礼にベルリオーズの《ローマの謝肉祭》などを演奏した。みんな仰天した。それまで日本人がやっていた吹奏楽とは明らかに違う響きだった。

衝撃はつづく。一二日、東京・台東体育館で、全日本吹奏楽コンクール全国大会（全部門）が開催されていた。ギャルドはここで特別演奏を披露した。ボロディン《ダッタン人の踊り》、ラヴェル《ダフニスとクロエ》、ドビュッシー《牧神の午後への前奏曲》など。どれも後年、コンクール

column

に登場する作品や作曲家である。みんな、客席で言葉を失っていた。

　だが、来日中の最大の衝撃は、落成直後の東京文化会館のコンサートで演奏されたバッハ《トッカータとフーガ　ニ短調》だったろう。当時、朝日新聞の音楽評はこう伝えている。「人の呼吸によるパイプオルガンというぜいたくさを実現したようで、目のさめるあざやかな運びであった」「日本できなれている吹奏楽の概念とあまりに違った美しさであった」（一一月七日付、無署名）。

　これを聴いた日本の吹奏楽関係者は、音色の美しさもさることながら「吹奏楽で、バッハまで演奏できるのか……」と感じた。まさにギャルド初来日は〝太平の眠りを覚ます蒸気船〟だったのだ（この《トッカータ～》が与えた影響についてはP24を参照）。

　また、一六日には杉並公会堂で、東芝音工（現・EMIミュージック・ジャパン）によるレコーディングが行なわれたが、当日になってギャルド側の要望で予定外の曲がいくつか追加された。その中に、フローラン・シュミット《ディオニソスの祭り》が含まれていた。同曲の、サクソルン属編成によるステレオ完全版録音である（サクソルン属についてはP106参照）。まさに〝音の世界遺産〟！

　ちなみにこの時、ギャルドは、《軍艦行進曲》や《祝典行進曲》といった日本のマーチを収録したが、これ以上に美しい演奏を私は知らない。

　かくして一九六一年一一月を境に、日本の吹奏楽は変わったのだ（「フランス美術展」なんてどっかに吹っ飛んでしまった）。そのことは、翌年以降のコンクール自由曲で一目瞭然《いちもくりょうぜん》である。

　ところがギャルドは、七三年にロジェ・ブトリー楽長が就任してからサクソルン属をほとんどカットし、今我々が接しているようなアメリカ風の編成に変わってしまった。これによって、往年の独特な響きは聴けなくなった。日本の吹奏楽界に影響を与えたギャルドが、今度は我々の編成に近づいたのだ。何とも皮肉に思える。

（富樫）

※②フェネルのマーキュリー録音はP170

RANKING
アレンジ曲編

注：本書登場曲のランキング

演奏回数

順位	曲名	回数
1	交響詩《ローマの祭り》より	89回
2	バレエ音楽《ダフニスとクロエ》第2組曲より	84回
3	七つのヴェールの踊り	59回
4	三つの交響的素描《海》より	58回
5	バレエ組曲《ガイーヌ》より	44回
6	トッカータとフーガ　ニ短調	40回
	《スペイン狂詩曲》より	40回
8	バレエ音楽《シバの女王ベルキス》より	32回
9	歌劇《運命の力》序曲	31回
10	ハンガリー民謡《くじゃく》による変奏曲	28回
11	無言劇《中国の不思議な役人》より	26回
12	交響組曲《シェエラザード》より	24回
13	ハンガリー狂詩曲第2番	22回
14	《カルミナ・ブラーナ》より	21回
15	エルザの大聖堂への行列	19回
16	ダッタン人の踊り	18回
17	木星	17回
18	祝典序曲	16回
	《交響曲》より	16回
20	バレエ組曲《コッペリア》より	13回

金賞受賞率

順位	曲名	受賞率
1	バレエ音楽《シバの女王ベルキス》より	53.1%
2	《スペイン狂詩曲》より	50.0%
3	三つの交響的素描《海》より	46.5%
4	無言劇《中国の不思議な役人》より	46.1%
5	交響詩《ローマの祭り》より	44.9%
6	バレエ音楽《ダフニスとクロエ》第2組曲より	44.0%
7	《交響曲》より	43.8%
8	バレエ組曲《ガイーヌ》より	40.9%
9	七つのヴェールの踊り	40.7%
10	ハンガリー民謡《くじゃく》による変奏曲	39.3%
11	バレエ組曲《コッペリア》より	38.4%
12	歌劇《運命の力》序曲	35.5%
13	トッカータとフーガ　ニ短調	35.0%
14	交響組曲《シェエラザード》より	33.3%
15	祝典序曲	31.2%
16	木星	29.4%
17	《カルミナ・ブラーナ》より	23.8%
18	ハンガリー狂詩曲第2番	22.8%
19	エルザの大聖堂への行列	15.8%
20	ダッタン人の踊り	11.1%

第2章 オリジナル曲

「オリジナル曲」とは

作曲家が、最初から吹奏楽によって演奏されることを想定して作曲した曲を指す。

兼田 敏

吹奏楽のためのパッサカリア

'72年初登場

吹奏楽振興の大功労者・兼田敏

グレード	★★★☆☆
人気度	★★☆☆☆
演奏回数	13回

これぞ名曲！

コンクール史上、一九六四年は画期的な年であった。巷《ちまた》では東京オリンピックが開催されていたこの年、課題曲に「マーチ以外」の曲が初登場したのだ。それまでは、「吹奏楽はマーチとクラシック編曲をやるもの」と相場が決まっており、課題曲も、スーザだの、ベネットだの、いわゆる実用マーチばかりだったのだ。

だが、吹奏楽は「マーチしかできない」のではない。「マーチ以外の曲がない」のだった。だったら、作ればいい——というわけで、この年に登場した課題曲が、兼田敏**《バンドのための楽章「若人の歌」》**である。

兼田は、この曲を「中学生でも演奏できる」レベルで書いたつもりだった。ところが、主催者側は「中学生には難しすぎる」と、高校以上の部の課題曲にしてしまった。兼田は、後年、しばしばこの措置に不満をもらしていた。しかし、とにかくこの曲が出なければ、日本の吹奏楽界は、まだしばらく「マーチしかできない」

兼田 敏
［かねだ・びん］
1935～2002 日本

旧・満州生まれ。引き揚げ後、京都の上京中学や堀川高校（音楽課程）でコルネットを吹く。東京藝術大学作曲科を卒業後、吹奏楽曲を中心に作曲活動を展開。吹奏楽振興に尽力した功績は多大なものがあり、吹奏楽曲の多くはアメリカでも出版され、演奏されている。現在大人気の作曲家・真島俊夫の師匠でもある。

といわれつづけたであろう。
そんな大功労者・兼田敏の多くのオリジナル曲の中で、最も人気があり、かつ最高傑作と称されているのが、この**《吹奏楽のためのパッサカリア》**である。七一年、音楽之友社創立三〇周年記念に委嘱され、同年、雑誌『バンドジャーナル』の付録楽譜として発表された（のちに同社から正式出版）。全国大会初演は翌七二年。静岡県立浜松工業高校の名演で話題になった。

「パッサカリア」とは、繰り返される低音部音型の上に、様々な形で旋律が絡まる形式のことで、一種の「変奏曲」。ここでは、一二音列をすべて使った一〇小節のテーマが形を変えながら一八回繰り返される。緊張感が持続する中にも、様々な楽器の見せ場が用意された、日本吹奏楽史に残る名曲である。

ここでも兼田は「中高生でも演奏できるように」との願いを込めた。これに限らず、兼田は吹奏楽曲の多くを「平易な技術で深い音楽性を感じ、表現できる」ように書いた。超高音や超絶技巧を要せずとも、いい音楽はできる――これこそが兼田の基本姿勢だった（かといって初見で演奏できるほど簡単な曲ばかりではないので誤解なきよう）。

兼田は、生涯にコンクール課題曲を四回書いた。その最後となった**《嗚《あ》呼《あ》！》**（八六年）は、不思議なタイトルが話題になったが、本来は、《嗚呼！ 保科洋君》だったそうだ。《風紋》（P202）で知られる親友の作曲家・保科洋のための葬送行進曲だったのだ。まだ生きているのに葬送曲を贈られ、日本中のコンクール会場で演奏されてしまった保科は、後年、《Lamentation to-》なる〝返礼葬送曲〟を兼田に贈った。東京藝術大学以来の盟友同士による、ユーモアたっぷりの音楽交流であった。

二〇〇〇年末、兼田敏作品集CD『嗚呼！』がリリースされた（木村

成績表

金賞 5　銀賞 4　銅賞 4

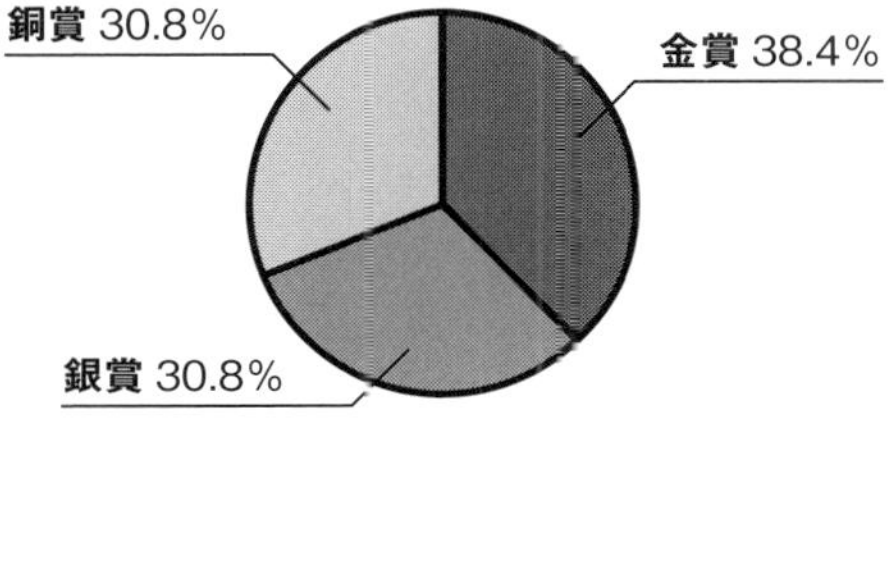

吉宏指揮＝大阪市音楽団／ブレーン）。保科は、ライナーノーツのエッセイで上記の思い出話を綴り、末尾を「好漢兼田敏君！　どちらが先に逝《ゆ》くか勝負！　勝負！」と結んだ。

　だがすでに当時、兼田は肺ガンに冒されていた。約一年半後の〇二年五月、保科の声援をよそに、兼田はこの世を去った。それは、日本の戦後吹奏楽界の大きな節目を意味する瞬間でもあった。

名演・熱演

　一九七二年、**静岡県立浜松工業高校**が全国大会初演となる。主題はテューバをはじめとする低音楽器で奏でられるが、これが意外と難しい。浜松工業の演奏は、この部分を見事に吹奏し、その後ホルン、トランペットに主題が引き継がれる。七二年という時代を感じさせないサウンドには驚くばかりだ。粒の見えるような精細なグリッサンドも固まってしまうほどの出来である。つい金管楽器にばかり耳がいってしまうが、それに隠れるどころか、実に美しく調和している木管群も脱帽モノだ。中盤、静かな場面へと移るが、たゆとうような自然な流れに酔いしれるだろう。やがてそれを突き破るように、曲は強奏部へ突入。ティンパニ・ソロが大活躍する場面を経て、さらに変奏が奏でられ、曲はクライマックスへと導かれる。最後まで自然な曲創りの流れで、ラストで主題が高らかに奏でられる部分も、今日にみられる過剰なクレッシェンドはしない。サウンドの重厚さ、自然な音楽の流れ――全国大会初演で、とんでもない名演が生まれたといえる。

　七六年職場の部では、**ヤマハ吹奏楽団浜松**［静岡］による、しみじみと歌い上げる木管群、それに合わせるような、柔らかく滑らかな金管群を特徴とする演奏が登場する。特に中間部のサクソフォーンの歌い方には惚《ほ》れ惚《ぼ》れしてしまう。ティンパニ・ソロの部分では、前半とうって変わって、歯切れのよい金管群の音色が楽しめる。ユーフォニアムのサウンドと歌い方も特筆モノだ。エンディングは浜松工業とはまた一味違う、劇的な盛り上がりで聴衆を魅了した。

　七八年には、中学の部で**那覇市立石田中学**［沖縄］が、中学生とは思えない素晴らしい演奏を披露し、見事金賞を受賞している。若干木管の音色が細めだが、実にアグレッシブな演奏になっている。

　八〇年は一般の部で**出雲吹奏楽団**［島根］が重厚なサウンドを響かせた。冒頭部のテューバの音色の深さを聴いた瞬間、ため息が出てしまう。不安定な箇所もあるが、厚みのある独特な音色で歌い上げ、こちらも見事に金賞を受賞した。

その後、毎年のように取り上げる団体があったが、八四年に中学の部で演奏されて以来、全国大会ではあまり聴くことがなかった。

しかし、この名曲を見事に復活させる名演が二〇〇〇年代に入ってから誕生した。〇四年大学の部、**福岡工業大学**の演奏である。最初の音が出た瞬間、聴衆はその厳かな響きに驚いた。特にデフォルメされることもなく、実に自然に音楽が流れていく。強奏部に入ってからの、ホルンとトランペットのグリッサンドも非常に柔らかなサウンドで、荒々しさはまったく感じさせない。もうこの段階では、聴衆は完全に兼田敏の世界に入り込んでしまっている。ティンパニ・ソロも、不思議なことに気品さえ漂わせていた。曲は清流のように、実に自然な流れで終了する。

CDではティンパニのロールがやや大きめに響くが、会場ではそれほどでもなかった。ラストも過剰なクレッシェンドどころか、伸ばしの音も最初の音量のまま「スッ」と音が消えた。大音量で圧倒するバンドが多い中、この演奏は新鮮だった。作曲者もこういう演奏を望んでいたに違いない。

嗚呼！　兼田敏作品集
大阪市音楽団
木村吉宏

この曲のよさをじっくりと聴き込める1枚。《嗚呼！》の名演も収録されている
ブレーン・ミュージック／BOCD－7404

Legendary Ⅳ 静岡県立浜松工業高等学校吹奏楽部
静岡県立浜松工業高等学校吹奏楽部
遠山詠一

高い技術でしっかりと聴き場を作っている演奏。豪快だが曲の持ち味を生かした演奏
ブレーン・ミュージック／BOCD－7130

全日本吹奏楽2004 金賞団体の競演【CD 6 枚組】
福岡工業大学吹奏楽団
柴田裕二

曲の流れの自然さが素晴らしい。最後の一音の消え方は本当に衝撃的だった
ビクターエンタテインメント／VICS－61249

フローラン・シュミット
ディオニソスの祭り

'73年初登場

「サクソルン編成」が生んだオリジナル最高傑作

グレード ★★★★★
人気度 ★★★★☆
演奏回数 35回

これぞ名曲！

この曲は、本書では「オリジナル曲」に分類されているが、「クラシック編曲」と呼んだ方がいいかもしれない。というのも、作曲者フローラン・シュミットは、フランスの名門軍楽隊「ギャルド・レピュブリケーヌ吹奏楽団」が演奏することを想定して、この曲を書いたのである（一九一三年作曲）。

当時のギャルドの編成は、現在とは大きく違っており、サクソルン属の楽器が多かった。「サクソルン属」とは、ベルギーの楽器発明家アドルフ・サックスが考案した一連の金管楽器群「サクソルン」（ソプラノからコントラバスまで、六〜七声部あった）、もしくは、そこから派生発達した楽器群（アルトホルンやユーフォニアムなど）のことである。ほかにこの曲では、「サリュソフォーン」なる、ダブル・リードの巨大な金属低音楽器も指定されていた（ルイ・ゴートロが考案し、フランス陸軍軍楽隊長サリュスが命名した楽器。サクソルン属ではない）。

フローラン・シュミット
Florent Schmitt
1870〜1958 フランス

フランス人だが、ドイツ的な要素をうまく織り込む作風が人気を呼んだ。《ピアノと管弦楽のための協奏交響曲》なども傑作の呼び声が高い。ほぼ同時期のオーストリアにフランツ・シュミットなる作曲家がおり、イニシャルまで一緒なので、通常、氏名を略することなく、いちいちフルネームで呼ぶことになっている。物書きにとっては、リヒャルト／ヨハン・シュトラウス同様、字数を稼げるありがたい作曲家である。

そういった特殊な楽器編成のバンドのために書かれた曲なので、当然、現在の日本でコンクールに出場するようなバンドが、オリジナル・スコアで演奏することは不可能である。第二次世界大戦後、アメリカ系の楽器編成が世界を席巻するにしたがって、この曲に指定されていたサクソルン属は、現代編成の楽器に置き換えられ、スコアも改訂されてきた。だから、現在演奏されている**《ディオニソスの祭り》**は、厳密にいえば「編曲譜」なのである。

　フローラン・シュミットは、フランスの作曲家。ドビュッシーなど印象派の影響を受けながら、ロシアやドイツの音楽にも傾倒し、それらが渾然《こんぜん》一体となった独自の音楽を多く生んだ。サクソフォーンや木管楽器群のための室内楽曲も多く、最近では、**バレエ音楽《サロメの悲劇》**なども吹奏楽版になっている。

　タイトルにある「ディオニソス」とは、ギリシャ神話に登場する酒の神（ローマ神話のバッカスにあたる）。ブドウ栽培とワイン醸造の技術を持っていた。そんな神様に、酒宴の果てに牛を捧げる祭りなのだから、曲は、おどろおどろしくも派手で賑《にぎ》やかである。幻想と官能を感じさせる部分もある。管打楽器だけで、このような味わいを醸成させた作曲者の力量がうかがえようというものだ。それだけに「吹奏楽オリジナル曲の最高傑作」と称されることも多い。七三年に関西学院大学〔兵庫〕が全国大会初演以来、定番自由曲の一つとして、さかんに演奏されている。

　なお、先述のように、現在コンクールで聴かれる《ディオニソスの祭り》は、作曲者が最初に書いた音ではない。オリジナルに近い音としては、少々古いが、ジュリアン・ブラン指揮＝ギャルド・レピュブリケーヌ吹奏楽団の音源が、それにあたる（六一年、来日時の録音）。また、佐藤正人指揮＝川越奏和奏友会吹奏楽

成績表

金賞 16　銀賞 13　銅賞 6

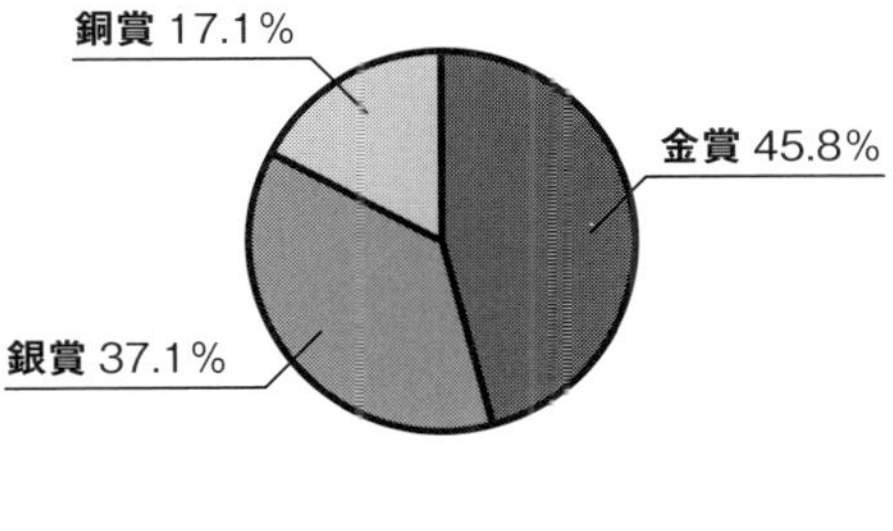

団によるCD『ディオニソスの祭り』（CAFUA）には、オリジナル編成の演奏が収録されている。原スコアどおりだと大量の演奏者を必要とし（もともと野外音楽だったので）、その点はさすがに無理だったようだが、ほぼオリジナル編成による最新録音という点で、貴重な記録といえる。ぜひ、これら「本来の音」も聴いていただきたい。普段、コンクール会場で聴いていたのとは違う、ちょっと不思議な響きに心を奪われるはずだ。これもまた「吹奏楽」なのである。

名演・熱演

一九八四年の中学の部で、当時としては無謀と思えた選曲でチャレンジし、「中学生にできるわけがない」と冷ややかな視線を浴びながらステージに登場した団体がある。**千葉市立土気中学**の《ディオニソスの祭り》だ。ところが彼らは、聴衆をあざ笑うが如く平然と完璧《かんぺき》な演奏を披露し、普門館を沸かせた。中学の部初登場にして驚異の名演といえた。ちなみにこの年の課題曲Aは池上敏作曲の《変容—断章》。この曲も、課題曲の中では難曲の筆頭にあたるが、これを取り上げたのは、中学の部では土気中学だけであった。要するに難曲&超難曲の組み合わせで登場したわけで、多くの聴衆がプログラムを見た瞬間に「本当にできるの？」と思ったのも当然だった。

それから二年後の八六年、またもや中学の部で驚異的な演奏が生まれた。**八戸市立湊中学**［青森］だ。音色がやや鋭いが、圧倒的な音圧で、最初から最後まで「イケイケ！」の雰囲気が満ち溢《あふ》れており、実に楽しく聴かせてもらった。

前半解説にもあるとおり、これは「酔っ払い」の曲なのだが、コンクールでは「賑やかさを前面に出す」演奏と、「酔った雰囲気を作り上げる」演奏の、二つのパターンがある。その両要素が両極に出た二つの名演が、九三年に生まれた。**神奈川大学**と、**乗泉寺吹奏楽団**［東京］だ。神奈川大学の演奏は、酔っ払いの表現も工夫されていたが、歯切れのよさが際立った、「豪華さ」が伝わってくる演奏であった。大学生の若さが生んだ演奏ともいえるだろう。課題曲が短いマーチの年だったので、普段はカットされてしまう部分も聴けて、十分に楽しめた。一方、乗泉寺の方は、冒頭部から場内を「酒場」にしてしまう演奏である。簡単にいうと「派手に動き回る」「飛ぶ」のだが、演奏は実にゆったりと進む。強奏部になっても走ることなく、常に陶酔感に溢れた演奏を披露してくれた。この聴き比べは、ナマで聴いた時は本当に楽しかったが、CDでも十分堪能《たんのう》できる。

　時期的に前後するが、一風変わった雰囲気を醸し出した演奏もある。「不思議な演奏」としかいいようがない、八八年の**天理高校**［奈良］だ。独自のサウンドを持ったバンドであるが、この年はそのサウンドが少し変化している。「節度を持った酔っ払い」（？）のような感じが随所にあらわれるが、これはこのバンドでしかできない演奏であろう。

　さて、強烈な個性を持った演奏をご紹介しよう。八五年の**兵庫県立御影高校**には、驚いた。「これ何？」といいたくなる箇所がそこかしこに鏤《ちりば》められているのだ。これは実際に聴いていただくしかない。とにかく驚く。それだけいっておこう。（ブレーンのサイトよりダウンロード可能）

　八五年の**豊島区吹奏楽団**［東京］も、聴き手をぐいぐい引きつけて離さない魅力を持っている。

　トリはやはりこのバンドに登場していただかなければなるまい。九九年の**川越奏和奏友会吹奏楽団**［埼玉］である。残念ながら銀賞だったが、前半解説にもあるように、特殊楽器を使用しての演奏は、まさに圧巻であった。点数がつくのがコンクールなので仕方ないが、「なぜこれが銀賞なのか？」と誰《だれ》もが思った、歴史的名演である。

ベスト吹奏楽100　【6枚組】
ギャルド・レピュブリケーヌ吹奏楽団
フランソワ＝ジュリアン・ブラン

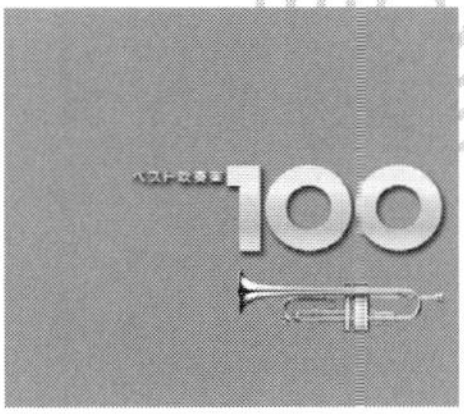

この演奏を知らずしてこの曲を語るなかれ！　何とかこの音源だけは残っていてくれた
EMIミュージック・ジャパン／TOCF－56051

Legendary Ⅱ
関西学院大学応援団総部吹奏楽部
関西学院大学応援団総部吹奏楽部
酒井 昀

全国大会初演の音源。酔っ払っている雰囲気が見事に表現されている演奏
ブレーン・ミュージック／BOCD－7119

F　シュミット：
ディオニソスの祭り
川越奏和奏友会吹奏楽団
佐藤正人

こちらも全曲版。ギャルドの次といっていい名演。これまた必聴のアルバム
CAFUAレコード／CACG－0009

チャンス
朝鮮民謡の主題による変奏曲

'74年初登場

今や吹奏楽史に残る古典的名曲

グレード	★★★☆☆
人気度	★★★★☆
演奏回数	14回

これぞ名曲！

音楽的に充実していて、誰《だれ》が聴いても感動でき、誰が演奏しても満足でき、さらにアマチュアにとっては基礎技術も身につく——そういう吹奏楽オリジナル曲は、そうそうあるものではない。**《朝鮮民謡の主題による変奏曲》**は、そんな曲だ。吹奏楽史を語る上で欠かせない、もはや古典的名曲である。

チャンスは、高校時代から打楽器に親しみ、独学で作曲を始めていた。

正式な音楽教育はテキサス大学に行ってからで、この時の師匠に《ファンファーレとアレグロ》などで吹奏楽に新風を吹き込んだクリフトン・ウィリアムズがいた。卒業後はプロのティンパニ奏者として活躍したあと、ケンタッキー大学の音楽教授を務めながら、教育的効果の高い、優れた吹奏楽作品を多く生んだ。

彼は、一九五七年から六〇年まで、陸軍に所属した。特に五八年からの一年間は、第八陸軍バンドの一員として朝鮮戦争後の韓国ソウルに赴任した。ここで何度となく耳にする朝

ジョン・バーンズ・チャンス
John Barnes Chance
1932～72 アメリカ

彼は、フォード財団「若き作曲家」支援プロジェクトの専属作曲家として、高校に派遣されて音楽教師をやっていた時期もある。のちに大学教授も務めており、終生、現場主義者だったのだ。彼の吹奏楽曲が、どれも適度な演奏時間で、超絶技巧のみに頼ることなく高度な音楽表現を達成しているのは、そのへんに秘密があるかもしれない。チャンスこそ〝アメリカの兼田敏〟であった。

鮮民謡があった。私たち日本人にもなじみの深い《アリラン》である。伝説の「アリラン峠」での別れを歌った曲だが、日本の侵略時代には、苦難を象徴する曲としても歌われていた（現在の北朝鮮には将軍様を讃《たた》えるバージョンもあるらしい）。

チャンスは、帰国後、このメロディをもとにして、吹奏楽による変奏曲を書いた。それがこの《朝鮮民謡〜》である。六六年にオストワルド賞（優秀な吹奏楽オリジナル曲に与えられる）を受賞し、一躍知られるようになった名曲だ。

クラリネットの低音域ユニゾンで静かに始まるテーマ部。木魚（テンプルブロック）がユーモラスに跳ねる楽しい第一変奏。ゆったりした第二変奏。マーチ風の第三変奏。打楽器が活躍する第四変奏を経て、華々しい第五変奏＝コーダに突入する。すべての楽器に見せ場があり、変化に富み、基本的な奏法が網羅されている。編成もシンプルで、吹奏楽の魅力が大編成や大音響ばかりでないことを証明したような曲だ。七四年に富士吉田市立明見中学［山梨］と兵庫県立兵庫高校が全国大会初演して以来、しばしば取り上げられている。

これに次いでコンクールで人気のあるチャンス作品が**《呪文と踊り》**（六〇〜六二年作曲）である。フルートが導く神秘的な「呪文」と、多くの打楽器による複雑なリズムが導く「踊り」の二部構成。知性溢《あふ》れる見事な流れで構成された名曲だ。ほかに**《交響曲第二番》〜第二、三楽章**も、数回登場している。

以上三曲が全国大会に登場したチャンス作品だが、ほかでは**《ピアノと二四管楽器のための序奏とカプリッチョ》**が、とてもチャーミングな佳曲である。**《ブルーレイク序曲》**も、スミス《フェスティヴァル・ヴァリエーションズ》を思わせるホルンの威勢のいい咆哮《ほうこう》から始まり、様々な

成績表

金賞 2　銀賞 10　銅賞 2

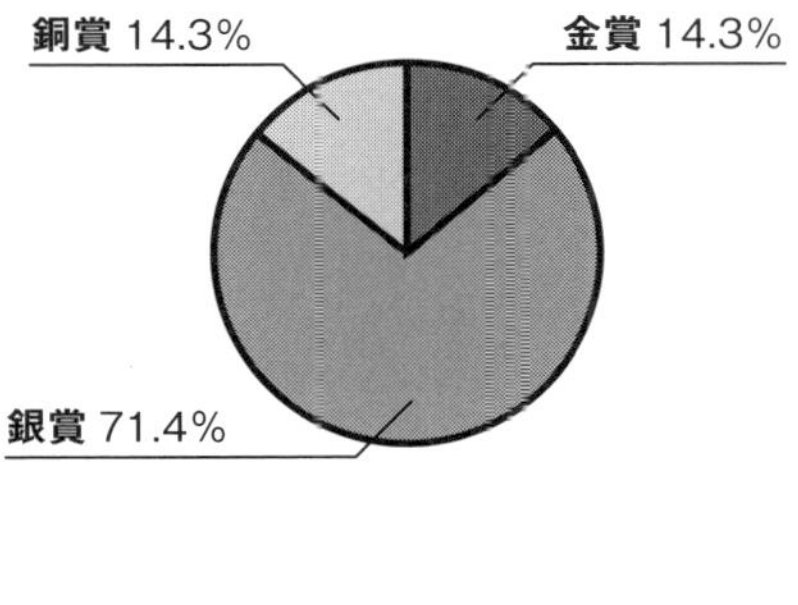

リズムに変形しながら一種のフーガまでが展開する、なかなかの名曲である。どれも演奏時間がコンクールにピッタリなので、いつか会場で聴いてみたいものだ。

　こういった名曲を次々生んだチャンスだが、七二年に、自宅裏の通電フェンスに誤って触れて感電死するというショッキングな最期を遂げている。弱冠四〇歳。彼の早世は、世界の吹奏楽界にとってあまりに大きな損失だった。ほぼ遺作といえる**《エレジー》**は、自らの死を暗示するような凄絶《せいぜつ》な名曲だ。

名演・熱演

　一九七四年が全国大会初演で、金賞受賞の演奏が生まれたのが九四年。金賞誕生まで最も長い年月がかかった曲である。七四年の全国大会は、中学の部が一一月四日、高校の部が五日なので、事実上の初演は中学の部の**富士吉田市立明見中学**［山梨］になる。翌日が、**兵庫県立兵庫高校**による高校初演。明見中学は銀賞だったが、演奏は決して悪くない。むしろ冒頭部クラリネットの低音のサウンドなど、当時としてはレベルが高いといっていいだろう。中間部のトランペット・ソロも素晴らしい音色だ。やや音楽の流れが平板に感じられる部分もあるが、それを考慮しても素晴らしい演奏の類《たぐい》に入る。

　兵庫高校の演奏は、指揮が、名指導者・吉永陽一とあって、非常に個性的である。まず冒頭部の木管楽器による主題の演奏がかなり速めだ。テンポ・アップする前の間の取り方は、「さすが吉永先生！」である。変奏は速めのテンポで開始されるが、ゴングの扱い方が特徴的で、聴いていて楽しくなる。変奏部の終わり方は、やや紋切り型と思われるかもしれないが、これは次へつづく音楽への布石《ふせき》である。中間部のゆったりした歌い方は、うっとりするぐらいだ。そして再度テンポ・アップされるが、ここがメチャクチャ速い！　奇をてらうのではなく、曲を研究し尽くして到着した、オリジナリティ溢れる、聴き手を楽しませてくれる見事な演奏だ。

金津町立金津中学［福井］のように、この曲で二回全国大会のステージに上がった団体もある。それほど多くの団体に愛された名曲だったが、先述のように、なかなか金賞受賞の演奏が生まれなかった。

　初の金賞受賞団体は、九四年、**福岡工業大学附属高校**（現・同大学附属城東高校）だ。「九〇年代にこの曲を？」と、最初にプログラムを見た時は正直驚いたが、やはり名曲は時代の壁を感じさせない。ナマで会場で聴いていて「流行と無縁の名曲」であることを実感した。金管の豪快なサウンドに定評があるバンドだけに、実にスケール感のある演奏で、聴衆を魅了したものだ。

九六年には、一般の部で**薔薇崇師ウィンドシンフォニー**［東京］が演奏し、こちらも見事金賞を受賞した。こちらは福工大附属高校とは打って変わって、実にしっとりとした、柔らかなサウンドで、指揮者の塩谷晋平は独自の世界を展開し、聴衆を酔わせた。

さて、チャンスのもう一つの名曲《呪文と踊り》であるが、全国大会初演は七一年の一般の部、**公苑会吹奏楽団**［東京］。この演奏も非常に独特で、冒頭部のフルートが非常にゆったりと歌い上げる（むしろ「遅い」くらいだ）。踊りの部分のテンポは速い。ぜひ聴いてほしい名演の一つである。

また《呪文と踊り》といえば、この演奏を紹介せずにはいられない。八四年一般の部、**からす川音楽集団**［群馬］だ。非常にオーソドックスながら、聴く者の心を奪ってしまう、素晴らしい名演である。こちらも必聴の演奏といいたい。

ブラスの祭典
シエナ・ウインド・オーケストラ
佐渡 裕

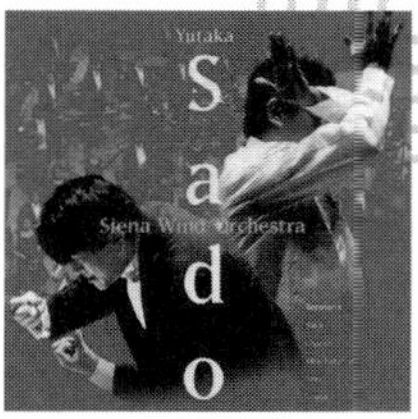

プロによる《朝鮮民謡～》。ややテンポは遅めだが隅々まで配慮された演奏
ワーナーミュージック・ジャパン／WPCS－10310

PAGEANT
キーストーン・ウインド・アンサンブル
J・スタンプ

《呪文と踊り》の最高の演奏！これを聴かずして《呪文と踊り》を語るなかれ！
Citadel／CTD－88132（輸入盤）

日本の吹奏楽'94 Vol.5
高等学校編
福岡工業大学附属高等学校吹奏楽部
屋比久 勲

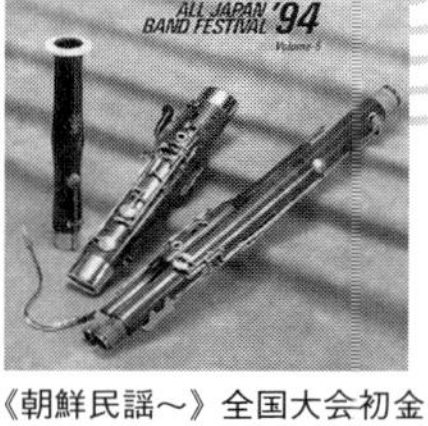

《朝鮮民謡～》全国大会初金賞の演奏。壮大な金管の音色は神々しさまで感じる
ソニー・ミュージックエンタテインメント／SRCR－9730（廃盤）

大栗 裕
吹奏楽のための神話——天の岩屋戸の物語による

グレード	★★★★☆
人気度	★★★★☆
演奏回数	34回

'75年初登場

さすが"浪花のバルトーク"！　こんな面白い曲ない！

これぞ名曲！

この曲は、管弦楽曲としても有名だが、本来、この吹奏楽版が原曲である。一九七三年、大阪市音楽団創立五〇年記念の委嘱作品だ。その後、七八年に、名指揮者・朝比奈隆の依頼で管弦楽版となり、大阪フィルハーモニー交響楽団によって初演された。その頃《ころ》には、すでに吹奏楽原曲がコンクールに登場していたわけで、いわば吹奏楽界がクラシック界を刺激して生まれた曲なのである。

大栗裕については、《大阪俗謡による幻想曲》の項（P134）を参照していただきたい。終生、地元・大阪にこだわって土俗的な音楽を生み出し、"浪花のバルトーク"と称された奇才である。

この曲は『古事記』『日本書紀』などに登場する古代神話——アマテラスの岩戸隠れ伝説をリアルに描写したものだ。一昔前の日本人なら誰《だれ》でも知っている神話だ。

女神アマテラスは太陽を司る神様である。舞台は天上の高天原《たかまのはら》（モデルとなった場所は、日本各地にあっ

大栗 裕
［おおぐり・ひろし］
1918～82　日本

大阪生まれ。アマチュア出身ながら、ホルン奏者、作曲家、教育者として大活躍した。吹奏楽曲も多く、コンクール課題曲では、**《吹奏楽のための小狂詩曲》**（六六年）と、**《吹奏楽のためのバーレスク》**（七七年）で二回登場している。現在、多くの作品スコアは、講師を務めていた大阪音楽大学「大栗文庫」で収集作業が続いている。

《～神話》の題材となった岩戸隠れ伝説については、河出文庫版『現代語訳　古事記』『現代語訳　日本書紀』（福永武彦編）が読みやすい。

（P134も参照）

て確定不能）。ここに、弟スサノオが訪ねてくるが、あまりの狼藉《ろうぜき》に怒ったアマテラスは、ふてくされて洞《どう》窟《くつ》（岩屋）の中に隠れて戸を閉ざしてしまう。これぞ日本史上初の「引きこもり」である。だが、彼女が身を隠したため、太陽が翳《かげ》って、世界は暗黒に包まれてしまった。曲は、この漆黒の場面から始まる。

いつまでも暗黒のままでは困るので、神々が集まって、岩屋の前で会議が始まる。その結果、音楽芸能の女神アメノウズメを呼んできて、岩屋の前でストリップ・ダンスを踊らせ、大宴会を繰り広げ、アマテラスをおびき出すことに衆議一決する。

曲は、ここから迫真のスピーディー部分に入る。神々は、アメノウズメの踊りを肴《さかな》に、ひたすら盛り上がる。まるで人間世界の忘年会である。これぞ《七つのヴェールの踊り》（P72）と並ぶ、吹奏楽によるストリップ音楽だ。

あまりの騒ぎに、岩屋内のアマテラスは、何事かと密かに耳を傾ける。このあたり、フルートなどを中心に、絶妙の描写力だ。

場面戻って岩屋の外。「お、こっちを気にしとるやないけ」「ほれ、もっと脱がんかい！」といったかどうか知らないが、ダンスと宴会はさらに盛り上がりを見せ、狂乱状態に至る。ここは聴いている方も異様に興奮してくる。打楽器が活躍し、変拍子が不思議な野性味を醸し出す。まさに〝浪花のバルトーク〟の面目《めんもく》躍如《やくじょ》、《中国の不思議な役人》もかなわない最大の見せ場である。

やがてアマテラスが、岩屋の戸に手をかけ、隙間《すきま》から外を覗《のぞ》き見る。「今や！」ドラが鳴って、一座の中から怪力アメノタジカラオが飛び出し、戸に手をかけ、アマテラスを外に引きずり出す。再び太陽が照って、めでたしめでたし。曲は厳粛荘厳なムードで結ばれる。

演奏時間一二分、すべて場面が浮

成績表

金賞 15　銀賞 13　銅賞 6

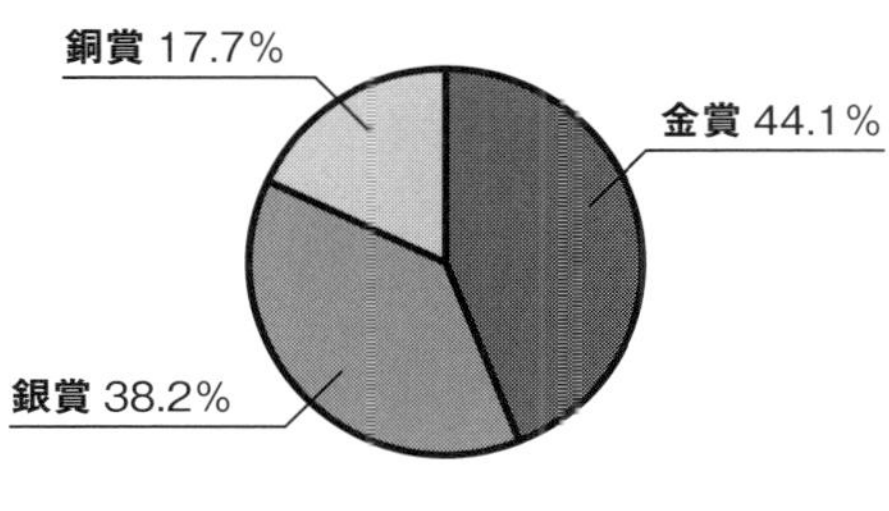

かぶ見事な構成で一気に聴かせる（コンクールでは短縮版で演奏される）。こんな面白い曲、リヒャルト・シュトラウスだって書いてない。全国大会には、七五年、徳島市立富田中学によって初登場した。邦人オリジナル曲として最高の演奏回数を誇る人気曲となった。演奏しても聴いても満足度一〇〇％。同じ大栗の《大阪俗謡～》とともに、大阪発の名曲として愛され、演奏されつづけているのも当然といえよう。

（P134も参照）

名演・熱演

演奏終了後、「日本一！」の声が客席から沸いた。一九七五年中学の部、**徳島市立富田中学**の演奏が終わった時のことだ。全国大会初演にして、とてつもない名演の誕生である。

冒頭木管の音色だけで「うおっ！」と唸《うな》ってしまう。粒がはっきり見えるのも驚きだ。ティンパニの音色も特筆モノだ。その後、低音楽器群による暗闇の部分に入るが、ここで開始二小節目の四拍目の不協和音の音色にも驚かされる。バス・クラリネットを効果的に使用し、その音を作っているのだ。ユーフォニアムとテューバの溶け合った独特のサウンドも素晴らしい。「踊り」に入る前まで、トロンボーン・ホルン・木管楽器と、どれも当時では考えられないほどのレベルに達した音色で、独特の世界を作り上げていた。「踊り」ではボンゴとコンガの音も驚異的だが、トゥッティで奏されるたった四分音符二つの音も凄《すご》い。ややユーフォニアムが前に出てくるが、これが不思議な演奏効果をもたらしている。すぐあとに登場するたった二小節間の旋律だが、そこでも素晴らしい音色を披露してくれる。

その後は、旋律・頭打ち・後打ちが、それら単体で一つの音楽といってもいいほどの出来になっており、三つが文字通り三位一体となって、ため息しか出ないサウンドと自然な音楽の流れで聴衆を魅了する。乱れがちになる四分の四拍子への突入もバチッと決まった。がらりと雰囲気が変わるアンダンテの部分は、フルート・ソロを中心としている。このフルートの音色も、笑ってしまうくらいの高レベルだ。そのソロが終わると、一気に終盤に飛ぶ。この終盤部も「見事」としかいいようがない。最後の一音の響きは、過去に聴いた《吹奏楽のための神話》の中で最高のものだ。掛け声どおり、「日本一」の演奏と断言してもいいだろう。この富田中学の演奏は、これでも褒め足りないぐらいだ。

八三年には、**大阪府立淀川工業高校**（現・淀川工科高校）が高校の部で初演し、見事金賞を受賞している。この演奏も素晴らしいものだったが、後半の部分で、一部入れ替えがあった。当時から不思議に思っていたので、丸谷明夫先生に直接尋ねてみた。

「あの部分はコンクール上、どうしてもあの不協和音が欲しかったんです。それで作曲者のところにカットのことで相談に行ったんです。踊りの再現がないとか、いろいろ周りからいわれたんですが、最終的にあれで大栗先生の許諾を得られました。私の中では、《吹奏楽のための神話》短縮版だと思っています」。その後、《吹奏楽のための神話》はこの淀工カットが主流になった。

八三年に金賞を受賞し、五年連続金賞に王手をかけた淀工だったが、翌年惜しくも銀賞。その悔しさを胸に、「四金の時は《神話》を」の想いで三金を果たし、八八年に再び《吹奏楽のための神話》で普門館の舞台に立つ。八三年の演奏も見事だったが、この年はそれをはるかに上回る出来で、演奏終了と同時に客席が沸きに沸いた。結果は当然金賞で、翌年の「初五金」に王手をかけた。そして八九年、伝説の名演が誕生するのである（P136参照）。

フェイバリット・パスト・アルバム・シリーズ 深層の祭
東京佼成ウインドオーケストラ
小田野宏之

《吹奏楽のための神話》全曲版。廉価盤で再発され音質もよくなっている
佼成出版社／KOCD－0401

日本の吹奏楽20年の歩み 中学校編Ⅰ 1970～1979
徳島県徳島市立富田中学校吹奏楽部
糸谷安雄

《吹奏楽のための神話》ではこの演奏は絶対に外せない！驚異のサウンドと音楽創り、恐るべき演奏！
ソニー・ミュージックエンタテインメント／SRCR－8597（廃盤）

淀工吹奏楽部青春の軌跡'85～90
大阪府立淀川工業高等学校吹奏楽部
丸谷明夫

技術面では88年の方に軍配が上がる。驚異の淀工サウンドをご堪能あれ
ブレーン・ミュージック／BOCD－9106

アルフレッド・リード
《アルメニアン・ダンス》パート1、パート2

'76年初登場

もはやクラシック音楽の《運命》《第九》に相当する名曲

グレード ★★★★☆
人気度 ★★★★★
演奏回数 22回（パート1） 16回（パート2）

これぞ名曲！

特にパート1は、オリジナル曲で第三位の人気度を誇る、超ウルトラ級の人気曲である。もはやクラシック音楽における《運命》や《第九》に相当するといっていい。

二〇〇五年に没したアルフレッド・リードが吹奏楽界に果たした役割は、とても書き尽くせない。吹奏楽に携わっていれば、彼の曲に接したことのない人は、いないはずだ。

指揮者としても大活躍で、「吹奏楽はクラシック・オーケストラと互角の存在である」と主張し、それを自らの作品で証明しつづけた。それゆえ楽器編成には徹底的にこだわった。特にクラリネット群をオーケストラの弦楽五部と考え、E♭、B♭Ⅰ～Ⅲ、アルト、バス、コントラバスの五部七声を強く提唱した。それまではバンドによって編成がまちまちで、作曲家たちは、どこでも演奏できるようなスタンダード新作を書きにくかった。つまりリードは、今我々が接している「ウインド・オーケストラ」という〝楽器〟を考案、定着さ

アルフレッド・リード
Alfred Reed
1921～2005 アメリカ

吹奏楽に生涯を捧げた功績から、〝吹奏楽の神様〟とさえ呼ばれている。マイアミ大学音楽学部教授を経て、ペルー国立音楽院で博士号授与。大の親日家で、毎年のように来日、洗足学園音楽大学客員教授も務めた。オリジナル曲のみならず編曲も多数こなし、特にバッハを中心とするクラシック曲や、多くの映画音楽、ポップスなどを、演奏しやすい吹奏楽版に編曲している。没後は、追悼コンサートや追悼CDが相次いだ。

（P126も参照）

せたのである。

《アルメニアン・ダンス》は、パート1が一九七二年に、パート2（第一〜三楽章）が七五年に作曲された。諸事情で別々の出版社から発売されたため、二編に分れているが、本来が四楽章ワンセットの組曲である（パート1が第一楽章で、パート2が第二〜四楽章）。

委嘱者であるハリー・ベギアン（イリノイ大学バンド指揮者）がアルメニア系だったため、アルメニア共和国の旋律が全編にわたって使用された。同国の音楽家コミタス（一八六九〜一九三五）が収集した民謡や舞曲である。コミタスは、アルメニアで初めて西洋音楽教育を受けた人だが、後年、隣国トルコの迫害によって国外追放となり、パリで客死した悲劇の音楽家だ。

パート1は、五つの民謡を組み合わせた一種の狂詩曲。うっとりするような美しい旋律が続出、原曲の素朴なメロディが見事に昇華されている。終曲部分には、吹奏楽ならではの迫力と熱狂が待っており、ここを体験したくて取り上げるバンドが、今も昔もあとを絶たない。全国大会初演は、七六年の東北学院大学〔宮城〕だった。

パート2では、終楽章〈ロリの歌〉が取り上げられることが多い。ロリ地方の農民の労働歌が原曲で、暗い出だしからやがて華やかな終結部に至る。全国大会初演は、七九年の前橋市立第一中学〔群馬〕。

そして今日まで、コンクールに限らず、いったいどれだけのバンドが、この曲を演奏し、どれだけのレコードやCDが出たことだろう。

リードが吹奏楽界に定着するにあたっては、二つの大きな〝後押し〟があった。

一つは、イーストマン・ウインド・アンサンブルの創設者で指揮者の故フレデリック・フェネルだ。リードの思想を実践したフェネルは、世界

成績表

	金賞	銀賞	銅賞
パート1	5	9	8
パート2	4	8	4

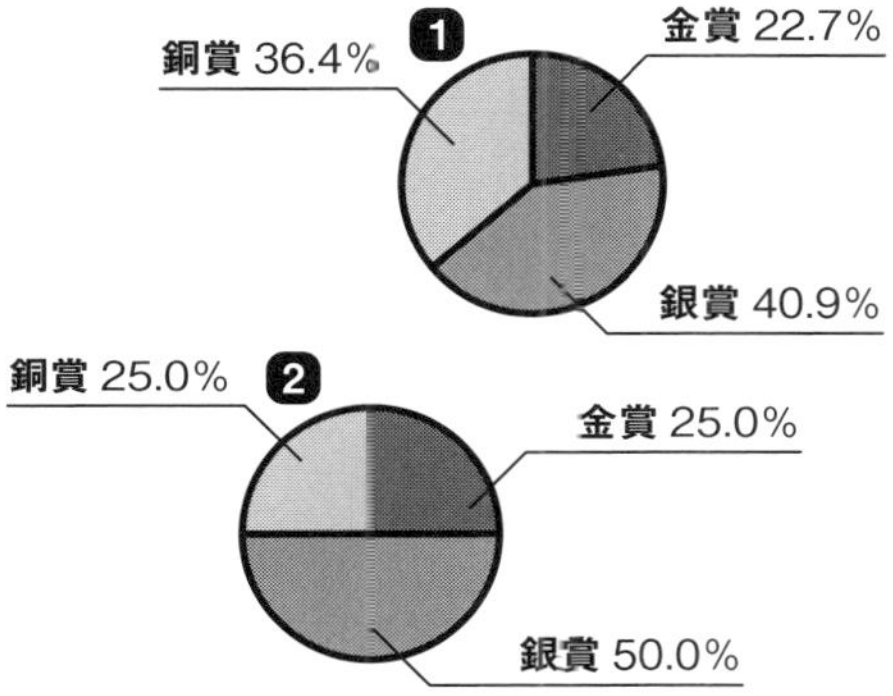

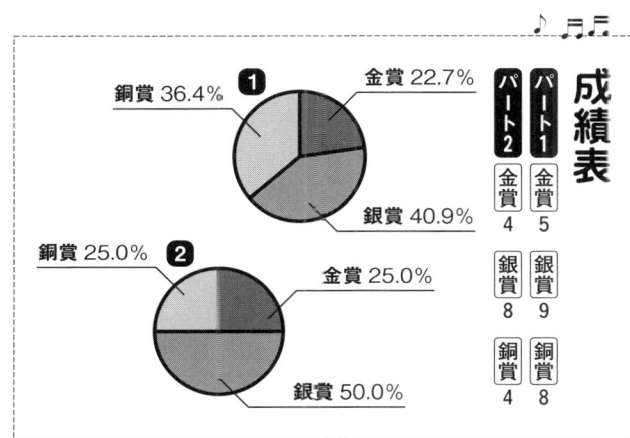

中の作曲家に、この「ウインド・オーケストラ」編成の新曲を依頼し、多くの傑作が生まれた。

そしてもう一つは、《アルメニアン～》を含む多くのリード作品を、コンクールや文化祭、定期演奏会で演奏しつづけた「あなたたち」である。天上のリードは、そのことをとても喜び、祝福してくれているはずだ。「そうです、吹奏楽は、ほかのどの音楽ジャンルと比べても引けをとらない、素晴らしい世界なのですよ」と。

（P126も参照）

名演・熱演

まずはパート1。一九八三年高校の部、これだけでピンとくる読者も多いと思う。全国大会初出場で金賞を受賞した、**神奈川県立野庭高校**（現・同県立横浜南陵高校）だ。美しい音色で課題曲を歌い上げた瞬間に場内の雰囲気が変わった。かなり癖のある演奏だったが、「これは初出場といっても、侮《あなど》れんぞ」といった気持ちで聴衆は自由曲の演奏を待った。そして高らかに響く《アルメニアン・ダンス　パート1》、華やかなファンファーレで曲は開始された。統制された木管には「ハッ」と心を打たれる場面と、少々やりすぎでは、と感じてしまう部分もあったが、歌い上げ方は見事なもので、非常に感心した。普通、必ずいったん止まる変拍子の〈ホイ、私のナザン〉の部分では、誰《だれ》もが驚くようなテンポで進み、その中できっちりと歌っている木管には誰もが驚いた。曲はクライマックスを迎える。ここも速めのテンポで強行突破という感があったが、しっかりとアンサンブルはされており、細かい木管のフレーズもちゃんと聴こえてくる、整理された演奏であった。一気に終結部に向かい、比較的あっさりと曲を閉じたが、それがかえって初出場校として記憶にとどめられる終わり方でもあった。好みが分れるかもしれないが、この演奏の誕生は、高校バンドのさらなる発展を促したことは事実である。

八六年には、この頃《ころ》から超有名校になった**大阪府立淀川工業高校**（現・淀川工科高校）が演奏し、こちらも輝かしいサウンドで聴衆を魅了して見事に金賞を受賞している。

だが、パート1で最高の演奏といえば、八七年の**創価学会関西吹奏楽団**［大阪］だろう。厚みのある金管、表情豊かに歌い上げる木管群、そして最後に雄叫《おたけ》びを上げるホルン。この演奏には何の説明も不要である。

聴いてもらえればすぐに「これはスゴイ！」と声を上げてしまうだろう。
次はパート2。前半解説にもあるとおり、主に終楽章〈ロリの歌〉がコンクールでは演奏される。もうこれは、八〇年の**玉川学園高等部**［東京］に尽きるだろう。プレストに入るまでの重々しさ。悲痛な情景が想像された。この重々しさにも驚いたが、この時の聴衆が最も驚いたのは、プレストからの速さである。誰もが呆然《ぼうぜん》としてしまったが、曲が進むにつれ、客席内の聴衆には、ある種の疑問が生まれた。「こんなに速く演奏するということは、もしかして……？」さて、中間部は非常に美しく歌い上げ、その音楽に酔ったが、再びプレスト。またもや速い！ ホルンの雄叫びも成功、トロンボーン一・二番による下行形の三連符も、バッチリ粒が見えた。そしていよいよフィナーレに向かう。さらにアッチェレランドがかかり、容赦なくどんどん巻いていく。まるでカーチェイス！ ここで疑問は確信に変わった。そう、この曲を「ノーカット」で演奏してしまったのである！ 通常、演奏時間の関係から、この曲は、若干のカットがあるものだ。なのに、まさかノーカット演奏をするとは！ そのためのスピード演奏だったのである。だが、それでいて、演奏はスリリングながら、決して破綻《はたん》していないのだ。その偉業と素晴らしい演奏に、場内の聴衆は惜しみない大拍手を送ったのであった。

フェイバリット・パスト・アルバム・シリーズ
アルメニアン・ダンス
東京佼成
ウインドオーケストラ
A・リード

《アルメニアン～》全曲はやはりこれがお薦め。廉価盤で再発売。音質も向上
佼成出版社／KOCD－0307

Legendary V
創価学会関西吹奏楽団
創価学会関西吹奏楽団
磯貝富治男

「これ以上の演奏はない！」と断言できる《アルメニアン～1》。冒頭を聴いた瞬間に固まってしまうこと必至
ブレーン・ミュージック／BOCD－7136

Eternally 5「無言の変革」より 問い
玉川学園高等部吹奏楽団
高浪晋一

もの凄いテンポで疾走する《アルメニアン～2》。しかし粒ははっきり聴こえる名演中の名演
ブレーン・ミュージック／BOCD－7142

ネリベル
二つの交響的断章

'77年初登場

誰も聴いたことがなかった「新しい響き」

グレード ★★★★☆
人気度 ★★★☆☆
演奏回数 6回

これぞ名曲!

シエナ・ウインド・オーケストラの首席指揮者・佐渡裕は、若い頃《ころ》にアマチュア吹奏楽を指揮していた。一九八六年には、龍谷大学〔京都〕を指揮して、全国大会に導いている(銀賞)。

その佐渡が、音大生の頃、京都のある女子高吹奏楽部を指導した際、コンクール自由曲に取り上げたのが、このネリベルの**《二つの交響的断章》**だったそうだ。のちにシエナで正式録音もした。この曲は、佐渡にとっては〝青春の響き〟だったのだ。

ネリベルは、旧・チェコスロバキアの生まれ。放送局の専属作曲家・指揮者として活躍したが、五七年にアメリカへ移住する。彼は、戦時中からナチスドイツに抵抗しつづけた〝反骨の人〟である。故国を捨てたのは、旧・ソ連の支配を逃れるためでもあった。五五年にワルシャワ条約機構が結成され、世界は東西分裂、冷戦の時代に入っていた。五六年にはポーランドやハンガリーで、反ソ動乱が発生している。チェコスロバ

ヴァーツラフ・ネリベル
Václav Nelhýbel
1919〜96
旧・チェコスロバキア→アメリカ

ネリベルは、作曲家・指揮者であると同時に、教育者でもあった。晩年には、初心者向けのテキスト曲を多数書いたほか、コネチカット州にあるスクラントン大学の専属作曲家となって、バンド指導を行なった。彼の登場は、吹奏楽史上の革命である。にもかかわらず国内で容易に入手できる音源が『復活のシンフォニア〜V.ネリベル作品集』(フレデリック・フェネル指揮=東京佼成ウインドオーケストラ/佼成出版社)くらいしかないのは、たいへん残念なことだ。

キアも、共産革命によって完全にソ連の衛星国と化していた。

アメリカに渡ったネリベルは、そこで「吹奏楽」なる音楽形態を知って興味を持つ。そして六五年、ノースウエスタン大学バンドの委嘱作品**《交響的断章》**を発表、世界中で衝撃をもって迎えられた。こういう響きの吹奏楽曲は、それまで誰《だれ》も聴いたことがなかった。音と音が、まるで数式で組み合わされたように理知的にぶつかり合い、パイプオルガンのような響きも随所にある（彼はアメリカで一時、教会オルガニストだった）。しかもカッコイイ。演奏時間六分半。さっそくコンクールでも取り上げられた。全国大会初演は、七一年の香川県立高松商業高校。以後、人気曲となった。

ところがネリベルは、六九年、さらにスゴイ曲を発表する。それが、この《二つの交響的断章》である。これによってネリベルの名は不動のものとなった。ノースダコタ大学バンドの委嘱作品だ。前作よりもメロディ的な要素が強くなり、さらに壮大な響きとなっている。様々な表情を見せる第一楽章につづき、打楽器と金管楽器が激しく交錯する第二楽章――まるで、怒りが爆発したかのようだ。もしかしたら、六八年に母国チェコスロバキアで発生した、ソ連の弾圧事件に対するネリベルなりの感情が込められているのか……（P130参照）。全国大会初演は、七七年の天理高校［奈良］。今に語り継がれる歴史的名演である。

ネリベルは多作家だった。ほかにコンクールに登場した作品では、**《トリッティコ》《プレリュードとフーガ》《フェスティーヴォ》《アンティフォナーレ》**などがある。七一年には、日本のヤマハ吹奏楽団静岡の委嘱で**《ヤマハ・コンチェルト》**を書いている。また二〇〇〇年には、たいへん珍しい**《末期《まつご》へのプロセッションヨン（世の終わりのための行進）》**

成績表

金賞 3　銀賞 2　銅賞 1

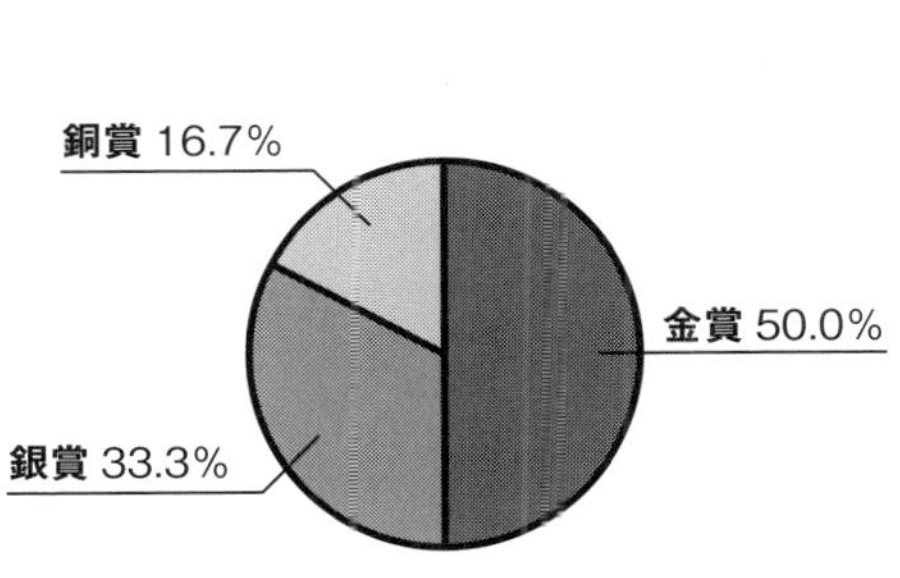

を東海大学付属翔洋高校［静岡］が全国大会初演し、話題となった。

ところで、冒頭で紹介した、音大生指揮者・佐渡裕による《二つの交響的断章》だが――結果は、京都大会の銅賞だったそうだ。佐渡は怒って、審査員室に怒鳴り込みに行った（そこまで熱くなってくれる先生、今いるだろうか）。近年、佐渡はその時の録音を聴く機会に恵まれたという。そしてこう感じた――「今のシエナの演奏と同じじゃないか！」

名演・熱演

全国大会初演は、一九七七年の**天理高校**［奈良］であるが、これがまた後世に語り継がれる名演。鍵盤打楽器の八分音符で開始される、当時では非常に珍しいタイプの作品であった。鍵盤打楽器の二小節が過ぎると、低音楽器から高音楽器へと次々と重なり合って金管群の出す重厚なサウンド、それらが頂点に達する時、今まで八分音符だった鍵盤打楽器が一六分音符に変わり、さらに激しさを増す。木管楽器の細かい上行形が金管の隙間《すきま》を縫うように奏でられる。このうねりも見事であったが、それ以上に感心したのは、この激しい部分が終わる時の、打楽器のていねいな処理だ。次に登場するアルト・サクソフォーンのソロを導き出す、細かい心遣いが伝わってくる。ソロは曲が進むにつれてデュオになり、それが終了すると曲はまた激しさを取り戻す。一度、トランペットの奏でるゆったりとした場面に変わるが、すぐに低音楽器に導かれ、Ⅰ楽章のクライマックスへと突入する。ここの各楽器のこなし方も見事なもので、呆然《ぼうぜん》となる。

Ⅰ楽章は短いチャイムの音で幕を閉じ、アグレッシブなⅡ楽章へと突入する。ティンパニ・ソロで開始されるが、このティンパニの響かせ方がとても上品なのは特筆に値する。金管楽器のユニゾンもバランスがよく、その後の木管楽器の扱いの巧みさも脱帽モノだ。さて、有名なトロンボーンのユニゾンだが、これが「一人で吹いているのでは？」と錯覚を起こしてしまうほど見事に揃《そろ》っていて、「これ以上音を割ると破裂音にしかならない」ギリギリの線を見極めている点も素晴らしい。その後に登場するトランペットとホルンが「これぞ吹奏楽の醍醐味《だいごみ》！」といいたくなる煌《きら》びやかな音色で、あらためて吹奏楽の素晴らしさを感じさせてくれる。その後はメロディアスな場面がつづくが、この部分の木管のサウンドには驚きを隠せない。一部、金管楽器をすべてカットし、木管楽器のみの演奏にする箇所があるが、これはこれで演奏効果を高めていた。あまりに整った演奏なので、もう少し高校生らしい「熱さ」があれば……とさえ、思ってしまう。

二年後の七九年、今度は「熱さ」丸出しの激しい演奏が誕生した。**川口市立川口高校**［埼玉］である。もちろん、木管楽器主体の箇所などは、ていねいな演奏になっている。本領を発揮するのは、やはりⅡ楽章だ。「ここが見せ場！」とばかり打楽器は乱舞、トランペットの豪快なサウンドも、非常に楽しめる。トロンボーンのユニゾンでは、「どっちが主役なのか？」と思ってしまうほど、打楽器が前面に出てきている。

八〇年には**東海大学第一高校**（現・同大学付属翔洋高校）［静岡］が演奏しているが、ここではテューバの音色に注目！　驚異的なサウンドと音量で、大迫力の演奏を披露している。音は割れているのだが、それがうるさくないのだ。特にⅠ楽章の低音で音量が必要な場面では、驚きのあまり固まってしまうこと必至である。

八二年には**練馬区立田柄中学**［東京］が、中学生離れしたテクニックを駆使し、この曲で中学生として初めての金賞を受賞している。

復活のシンフォニア
東京佼成ウインドオーケストラ
F・フェネル

全曲ではこれがお薦め。シャープなサウンドでネリベルの手法を表現し切った1枚。《交響的断章》も収録
佼成出版社／KOCD－3577

Legendary 天理高等学校吹奏楽部
天理高等学校吹奏楽部
谷口 真

全国大会初演にしてこの出来！ クリアなサウンドとその音の積み重ねに注目
ブレーン・ミュージック／BOCD－7112

全日本吹奏楽コンクール自由曲
名演奏シリーズVol.4 オリジナル作品集
東京都練馬区立田柄中学校吹奏楽部
塚田 誠

Ⅱ楽章のシンフォニックなサウンドが魅力の演奏。木管楽器のくすぐりも見事である
ブレーン・ミュージック／BOCD－7004

アルフレッド・リード
オセロ

'78年初登場

「普門館が揺れた」音の大壁画

グレード	★★★★☆
人気度	★★★★☆
演奏回数	17回

これぞ名曲！

リードは、シェイクスピア戯曲を題材にした吹奏楽曲を、生涯に五曲書いた。最初が**《ハムレットへの音楽》**（一九七一年）で、次が**《オセロ》**（七七年）。以後、『テンペスト』による**《魔法の島》**（七九年）、**《十二夜》**（二〇〇三年）、最後が『お気に召すまま』による**《アーデンの森のロザリンド》**（〇四年）である。

七一年に《ハムレット〜》を聴いた人たちは、ショックを受けたはずだ。今までの明るい、華麗なリード・サウンドではなく、暗く激しい響きに満ちていたのだから。全国大会初演は、七四年の天理高校［奈良］。

吹奏楽で文学世界を表現することに成功したリードは、つづけてシェイクスピアに挑む。七四年、マイアミ大学リング劇場から、舞台上演『オセロ』のための劇付随音楽の委嘱を受け、一六人の金管と三〜四人の打楽器奏者を要する一四曲を書いた。のちにこれを全五楽章に圧縮改訂し、《金管アンサンブルと打楽器群のための「オセロ」からの音楽》

アルフレッド・リード
Alfred Reed
1921〜2005 アメリカ

一九六五年のコンクール大学・一般の部課題曲に**《シンフォニック・プレリュード》**が採用された、これがほぼ、リード日本初登場の瞬間である。そして七〇年に**《フェスティヴァル・プレリュード》**が中学の部以外の課題曲となり、リードの名は日本全国に定着する。つまりリードは、当初は「課題曲の作曲家」として日本に紹介されたのである。

なお、原作『オセロ』は、新潮文庫版（福田恆存訳）など各種あり。

（P118も参照）

なる組曲にまとめる。それをさらに吹奏楽版に拡大改訂したのが、現在、我々が聴く《オセロ》である。七七年、ニューヨーク州のイサカ大学バンドが初演した。翌七八年には、早くも長野工業高等専門学校によって全国大会初演されている。以後、多くの団体が取り上げており、名演も数多い。

　ここでの音楽的パワー、充実度は、《ハムレット～》を大きく凌駕《りょうが》した。まさに吹奏楽による究極の物語表現、音の大壁画である。しかも具体的な「幕／場」や、人物名、セリフを特定して音楽化されているので、たいへん理解しやすい。

第Ⅰ楽章《前奏曲》（ヴェニス）――オセロの名演説「石を枕に戦ってきた私には、戦場こそ羽毛のベッドなのです！」［第一幕第三場］

第Ⅱ楽章《暁のセレナーデ》（キプロス）――明け方、副官キャシオーが、オセロの寝所前に楽隊を連れてきて目覚めの音楽を演奏させる。そして、楽隊に向かって「おはようございます将軍、とちゃんとご挨拶《あいさつ》するのだぞ」と注意する。［第三幕第一場］

第Ⅲ楽章《オセロとデズデモーナ》――オセロがデズデモーナとのなれそめを告白する名セリフ「私の過去の苦難を彼女は哀れんでくれた、だからこそ私は彼女を愛したのです」［第Ⅰ楽章と同場］

第Ⅳ楽章《議官たちの入場》――ヴェニスからの議官たちの目前でオセロがデズデモーナを殴り、大混乱。それを見ていた悪漢イヤーゴが「あれがヴェニスの獅子《しし》か！」と嘲笑《ちょうしょう》する。［第四幕第一場］ここだけは、ヴェルディの歌劇《オテッロ》の歌詞や設定がもとになっている。

第Ⅴ楽章《デズデモーナの死／終曲》――デズデモーナを絞殺した直後、真実を知り愕然《がくぜん》となるオセロ。遺体の前で「今俺にできることは、キスしながら死ぬことだけだ」と自害…

成績表

金賞 8　銀賞 2　銅賞 7

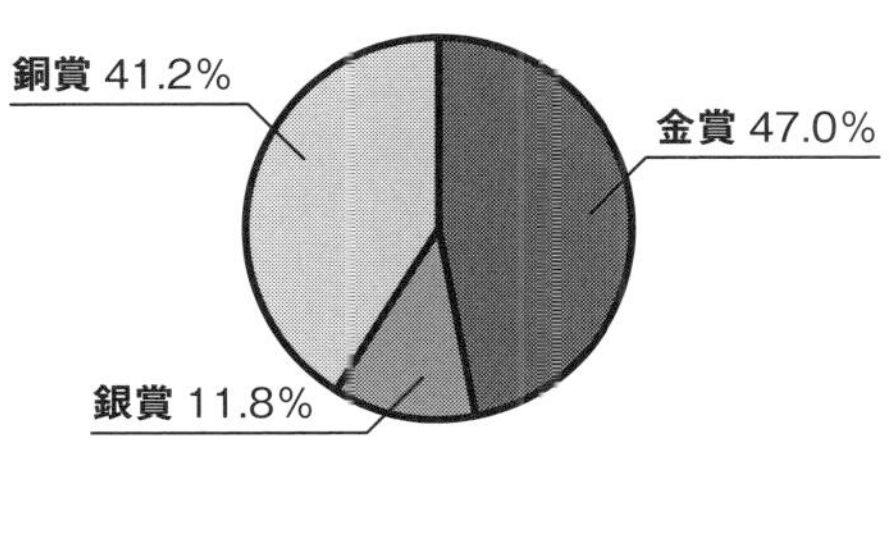

…。［第五幕第二場］

コンクールでは、おおむねⅠ・Ⅲ・Ⅳ楽章の組み合わせが多い。

リードほど、多くの作品がコンクールで演奏された作曲家はいない。どれも決して簡単ではないが、ちゃんと練習を重ねれば必ずアマチュアでも到達できる音符で書かれている。

コンクール登場曲だけでも、この《ハムレット》《オセロ》はもちろん、**《エル・カミーノ・レアル》《春の猟犬》《エルサレム賛美》《サスカッチアンの山》《ジュビラント序曲》《パンチネッロ》**、そして**《アルメニアン・ダンス》**……枚挙に暇《いとま》がない。

（P118も参照）

名演・熱演

「コンクール史上、最高の《オセロ》は？」と聴かれれば、「一九八一年の天理高校」としか、答えようがない。様々な団体が演奏し、金賞受賞の演奏もいくつも生まれているが、この**天理高校**［奈良］の演奏は、別格である。コンクール以外でも様々な《オセロ》を聴いてきたが、これ以上の演奏は、いまだに耳にしたことがない。「冒頭のシンバルの一音、それだけで音楽になっている」と、当時の評論家にもベタ褒めされたが、確かに冒頭一発でノックアウトされること必至の、驚異の演奏である。「凄《すご》いサウンドだ」と誰《だれ》もが思った。

その上、音量もかなりのものだったので、「普門館が揺れた」とさえいわれた、それほど名演中の名演である。これはぜひ読者諸兄にも聴いていただき、「体感」していただきたい演奏だ。

《オセロ》の全国大会初演は、七八年の大学の部、**長野工業高等専門学校**だが、この演奏ではⅠ・Ⅱ・Ⅳ楽章が取り上げられた。八一年の天理高校はⅠ・Ⅲ・Ⅳを取り上げた。前述のとおり、これがあまりの超名演だったため、以後もⅠ・Ⅲ・Ⅳの抜粋組み合わせが大流行した。そのせいか「《オセロ》はⅣ楽章で終わる曲」との誤解が流布してしまった。今でも演奏会などで、Ⅴ楽章までの全曲演奏にもかかわらず、Ⅳ楽章のあとで拍手が起きてしまうことがある。

次点となると、九七年の**大曲吹奏楽団**［秋田］を挙げたい。これも実に見事な演奏である。ホルンが充実しているバンドなので、Ⅰ楽章などは惚《ほ》れ惚《ぼ》れする響きだ。Ⅲ楽章もより劇的な演奏になっている。聞いた話によれば、この時の本番は、Ⅲ楽章がいつもの練習時より、かなり遅めのテンポだったそうだ。客席で聴いていた私はそれほどとは感じなかったが、メンバーは全員「タイム・オーバーしてしまうのでは？」と、ハラハラしていたそうである。

さて、《オセロ》に並んで人気があるリードのシェイクスピア作品が《ハムレットへの音楽》だ。全国大会初演は七四年、またもや**天理高校**だ。常に最新曲を披露して金賞をかっさらう天理高校だったが、この年はまさかの銀賞であった。その後七九年にも同じ曲で全国大会に挑んだが、今度は見事雪辱を果たし、金賞を受賞している。この七九年の演奏も、独自の響きと大音量で聴衆を圧倒する。冒頭部では、あまりの迫力に、赤ちゃんがビックリして泣き出してしまっている。

その後、八四年の**神奈川県立野庭高校**（現・同県立横浜南陵高校）や、八五年の**柏市立柏高校**［千葉］などの名演が生まれている。特筆したいのは、八八年の**川口市立川口高校**［埼玉］だ。カリヨン・ベル（洋鐘）を使っていることで知られる名演だが、確かにこの曲には打ってつけだった。残念ながら銀賞だったが、終結部で響きわたったカリヨン・ベルは聴衆の心に深く残り、大喝采《かっさい》を浴びた。

また九三年の**大曲吹奏楽団**の演奏も、若干粗めだが、九五～九七年の三年連続金賞受賞の響きをすでに予感させる名演になっている。これもぜひ聴いてほしい演奏の一つだ。

フェイバリット・パスト・アルバム・シリーズ
オセロ／ハムレット【2枚組】
東京佼成ウインドオーケストラ
A・リード

《オセロ》と《ハムレット》が全曲収録。作曲者自身の指揮。演奏も劇的で全曲通して聴くのに適したアルバム
佼成出版社／KOCD－0305－0306

Legendary 天理高等学校吹奏楽部
天理高等学校吹奏楽部
新子菊雄

「これ以上の演奏はこの先も生まれない」と断言できる名演中の名演。これも両曲収録。必聴！
ブレーン・ミュージック／BOCD－7112

音楽は心【4枚組】
神奈川県立
野庭高等学校吹奏楽部
中澤忠雄

特徴ある演奏だがこの《ハムレット》の出来は秀逸。ほかのリード作品も楽しめる
ブレーン・ミュージック／OSBR－21049

フサ
プラハ一九六八年のための音楽

'78年初登場

弾圧への怒りと哀しみを描く二〇世紀の名曲

グレード ★★★★☆
人気度 ★★★☆☆
演奏回数 13回

これぞ名曲！

フランスで「68（ソワサン・ユィット）」といえば、それだけで一九六八年の五月革命のことを意味するそうだ。ドゴール政権に反対する学生デモが、フランス全土に波及したのである。同年、アメリカでも学園紛争が激しくなり、特にコロムビア大学での闘争は『いちご白書』と題する映画にまでなった。「一九六八年」は、世界中で政治の嵐が吹き荒れた年だったのだ。

この年の八月、当時のチェコスロバキアに、ソ連を中心とするワルシャワ条約機構軍六〇万人が侵攻し、国内全土を制圧した。これ以前、同国では、共産党第一書記に就任したドプチェクのもと、「人間の表情をした社会主義」と称して、言論の自由、自由主義経済などが認められ始めていた。これを通称「プラハの春」と呼ぶ。ところが、チェコを支配下に置きつづけたかったソ連は、それを許さなかった。大軍を送り込んで「プラハの春」を潰《つぶ》したのだ。抵抗する市民は射殺され、抗議の焼身自

カレル・フサ
Karel Husa
1921〜
旧・チェコスロバキア→アメリカ

《プラハ〜》と同年の一九六九年に《弦楽四重奏曲第三番》でピューリッツァー賞を受賞、一躍世界的な作曲家となった。コンクールでは**《この地球を神と崇《あが》める》**もよく登場している。七〇年初演、《プラハ〜》に次ぐフサの吹奏楽曲第二弾だ。全三楽章をかけて公害・環境破壊に蝕《むしば》まれる地球を憂える音楽で、絶大な感動を呼び起こす傑作である。

殺をする若者もいた（当時は、焼身自殺で抵抗を示す者が多かった。六九年に日本で大ヒットした新谷のり子《フランシーヌの場合》も、ベトナム戦争に抗議してパリで焼身自殺したフランシーヌ・ルコント嬢を歌った曲である）。

このニュースをアメリカで知った旧・チェコスロバキア出身の作曲家カレル・フサは、その怒りと哀しみを、一編の吹奏楽曲に結実させた。それが**《プラハ一九六八年のための音楽》**だ。吹奏楽曲であるなしにかかわらず、二〇世紀の音楽を語る上で欠かせない、たいへん重要な作品である。

フサは、現・チェコ共和国プラハの生まれ。プラハ音楽院などで作曲を学んだ。学生時代はちょうど第二次世界大戦中で、ナチスドイツに蹂《じゅう》躙《りん》された。この頃《ころ》からフサは、母国を捨てる決意をしていたのかもしれない。五四年、コーネル大学教授に招かれ、アメリカに渡る。五九年にはアメリカ市民権も獲得していた。《プラハ～》は、イサカ大学バンドの委嘱で作曲され、六九年に初演された。それは、従来の吹奏楽の概念を覆す音楽だった。全四楽章構成、計二〇分弱の曲である。

抵抗を示す序奏部＝**第Ⅰ楽章〈前奏とファンファーレ〉**。抑圧された苦しみをうたう**第Ⅱ楽章〈アリア〉**。打楽器が異様なまでに激しく奏される**第Ⅲ楽章〈間奏曲〉**から、そのまま**第Ⅳ楽章〈トッカータとコラール〉**になだれ込む。蹂躙と抵抗、怒りが凄《すさ》まじい勢いで交錯する。かつてチェコ独立のために戦ったフス教徒の聖歌（スメタナ《我が祖国》にも流れる旋律）が奏でられるが、次第に消されてしまう。想像を絶する難曲である。

全国大会では、七八年に総社市立総社東中学［岡山］が初演し、多くを驚かせた。コンクールでは、Ⅲ～Ⅳ楽章の演奏がいちばん多い。その

成績表

金賞 3　銀賞 7　銅賞 3

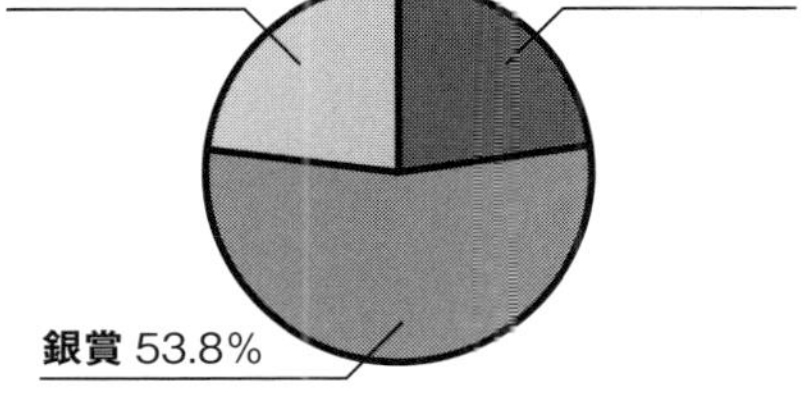

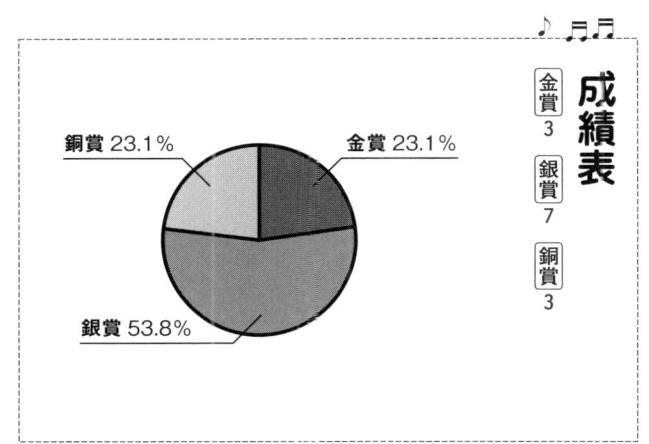

後、人気曲となるが、特に愛知工業大学名電高校が得意とし、この曲で四回全国大会に進出し、二回、金賞を獲得している。八七年には来日したフサ自身が、同校の演奏会に客演し、《プラハ～》を指揮した。

　この曲を聴いて感動した名指揮者ジョージ・セルは、自らフサ自身に管弦楽版への編曲を依頼し、現在はオーケストラ版もある。二〇〇四年に、下野竜也指揮＝札幌交響楽団によって日本初演された（世界初演は七〇年）。

　その後チェコでは八九年にビロード革命が勃発《ぼっぱつ》。共産党政権が崩壊し、あのドプチェクが議長に復権した。その翌年、プラハで、フサ自身の指揮で《プラハ～》チェコ初演が実現した。作曲から二〇年以上の月日が流れていた。そして九三年、連邦は解体され、チェコ共和国とスロバキアに分離した。「チェコスロバキア」なる国は、もうないのだ。

名演・熱演

　この曲を全国大会で初演したのは、驚くなかれ中学生である。一九七八年、**総社市立総社東中学**［岡山］であったが、この時はⅣ楽章のみが取り上げられた。

　Ⅳ楽章につづくⅢ楽章〈間奏曲〉を取り入れ、この曲の持ち味を生かした演奏を生んだのは、八三年の**愛知工業大学名電高校**だ。

　前半解説にもあるとおり、愛工大名電高校は全国大会で四回（八三、八五、八七、九二年）、この曲を取り上げている（八七年は、課題曲が長めの《風紋》だったため、Ⅳ楽章のみが取り上げられた）。八五年と八七年の演奏で金賞を受賞しているが、強烈度でいえば、最初の八三年の演奏にとどめを刺す。神秘的な音色で始まった音楽に、初めて曲を聴く聴衆の方が多かったはずだが、それでもじっと聴き入った。Ⅲ楽章は頭からでなく、途中から演奏されたが、金属系打楽器が登場する箇所から始まったので、たいへん印象深い出だしとなった。そしてスネア・ドラムの鬼気迫るロール。ロールはクレッシェンドしながら、Ⅳ楽章に突入する。Ⅳ楽章は八分の六拍子、非常に難しい譜面なのだが、それを感じさせない演奏であった。曲の中盤で登場する、トランペットとホルンによる強烈な不協和音も、聴き手の耳に強く残った。絶頂を迎えたあと、このティンパニ・ソロが奏でられるが、怒りに満ち溢《あふ》れたかのような凄まじさを感じさせる。その後、トゥッティで奏でられる旋律は重く荒々しく、それがかえってこの曲の持ち味を生かすこととなった。この八三年の演奏は、惜しくも銀賞だったが、「最高の《プラハ》は？」と尋ねられたら、私は迷うことなく「八三年の愛工大名電高校」と即答する。金賞が必ずしも名演とは限らないし、銀賞や銅賞が凡演とも限らない。そんなことをはっきり感じさせてくれる名演だ。

　八八年には、**東海大学第四高校**「北海道」が、Ⅲ・Ⅳ楽章ではなく、Ⅰ・Ⅳ楽章という新たな抜粋組み合わせで見事に金賞を受賞している（微《かす》かにⅢ楽章も入っている）。このバンド独特のスケール感の大きな演奏だった。

　八九年の**山口県立下松高校**は、Ⅰ楽章の抜粋の仕方が非常に面白い。「おっ、ここを抜粋したか」と感心させられたのを思い出す。単に「カッコイイ」と一言であらわすのは気が引けるが、しかしこのⅠ楽章の扱い方はセンスがいい。彼らは、Ⅰ楽章からすぐにⅣ楽章に飛ぶ構成で演奏した。

　あらためて述べるが、やはりこの曲に関しては、ほとんどテーマ曲のようにして何度も演奏した愛工大名電高校の演奏が素晴らしい。特に八三年は最高だ。ほかの演奏と聴き比べると面白いので、機会があればぜひ試していただきたい。また、この演奏では指揮者の気迫も十二分に伝わってくることをつけ加えておく。

RECOLLECTIONS
ノース・テキサス・ウインド・シンフォニー
E・M・コーポロン

スコアのミスを訂正した完全版《プラハ～》。スネアのロールには恐怖感さえ漂う
KLAVIER／K－11124（輸入盤）

Legendary Ⅳ 愛知工業大学名電高等学校吹奏楽部
愛知工業大学名電高等学校吹奏楽部
松井孝雄

《プラハ～》といえばやはり愛工大名電高校。収録されていないが83年の演奏もぜひ聴いてほしい
ブレーン・ミュージック／BOCD－7129

Legendary Ⅳ Special Sampler
愛知工業大学名電高等学校吹奏楽部
K・フサ

作曲者指揮による演奏会での全曲版。鬼気迫る迫力にはただただ脱帽
ブレーン・ミュージック／OSBR－16005Ⅳ

大栗 裕

大阪俗謡による幻想曲

'80年初登場

五回ともすべて金賞、まさに淀工のテーマ曲

グレード ★★★★☆
人気度 ★★★★★
演奏回数 18回

これぞ名曲！

一九五六年（昭和三一年）、関西楽壇の重鎮指揮者・朝比奈隆が、ベルリン・フィルに招聘《しょうへい》されるにあたって、「日本民族を象徴する新作を持ってきてくれ」と依頼された。

朝比奈は、当時率いていた関西交響楽団（現・大阪フィルハーモニー交響楽団）のホルン奏者で、前年に歌劇《赤い陣羽織》で作曲家としても成功していた大栗裕を起用する。その作品《大阪の祭《まつり》囃子《ばやし》によるファンタジア》（作曲時の原題）は、ベルリンで熱狂的な成功をおさめ、大栗は"東洋のバルトーク"と絶賛された。

だが、まともなコピー技術などない当時のこと、一組しかなかった肉筆スコアはベルリン・フィルに献呈《けんてい》され、そのまま時が流れた。

その後、大栗は、残っていたスケッチや記憶をもとに曲を復元、七〇年に復刻改訂版を完成させた。現在我々が聴く管弦楽版**《大阪俗謡による幻想曲》**である。それが七四年に大阪市音楽団の委嘱で、作曲者自らの手で吹奏楽版になった（よって、編

大栗 裕
［おおぐり・ひろし］
1918〜82 日本

非大阪人が大栗裕の世界を肌で感じるには、織田作之助の短編小説『夫婦善哉《めおとぜんざい》』が参考になるかもしれない。何をやってもダメな問屋の放蕩《ほうとう》息子を、芸者上がりの蝶子が叱咤《しった》しながら支える物語で、大阪の猥雑《わいざつ》さやたくましさが不思議な明るさで描かれている。五七年に大栗自身の作曲でオペラになった。現在、新潮文庫版で読めるが、《大阪俗謡〜》を聴きながら読むとピッタリである。

（P114も参照）

曲ではなく、吹奏楽オリジナル曲といえる）。今では、吹奏楽版の方が演奏の機会が多く、日本吹奏楽界の重要レパートリーの一つとなっている。

曲は、大阪特有のメロディやリズム――たとえば、ちゃんちき、だんじり囃子、生国魂《いくくにたま》神社の獅子舞などがふんだんに盛り込まれ、熱狂の祝祭が展開する。三味線の爪弾《つまび》きを思わせる部分もある。ある大阪人は「この曲を聴くと背筋を何かが走る」とまで語っており、大阪特有のデモーニッシュな何かで全編ができ上がっているような音楽なのだ。

大栗裕は、アマチュア出身の作曲家である。大阪の小間物問屋に生まれ、天王寺商業学校（現・天王寺商業高校）音楽部でホルンを吹いた。通称〝天商バンド〟と呼ばれた名門で、多くの名管楽器奏者を生み出したクラブだ。大栗は、この頃《ころ》から独学で吹奏楽曲を作曲していた。

卒業後は音楽大学に進学したかったが、両親の要請で家業に就く。だが、音楽への情熱やみがたく、東京へ行き、東京交響楽団（現・東京フィルハーモニー交響楽団）にホルン奏者として入団。日本交響楽団（現・NHK交響楽団）を経て、大阪に戻って朝比奈率いる関西交響楽団に入団した。

その後は、ホルン奏者、教育者として活躍する一方、作曲家としても多くのジャンルを書いた。管弦楽、吹奏楽、オペラ、バレエ、合唱はもちろん、特にマンドリンをやっている人にとっては、大栗の名は有名なはずだ。その多くに大阪特有の香りが漂っている。これほど地元で愛された地元にこだわった作曲家はいない。〝東洋〟どころか〝浪花のバルトーク〟とさえ称されたのも当然であった。

吹奏楽版《大阪俗謡～》は、八〇年、名門・大阪府立淀川工業高校（現・淀川工科高校）によって全国大会初演された。以後、**《吹奏楽のための神話》**（P114）とともに、尼

成績表

金賞 9　銀賞 7　銅賞 2

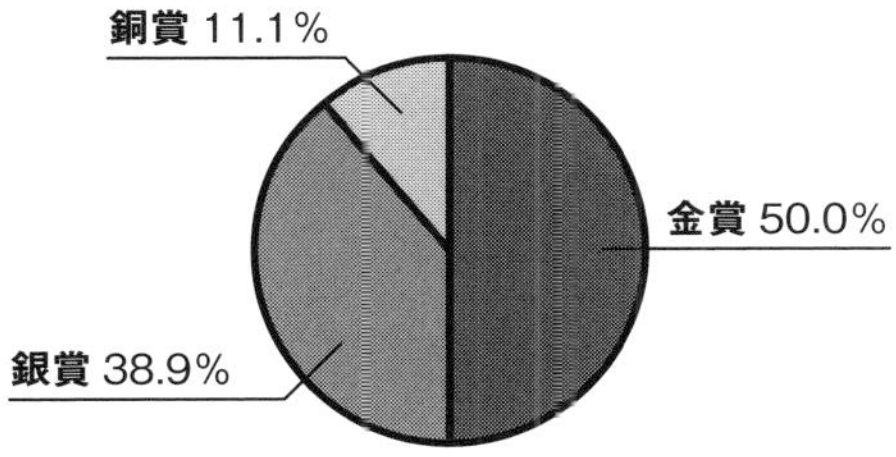

崎吹奏楽団［兵庫］など、関西のバンドを中心に演奏されつづけている。特に淀工は、今までに全国大会で五回《大阪俗謡〜》を取り上げ、そのすべてで金賞を受賞している。その執拗《しつよう》なまでの姿勢は、まるで〝大栗教〟の布教行為のようですらある。だが、大阪以外の多くの人々は、これらによって大栗裕の素晴らしさを知ったのだ。

名演・熱演

（P114も参照）

《大阪俗謡〜》といえば淀工——読者のほとんどがそう思っているだろう。まずその前に、淀工以外で印象に残っている演奏を挙げておこう。

一九八四年、**尼崎市吹奏楽団**［兵庫］の重厚かつアグレッシブな演奏は、当時としては珍しいスタイルであった。今でも通用する名演であり、聴き手を興奮させること間違いなしである。八七年、**佐賀県立佐賀商業高校**は、とにかくバス・ドラムの一撃に驚いた。残念ながら銀賞だったが、バス・ドラム担当者には「金賞」を贈りたい。もう一つは二〇〇〇年、**大津シンフォニックバンド**［滋賀］。これはまさに、ほぼ完成された大人の演奏といっていいだろう。

さて、淀工である。

前半解説にもあるように、この曲の全国大会初演は、八〇年の**大阪府立淀川工業高校**である。彼らは全国大会でこの曲を五回も演奏し、そのすべてで金賞を受賞している。もちろん、指揮はすべて丸谷明夫先生だ。

八〇年の初演はやや粗めだが、奏者の想い入れが強く伝わってくる熱演。次の八九年は、早くも自家薬籠《じかやくろう》中《ちゅう》のものといった感じで、指揮者と奏者が一体となった名演であった。三回目の九七年は、勢いを保ったまま歌い上げる名演で、ところどころで聴こえてくる「意外」な響きは、《大阪俗謡〜》とはこういう曲だったのかと、はっきり実感させてくれた。〇一年は洗練された精度の高い名演。そして五回目の〇五年は、もう「完璧《かんぺき》」としかいいようがなかった。

この曲を全国大会初演する以前の淀工は、丸谷先生によれば「初出場だった七四年からの六年間、伸び悩みで苦しんでいた」そうである。実際、その間は金賞一、銀賞四、銅賞一である。自由曲はリストやヴェルディなどであり、なかなか淀工カラーが見つからなかったらしい。そして八〇年、「この際、とことん大阪の味を出そう」と選んだのがこの曲だった。関西支部大会では「こういう曲をコンクールでやるのはいかがなものか？」との辛辣《しんらつ》な講評もあったそうだが、全国大会では見事に金賞を受賞。これを機に、淀工は八三年まで四年連続で金賞を受賞する。しかし、五金の偉業がかかった八四年、残念ながら銀賞に涙を呑《の》んだ。

この時点で丸谷先生と部員たちは「もう一度、原点に戻ろう」と誓い合い、現在「淀工サウンド」と呼ばれる、独自の音作りを目指した。そして再び四年連続金賞を受賞し、五金がかかった八九年、悩みに悩んで出した結論は「もう一度、原点の《大阪俗謡～》でいこう」だった。かくして五金のプレッシャーをはねのけ、見事な演奏で五年連続金賞受賞の栄誉に輝いたのである。その後は、三出で翌年休みの制度ができた。現在、淀工が《大阪俗謡～》を取り上げるのは、その三出時に限られている。

丸谷先生が語る。

「この曲に対する想い入れはたくさんあります。初めてやった年、こんな曲をコンクールでやってええんか？　と思いましたし。その年は課題曲が小山清茂の和風な《花祭り》やったんで、二曲併せて第一楽章・第二楽章としてやったつもりです。二度目にやった時は、ご存知のとおり五金がかかった年です。それから三回やってますが、今、この曲を選ぶ時は三出目の年なんです。『もう、これで指揮棒を置いてもいい』という覚悟を持ってやってます。そういう節目に演奏する、私と淀工の熱い想いのある曲なんです」

フェイバリット・パスト・アルバム・シリーズ
ぐるりよざ
東京佼成ウインドオーケストラ
小田野宏之

《大阪俗謡～》全曲のほか、《ぐるりよざ》（P227）も収録。曲の持ち味を生かした演奏には好感が持てる
佼成出版社／KOCD－0402

淀工吹奏楽部「青春の軌跡」1980－1984
大阪府立淀川工業高等学校吹奏楽部
丸谷明夫

全国大会初演の音源。高校の部初演となる《～神話》も収録。聴き比べも面白い
ブレーン・ミュージック／BOCD－7154

淀工吹奏楽部青春の軌跡'85～'90
大阪府立淀川工業高等学校吹奏楽部
丸谷明夫

やはりこの演奏が最も心に残っている。初五金がかかった舞台で見事五金達成！
ブレーン・ミュージック／BOCD－9106

ヒル
セント・アンソニー・ヴァリエーションズ

'81年初登場

天理高校の名演が大ヒットさせた人気曲

グレード ★★★★☆
人気度 ★★★★☆
演奏回数 18回

これぞ名曲！

一九七九年に、カリフォルニア州のトーマス・ダウニー高校バンドの委嘱で作曲された、約一一分の曲である。翌八〇年四月、カリフォルニア州立大学ロサンゼルス校ウィンド・アンサンブルが来日し、作曲者ヒル自身の指揮で日本初演される。この来日公演に協力した秋山紀夫が、曲に魅力を感じ、八一年一一月、当時指導していたソニー吹奏楽団で邦人初演された。

この曲を、文教大学［埼玉］がコンクールで取り上げることになった。だが、原曲のままでは、規定時間内では演奏できない。そこで同部の音楽監督で作曲家・柳田孝義（現・文教大学教授）が短縮改訂に取り組んだ。しかし、短縮すると、終結部の収まりの悪さが際立ってしまう。原曲は、少々尻《しり》切れとんぼにも感じられる、不思議な終わり方なのだ。そこでヒルの許諾を得て、短縮するだけでなく、ラストでコラール主題を再現する改訂編曲が加筆された。これが八一年の全国大会で初演された

ウィリアム・ヒル
William H.Hill
1930〜2000 アメリカ

ヴィム・ヴェンダース監督の映画で有名になったパリ・テキサス（テキサス州のパリという名の町）の生まれ。カリフォルニア州立大学をはじめ、いくつかの大学で教《きょう》鞭《べん》をとり、バンド指導者・作曲家としても多くの賞を受賞している。《セント・アンソニー〜》以外の吹奏楽曲では、本文で紹介した**《神聖な舞曲と〜》**や、**《キリエとグローリア》《スー族の主題による変奏曲》《バス・トロンボーン（またはテューバ）のための歌と踊り》《宇宙組曲》**など多くの作品がある。もっと演奏されていい作曲家だ。

わけだが、結果が銀賞だったせいか、注目度はいま一つだった。

　やがて八五年になって、天理高校［奈良］がこの曲を〝再発見〟する。同校で編曲などに協力していたピアニストの中屋幸男によって、新たな短縮改訂が行なわれた。ラストのコラール主題再現も、〝文教版〟を参照して残された（これらも、ヒルの許諾を得た上での作業である）。

　この八五年の全国大会における天理高校の演奏が、驚異的な名演だったため（もちろん金賞）、曲は一夜にして日本中に知れ渡った。

　再び時が流れて九一年三月。アリゾナで開催されたＡＢＡ（アメリカ吹奏楽指導者協会）の総会で、カリフォルニア工科大学バンドが、ヒルの指揮で《セント・アンソニー～》を演奏した。それは原曲ではなく〝天理版〟だった。作曲者自身も公認したこの〝天理版〟は、形を変えて里帰りし、今や〝母国〟アメリカでも演奏されているのである。

　タイトルの「セント・アンソニー」とは、キリスト教における守護聖人「聖《セント》アンソニー」のこと。一般には、疫病患者と動物の守護聖人である。

　ハイドンが一七八〇年頃《ころ》に作曲した管楽アンサンブル曲《六つのフェルトパルティータ》第六番の第二楽章に〈セント・アンソニーのコラール〉と記されており、この守護聖人にちなんだ（捧げる？）旋律ということらしい。のちにブラームスがこの旋律をたいへん気に入って、一八七三年、二台のピアノのための《ハイドンの主題による変奏曲》に使用し、すぐに管弦楽版にして有名メロディとなった。ただ、確かにハイドンの曲に登場する旋律なのだから「ハイドンの主題」で間違いないのだが、原メロディが誰《だれ》の作曲によるものなのかは、正確には分っていないらしい。

　ヒルの《セント・アンソニー～》は、このコラールを主題にして展開

成績表

金賞 3　銀賞 12　銅賞 3

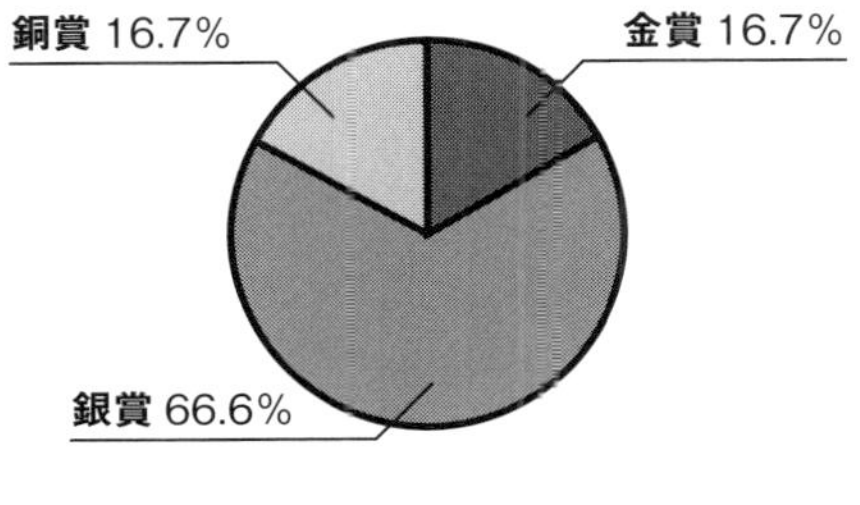

する変奏曲である。冒頭、華やかな序奏につづくコラール主題提示部は、ハイドンやブラームスとほぼ同じ響きだが、変奏部に入ってからはモダンな曲想になる。以後、コラール主題が原形で登場することなく、次第に主題は変容・解体され、打楽器が活躍する第四変奏で暗いムードのまま印象的な終結部を迎える。日本では、〝天理版〟があまりにも有名だが、原曲もなかなか味がある名曲である。

作曲者ウィリアム・ヒルは、北コロラド大学、UCLAの博士課程などを経た作曲家。第五二九空軍バンドに所属していたこともある。七七年には、**《神聖な舞曲と世俗的な舞曲》**でオストワルド賞を受賞した。

名演・熱演

一九八五年の高校の部で、名演が誕生した。**天理高校**〔奈良〕だ。驚いたのは、雛壇《ひなだん》最上段に並んだ二台のドラ。片方は四〇インチの巨大なドラだった。この年、天理高校が選んだ課題曲は、真島俊夫《波の見える風景》だった。この曲の終結部に巨大なドラは真価を発揮する。たった三打の登場だったが、効果は非常に高かった。いきおい、自由曲への興味も深くなる。その期待を裏切らない、実に見事な《セント・アンソニー・ヴァリエーションズ》だった。

冒頭の輝かしいファンファーレ、それにつづく打楽器群。もうこれだけで天理ワールドに引き込まれたものだ。のちに登場する木管主体の変奏部は、ため息が出るほど美しく、それがホルンに移り、トランペットへと受け継がれていくのだが、このホルンもトランペットも、まるで木管楽器が奏でているような錯覚を覚えるほど、やさしく温かい音色であった。その後、曲は強奏部になるが、荒々しさをまったく感じさせない演奏で、木管の細かい動きが出る箇所ではそれが強調され、金管と木管が見事なバランスで音を紡ぎ上げている。そしてまた木管主体の変奏になるが、この部分は艶かしいサウンドへ変化する。場面ごとにサウンドが変わるのには舌を巻いた。再び強奏部、ここは金管低音の活躍が素晴らしい。フーガのように曲は流れていき、打楽器のみの場面となる。ナマで聴いていて、しっかりと腹の底まで響いてきた。そして終結部のコラールとなるわけだが、そこまでの音楽の流れの自然さにも驚かされた。

余談だが、四〇インチのドラは、自由曲では使用されなかった。課題曲のたった三打のみで使用されたのだが、「あのドラを自由曲で使っていたら、いったいどんな演奏になったのだろう」と、上手《かみて》に下がる奏者たちを見ながら思ったものだ。

この曲は、この天理高校の演奏で一躍注目の的となったわけだが、その後、八八年に爆発的な人気を見せる。この年の全国大会で六団体が取り上げたのだ。しかも二団体がつづけて演奏するという現象も起きた（もちろん偶然だが）。特に印象に残っているのは**富山県立高岡商業高校**。金管のサウンドに定評のあるこのバンドには、ピッタリの選曲だった。金管のゆったりしたファンファーレのあとにアッチェレランドする打楽器もユニークな発想。最後のコラールも美しい響きを聴かせてくれた。

その後、なかなか金賞受賞の演奏が登場しなかったが、九九年、新たな名演が生まれた。**平田市立平田中学**（現・出雲市立平田中学）［島根］だ。冒頭のファンファーレは遅めのテンポだが、中学生離れしたそのサウンドには驚かされた。特にトランペット奏者には脱帽である。全体的に金管の技術が高いバンドなので、明るい演奏になっている。打楽器群のみの箇所のリムショットもユニークだった。そして迎えるコラール。すべての楽器が堂々としたサウンドで奏で上げ、神々しさを感じるまでの演奏になっている。

カリフォルニア州立大学(ロサンゼルス校)
ウィンド・アンサンブル・イン・コンサート
カリフォルニア州立大学
ロサンゼルス校
ウィンド・アンサンブル
W・ヒル

自作自演の原曲版。廃盤だが機会があればぜひ聴いてほしい。固まること必至！
ソニー・ミュージックエンタテインメント／SRCR－8911（廃盤）

Band Classics Library
広島ウインドオーケストラ
木村吉宏

オーソドックスだが随所に見える「ん？」という音色が心をくすぐる演奏
ブレーン・ミュージック／BOCD－7462

Legendary 天理高等学校吹奏楽部
天理高等学校吹奏楽部
新子菊雄

この曲のブームの火つけ役。会場で生で聴いたが実に素晴らしい演奏だった！
ブレーン・ミュージック／BOCD－7112

バーンズ 祈りとトッカータ

'82年初登場

《アルヴァマー序曲》作曲者による深遠な名曲

グレード	★★★★☆
人気度	★★★☆☆
演奏回数	7回

これぞ名曲！

この曲の邦題は、昔は《呪文とトッカータ》が多かった。チャンスの名曲に《呪文と踊り》（P110）があって紛らわしかった。今はほとんど**《祈りとトッカータ》**で統一されているようだ。

バーンズほど幅広い作曲家はいない。**《アルヴァマー序曲》《アパラチアン序曲》**のような、初級バンド向きの楽しい曲もあれば、プロ向きの高度な音楽もある。カンザス大学を卒業後、母校で教鞭《きょうべん》をとっている親日家だ。アルフレッド・リード亡きあと、アメリカ代表の役割を一身に背負っている。

彼は、昔ながらの「交響曲」形式を、吹奏楽で追究しつづける一面も持つ。**第一番**は、一九七八年のオストワルド賞を受賞した（八一年には**《死の幻影》**で二度目の受賞）。**第二番**はニール・チョス賞（教育的楽譜を多く出している出版社による賞）を受賞。

そして、名作・**第三番**は、生後半年で亡くなった娘ナタリーへの惜別

ジェームズ・バーンズ

James Barnes

1949～　アメリカ

バーンズには、本文で挙げた交響曲第三番のほかにも、「死」にまつわる曲がある。**《コラール・プレリュード》**は友人の楽譜出版社社長の息子の死に捧げられた。**《孤独な海岸》**は、第二次世界大戦のノルマンディ上陸作戦で戦死した無名兵士がヒントだ。**《死の幻影》**もある。どれも**《アルヴァマー序曲》**のような明るいポップな曲を知った上で聴くと、かえって身に沁《し》みてくる作品だ。

と、次に生まれてきた子供に希望を託して悲劇を乗り越えるまでを描いた、実に感動的な音楽だ（しかも子供を失ったのはこれが二度目だった）。本来、九五年に空軍バンドにより初演されるはずだったが、諸事情で中止になり、九六年、大阪市音楽団が大阪で世界初演した。このような作品が吹奏楽界から生まれ、日本で初演されていることを、我々は真摯《しんし》に受け止めるべきである。

　また、**第五番《フェニックス》**は、日本の陸上自衛隊中央音楽隊による、創隊五〇年記念の委嘱作だ（二〇〇一年初演）。日本の奇跡的な戦後復興を不死鳥に託して描いた大曲で、終楽章には《君が代》も登場する。このあたり、日本における《君が代》の複雑な受容ぶりを無視した、いかにもアメリカ的な手法ではあるが、曲はまことに堂々たる内容である。

　そんなバーンズの数多い作品の中で、コンクールで最も演奏されているのが《祈りとトッカータ》だ。八一年にニューメキシコ州立大学の委嘱で作曲された。全国大会初演は、八二年の習志野市立習志野高校［千葉］。前記《アルヴァマー序曲》の発表とほぼ同時期だったので、どちらを先に知るかで、人々のバーンズに対する印象は大きく変わることになった。しかし、初級者向けの明るい曲を作る一方、このような深遠な音楽も生み出す両面性に魅力があることも確かなのだ。

　前半は重々しい「祈り」。何やらこれからたいへんなことが起きるような、不安なムードの中、五拍子で荘重なリズムが刻まれる。まるで、六〇年代の東宝怪獣映画を彷彿《ほうふつ》とさせるようで、ある世代にとっては懐かしい響きにさえ感じられる。

　後半「トッカータ」の部分になると、細かいパッセージがフーガのように追いつ追われつしながら速めのテンポでクライマックスを形成していく。打楽器群の見せ場も多い。音

成績表

金賞 3　銀賞 2　銅賞 2

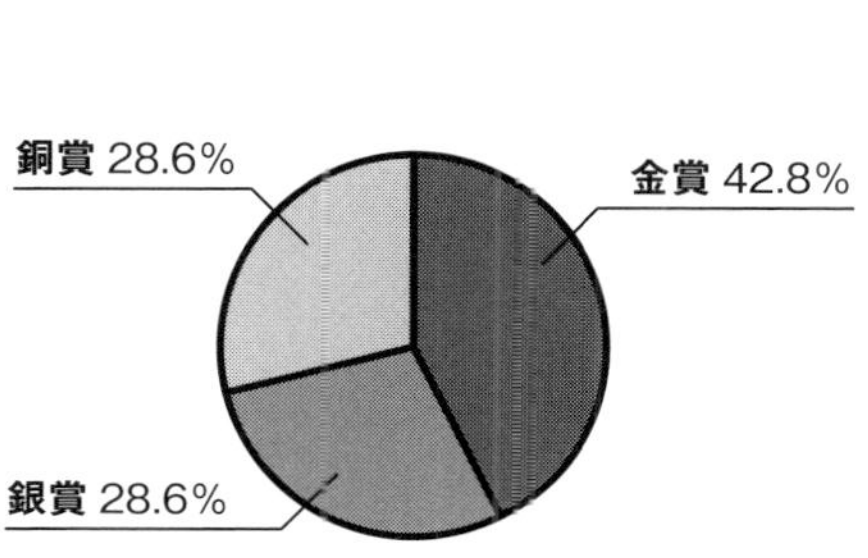

型の自由な組み合わせ＝一種のサウンドクラスターも登場し、頂点で「祈り」に立ち返ってコーダを迎える。

実に見事な構成で、この曲と《アルヴァマー序曲》の大ヒットで、バーンズの名は不滅のものとなった。日本では**《パガニーニの主題による幻想変奏曲》《ペイガン・ダンス》**もよく演奏されている。

なお、人気曲《アルヴァマー序曲》のタイトルは、バーンズの自宅近くのゴルフ場経営者アルヴァさんとマリーさん夫妻の名前にちなんだものらしい。これぞ、アーノルド《ボギイ大佐》と並ぶ〝ゴルフ吹奏楽曲〟だったのだ。

名演・熱演

この曲が全国大会で初演されたのは一九八二年。楽譜が出版されたのも同年だったので、いわば「新曲」だった。演奏は、意外なことに**習志野市立習志野高校**［千葉］。というのも、習志野高校は、それまでアレンジ作品を選曲することが多かったのだ。事実、全国大会でオリジナル作品を演奏したのは、この曲と、名取吾朗《吹奏楽のための交響的詩曲「地底」》の二回だけである。それだけに、たいへん意外な選曲に思えたのだ。そしてその演奏も見事だった。強烈なインパクトを与える冒頭「祈り」の部分は重々しく、その後に現れる木管楽器のソロの音色も申し分ない。再び冒頭の「祈り」が登場する部分はカットされていたが、ピッコロ奏者の技術が高く、独特の響きとなっている。打楽器群に導かれ、トッカータの部分に突入するが、全国大会出場は、八一年に次いで二回目だったせいか、奏者の熱さがビシビシ伝わってくるサウンドになっている。終盤で冒頭の「祈り」が再登場し、曲を盛り上げて終結部へと向かうが、その部分の熱さも、かなりのものである。

翌八三年、この曲の、最高の名演といっても過言ではない演奏が誕生する。**福岡工業大学附属高校**（現・同大学附属城東高校）だ。充実した金管楽器群のサウンドに定評のあるバンドだが、音圧の迫力や勢いだけでは名演とは呼べない。冒頭「祈り」の低音楽器は、破裂音になることなく、ユーフォニアムの奏法も実に見事だ。トランペットも、この場面における役割を十分心得ており、前面に飛び出してくることがない。たいへん神秘的な「祈り」である。その後は冒頭部の再現をカットし、打楽器群に導かれるトッカータへ突入する。ホルンのサウンドと、ミュートをつけたトランペットの音色が非常に素晴らしい。ムチもいい感じで響いている。強奏部も全体的なバランスがよく、それでいて「これが聴こえないと意味がない」という箇所では、きちんとそれらが聴こえてくる。特に随所で輝くトランペットの音色には脱帽である。テューバとバス・トロンボーンがブレンドされた音も魅力的だ。そのあとに現れる低音のトロンボーンの旋律は、低い音なにしっかりと芯《しん》のある音色で奏されている。終結部も自然な流れで進み、最後の一音は特筆に値する。

八七年、**蒲郡市吹奏楽団**［愛知］の演奏は、大人の演奏といえばよいだろうか。不思議な魅力に溢《あふ》れた演奏である。機会があればぜひ聴いてほしい演奏の一つだ。

二〇〇一年の中学の部でも、いい演奏が生まれた。**志免町立志免東中学**［福岡］がそれで、少しカットの仕方が気になったが、四一名という人数で、見事に金賞を受賞している。サウンドのバランスもよく、ていねいな仕上がりになっていたが、熱さが伝わってくる熱演でもあった。前記三団体の演奏とはまったく異なる、独自の解釈とサウンドで楽しませてもらった。

フェイバリット・パスト・アルバム・シリーズ
パガニーニの主題による幻想変奏曲
東京佼成
ウインドオーケストラ
J・バーンズ

約９分の曲だが意外と全曲版のCDはない。バーンズ作品集なのでほかの作品も楽しめる
佼成出版社／KOCD－0301

Legendary Ⅳ　福岡工業大学
附属高等学校吹奏楽部
福岡工業大学
附属高等学校吹奏楽部
鈴木孝佳

芯のある金管の響きと細部まで気を遣った木管。コンクールではこの演奏がいちばん！
ブレーン・ミュージック／BOCD－7128

全日本吹奏楽2001
金賞団体の競演【CD６枚組】
福岡県志免町立
志免東中学校吹奏楽部
白土直也

41名という人数でこのサウンド！　計算し尽くされた演奏にはただただ脱帽
ビクターエンタテインメント／VICS－61231

クロード・トーマス・スミス

フェスティヴァル・ヴァリエーションズ

'83年初登場

挫折率ナンバー・ワン、ホルン殺しの超難曲

グレード ★★★★★
人気度 ★★★☆☆
演奏回数 4回

これぞ名曲！

この曲は、今までに全国大会で四回しか演奏されていない。なのに、なぜ紹介するのか。もちろん名曲だからなのだが、同時に、これほど多くの団体が演奏しようと夢見ながら諦めた曲はない、いわば〝挫折《ざせつ》率〟ナンバー・ワンではないかと思われるからだ。それほど魅力的ながら、難しい曲なのである。

冒頭四小節からして、いきなり至難のファンファーレが登場する。ホルンⅠ〜Ⅳが一四度もの開きがあるパッセージをユニゾンで吹くのだ。なかなかカッコイイので、誰《だれ》もが憧《あこが》れたが、すぐに諦めた。まさにリヒャルト・シュトラウス《ばらの騎士》冒頭も顔負け、吹奏楽史上最大の〝ホルン殺し〟パッセージである。

そもそもこの曲は、ワシントン空軍バンドの委嘱で一九八二年に初演されたものだが、話によれば、作曲者スミスの学生時代のライバルが、ここのホルン奏者にいたため、彼を困らせようとして、こんなパッセージを書いたのだという。

クロード・トーマス・スミス
Claude Thomas Smith
1932〜87 アメリカ

心臓発作で、まだ五五歳の若さでの急《きゅう》逝《せい》だった。生涯に一〇〇曲以上の吹奏楽曲を書いているが、決して難曲ばかりでなく、初級バンド向けの曲もある。ほかに全国大会登場曲には**《ファンファーレ、バラッドとジュビリー》《ルイ・ブルジョワの賛歌による変奏曲》**などがある。ただし後者は海兵隊バンドの委嘱作で、またしてもどうにかしてほしいほどの難曲である。

だが、難しいのは冒頭だけではない。この曲はタイトルどおり「変奏曲」で、冒頭ホルンに導かれた主題部のあと、四つの変奏部がつづくのだが、それがまたどれも難しいのだ。どこで息継ぎしたらいいのか分らないほど細かい旋律が続出する。概して爆走感が魅力の曲である。

　ところが、この爆走感がスリルまでをも誘発するので困ってしまう。まさにジェットコースターが暴走するようなスリルである。当然ながら安全運転に徹していたのでは、スリルは生まれない。では荒っぽくてもいいのかといえば、コンクールで審査対象として演奏する以上、そうもいかない。正確さと快感スリルの境界線上を、きわどく突っ走れた時だけ名演になる、そんな曲なのだ。今でも、初演したゲイブリエル大佐指揮＝空軍バンドによる録音が最高の名演とされているが、市販音源ではないので、容易に聴けないのが残念だ（二〇〇七年三月、ひさびさにNHK－FMで放送されて話題となった）。

　スミスは陸軍軍楽隊を経てカンザス大学などでホルンと作曲を学んだ。卒業後はスクール・バンドの指導をつづけ、楽譜出版社で編集者を務めながら作品を発表した。

　スミスは八六年にも、同じ空軍バンドの委嘱で**《華麗なる舞曲》**を発表した。これまたどうにもならない難曲で、クライマックスはほとんど集団爆走である。原曲はピッコロ・トランペットまでを必要としており、さすがに全国大会登場は三回のみ。

　スミスこそは、吹奏楽の醍醐味《だいごみ》をいやというほど追求した作曲家である。その作風には、吹奏楽を嫌う者でさえ、力でねじ伏せてしまうような迫力がある。

《フェスティヴァル～》は発表の翌八三年、早くも神奈川大学が全国大会初演している。その後は、ヤマハ吹奏楽団浜松［静岡］、天理高校［奈

成績表

金賞 3　銀賞 1

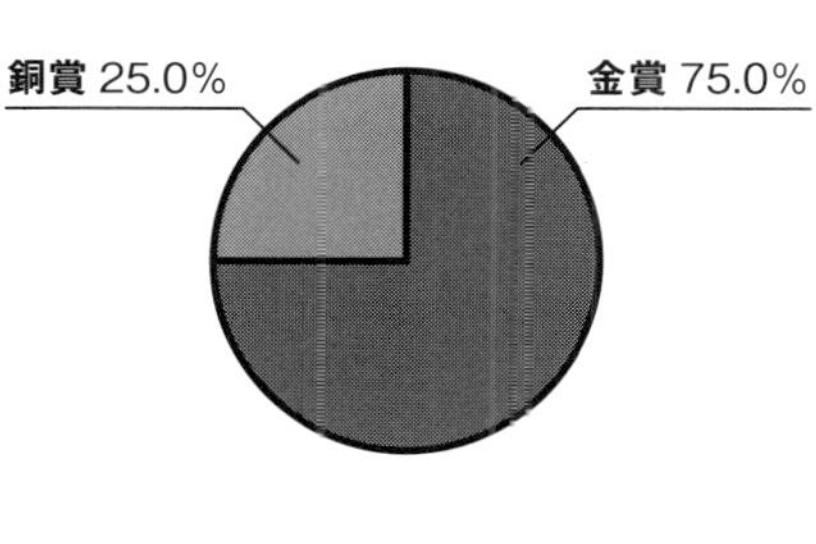

良」、愛知工業大学名電高校など、かなりの実力派バンドしか、この曲で全国大会には進出できていない。

　なお、九七年の全国大会で、愛工大名電高校の演奏中に拍手が起きてしまった〝フェスヴァリ途中拍手事件〟については、後半に譲る。

名演・熱演

……拍手が起こった。それも、まばらな拍手ではなく、かなり大勢による拍手だった。「何でここで拍手が起きるのか？」と、驚いて周りをキョロキョロ見る。その時私は、審査員席の真横で聴いていたので、客席一階もよく見えた。一瞬、会場内の空気が気まずい雰囲気に変わってしまった。まだ曲の途中なのに……。地区大会や支部大会ならまだしも、ここは全国大会の大舞台である。

　今やコンクール史上の伝説にさえなった、一九九七年高校の部、**愛知工業大学名電高校**の演奏中に起きた事件である。残されているライヴ音源にも、この途中拍手は、はっきり入っている。全国大会ほどの場に、この曲を知らないで聴きに来ている聴衆が多いことにも驚いた。まあ、あまりの迫力ある演奏に、興奮して拍手をしてしまったと思えないこともなかったが。

　この愛工大名電高校の演奏は、冒頭のホルンからして素晴らしいものであった。やや固めな演奏が多い中（といってもこれ以前には三回しか全国大会で演奏されていない）、伸びやかなサウンドのホルンで開始されたこの演奏は、全体も柔らかい響きを持っていた。機械的な演奏でなく、いろいろな表情が見えるので、聴いていて実に楽しかった。中間部の物悲しげな各楽器のソロも表情が豊かで、それでいてしっかりとした、芯《しん》のある音色であった。中間部の締めくくりはバス・クラリネットのソロである。その直前に変奏部の頂点があるのだが、「おっ、ここを演奏したか！　次はどこに飛ぶ？」と期待している瞬間に、盛大な拍手が起こってしまったのだ。ＣＤでもその拍手を聴くことができるが、会場でナマで聴いていた時は、バス・クラリネットのソロは拍手の音で掻《か》き消され、まったく聴こえなかった。今でも「幻のバス・クラ」と呼ばれている所以《ゆえん》はこれである。

　その後の奏者の動揺が気になったが、彼らにそんな心配は不要であった。奏者たちはその後も豊かなサウンドで曲を作り上げ、本当の頂点に向かっていく。最後の音が鳴り終わった瞬間、会場から割れんばかりの大拍手と歓声が起きた。私も手が痛くなるまで拍手した。演奏の素晴らしさと、不測の事態にもうろたえずソロを演奏した、バス・クラリネット奏者への拍手であった。途中拍手が審査に影響を及ぼすことなどはないが、この時ばかりは、審査結果発表で「ゴールド、金賞！」と読み上げられた時、会場にいた他校の生徒からも歓声が上がったものだ。代表者がトロフィーと賞状を受け取り、客席に向かって礼をした時には、演奏終了直後のような大拍手が沸き上がり、お祝いの気持ちが会場いっぱいに溢《あふ》れていた。

さて、同じスミスの曲で「伝説の演奏」といえば、九二年に**洛南高校**［京都］が演奏した《華麗なる舞曲》もそれに入るだろう。楽器の持ち替えで有名なバンドだが（指揮者で顧問だった宮本輝紀先生の方針）、この時のトランペットは持ち替えを入れると、のべ一〇人！　最初から最後までイケイケの勢いで演奏し、聴衆を興奮させた。最後の音の引っ張りは、洛南高校独自の粘りを見せたが、これがこの曲に見事にはまった。演奏が終わり、舞台から去ったあとも、客席では「凄《すご》かったなあ」の会話が収まらず、かなり長い間ざわついていたものだ。

ウィンド・マスター・シリーズ　変奏曲集
東京佼成
ウインドオーケストラ
A・D・ゲイブリエル

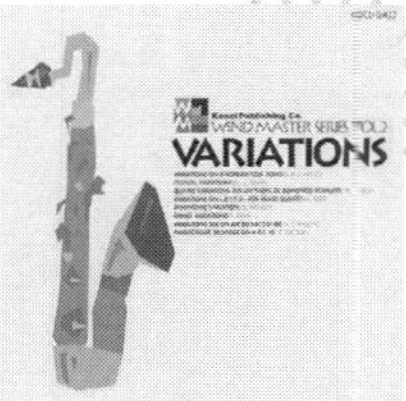

いちばん癖がなくて聴きやすい全曲版。これを聴いてから愛工大名電高校を聴いてほしい
佼成出版社／KOCD－2402

Anthology
愛知工業大学
名電高等学校吹奏楽部
桐田正章

柔らかいサウンドで見事金賞！　史上最悪のフライング拍手さえなければ……
ブレーン・ミュージック／OSBR－19060

「この素晴らしい世界」 Vol. 4
洛南高等学校吹奏楽部
宮本輝紀

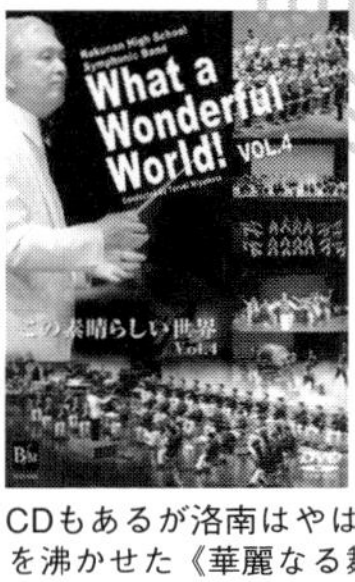

CDもあるが洛南はやはり映像！　会場を沸かせた《華麗なる舞曲》、ご堪能ください
ブレーン・ミュージック／BOD－3026（DVD）

田中 賢
メトセラⅡ ～打楽器群と吹奏楽のために

'88年初登場

七人の打楽器奏者が二八種を叩く、異色人気曲

グレード ★★★★☆
人気度 ★★★☆☆
演奏回数 9回

これぞ名曲！

SF小説の巨匠ハインライン（一九〇七～八八）の名作に『メトセラの子ら』という長編がある。一九四一年発表なので戦前の作品である。

西暦二一三六年。人類の不老計画は一部で密《ひそ》かに成功しており、「長命族」が誕生していた。だが、秘密が公開されては混乱を招くとあって、彼らは人知れずひっそりと暮らしていた。それでも、やがて存在が知られるようになると、長命族は特権を享受《きょうじゅ》していると誤解され、迫害されるようになる。そしてとうとう地球にいづらくなった彼らは、宇宙へ旅立って行く……。

私は、《メトセラⅡ》を聴くたびに、このせつない小説を思い出さずにはいられない。もちろん、音楽と小説は何の関係もない。だが、あの長いクレッシェンドやクライマックスは、地球を追われて宇宙へ行かざるを得ない長命族〝メトセラの子ら〟への賛歌のように思えてならないのだ。

メトセラとは、『旧約聖書』の「創世記」に登場する、始祖アダムから

田中 賢
［たなか・まさる］
1946～ 日本

東京音楽大学作曲科を卒業後、ベルリン国立芸術大学作曲科を経て、ドイツで音楽学校の講師を務めていたが、その頃《ころ》からヨーロッパ中の作曲コンクールに入選して注目を浴びていた。《メトセラⅠ、Ⅱ》以外にも、《紅炎の鳥》《エオリア》などがヤマハ吹奏楽団で委嘱初演されており、現在までにそのコラボレーションは七曲に及んでいる。

なお本文で紹介した小説『メトセラの子ら』（ハヤカワ文庫）は現在入手不可能。

数えて八代目の人類の名前である。九六九歳まで生きており、聖書中、最長寿だ。〝永遠の生命〟の象徴なのであろう。のちに「ノアの方舟《はこぶね》」をつくるノアは、彼の孫にあたる。

八八年、ヤマハ吹奏楽団浜松［静岡］から新作を委嘱された田中賢は、「相反する二つの要素」が同居する曲を考えたという。たとえば「打楽器群」（日本の祭りに代表される和楽器の響き）と「管楽器群」（西洋の音楽）、「前半部」（現代語法による無調的な音楽）と「後半部」（グレゴリオ聖歌をもとにした調性音楽）、あるいは「理知的」と「激情的」といったように。そして、特殊相対性理論に登場する〝双子のパラドックス〟理論（双子の兄がロケットで宇宙へ行ったら、地球上の弟は先に年をとる……か否か）を解説した本の中に、超長寿「メトセラ」の話があったので、曲のモチーフにしたという。

この構想を具現化するため、打楽器群に七人の奏者（のべ二八種類の打楽器）を必要とするスコアとなった。打楽器は最初から最後までほとんど休みがなく、見せ場の連続である。中間部で長いトンネルを通過し、クライマックスの爆発に至る部分は、七人の打楽器でこそ表現できた「永遠の生命」の輝きといえる。これほど打楽器がクローズアップされる曲も珍しく、邦人オリジナルとしては異例の人気作品となった。

この曲は、当初、ヤマハ吹奏楽団の定期演奏会のために書かれた一二分前後の曲で、のちにコンクール用に新たに書き起こされたのが、この《メトセラⅡ》である。《メトセラⅠ》も出版されているが、正確には初演時の原典版とは、少々違うようだ。「Ⅰ」をもとに、構想時のイメージで再構成されたのが現在出版されている「Ⅰ」のようである。

なお、ヤマハ吹奏楽団は、ほぼ毎年のように委嘱新作でコンクールに

成績表

金賞 6　銀賞 2　銅賞 1

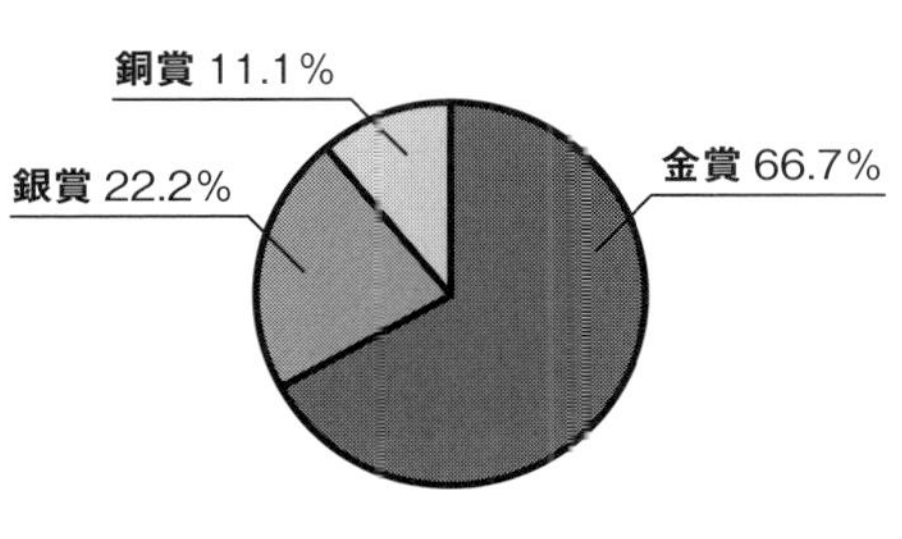

挑んでおり、吹奏楽界のレパートリー拡大に多大な貢献を果たしている職場バンドである。七〇年、ネリベルの**《ヤマハ・コンチェルト》**を第一作に、主な作品だけでも、兼田敏**《シンフォニック・バンドのための序曲》**（七一年）、藤田玄播**《天使ミカエルの嘆き》**（七八年）、保科洋**《古祀》**（八〇年）、兼田敏**《吹奏楽のための「バラード」》**（八一年）、田村文生**《かわいい女》**（九五年）、長生淳**《四季連禱》**四部作（二〇〇〇～〇三年）……と、名作がゾロゾロ挙がる。これらすべて同団の委嘱シリーズから生まれた作品なのだ。多い年は、一年に二～三作発表されることもあり、同団が初演する新作からは、目が離せないのである。最近は、人気サクソフォーン奏者・須川展也（東京佼成ウインドオーケストラ・コンサートマスター）を常任指揮者に迎えて話題になった。

名演・熱演

一九八八年に全国大会で初演され、その後様々なパフォーマンスを生み出す先駆けとなった作品だ。ここでいうパフォーマンスとは、たとえば打楽器群全員が万歳をするような仕草。この曲で一気に有名になり、後年、ほかの曲でも行なわれるようになったのだ。

当然のようにこの曲はすぐに大ブレイクし、翌八九年には、全国大会だけでも四団体が演奏している。中でも高校の部で人気が高く、ソニーから発売された全国大会ライヴCD（Vol.4／高校編）には、この《メトセラⅡ》が三団体も収録されている。

九〇年には**北海道札幌白石高校**が取り上げ、名演を披露している。冒頭からサウンドが独特で、各管楽器の歯切れもいい。特にトランペットは秀逸だ。中間部の打楽器も細やかな気配りがされており、「繊細」という言葉を使っても誤りではないだろう。後半部では、木管楽器を前面に出し、一風変わった響きを出している。打楽器群の乱舞でやや乱れる箇所があるが、勢いのみで突っ走ることなく、きちんと拍に収まっている。

先述のとおり、この曲の初演は、八八年、**ヤマハ吹奏楽団浜松**［静岡］によるものだ。とにかくこの演奏は、非の打ち所がない。冒頭部の独自のサウンド、トランペットに代表される歯切れのいい金管群、温かみさえ感じてしまう打楽器群。どんなに褒めても褒め足りない、完璧《かんぺき》な演奏なのだ。

冒頭部から信じられないサウンド

を奏で、すべての楽器が自分の役割をキチンとこなしている。特に中間部の打楽器群は秀逸であり、明確に区別されたアクセントが、非常に高い演奏効果をもたらしている。ここが終わると、オーボエによるグレゴリオ聖歌をモチーフとした旋律が流れるが、その音色の何と美しいこと！

伴奏部にもうっとりしてしまう。楽器は変わり、トランペットが旋律を奏でるが、その後ろにいるホルンの音色の素晴らしさ！　曲は再び打楽器群のみによる一六小節の演奏になるが、その温かみのあるサウンド！

いったいどういう練習をすればこのような演奏ができるのだろうか？　自らの委嘱作品であるだけに、思い入れが格段深いことは理解できる。だが、それだけではない何かに満たされた演奏なのだ。派手な作品であるが、ヤマハ吹奏楽団の演奏には、単なる外見のカッコよさを目指したような下世話な要素はない。すべてが最高峰に達している演奏なのだ。まるで、凍てついた人間の心をも温めてしまうかのようだ。もはやコンクールにおける審査結果など、この演奏に関してはどうでもいい。音楽の持つ底力を、完全なまでに実感させてくれる演奏である。作曲者・田中賢、素晴らしい演奏を披露した団員に、心からお礼を申し上げたい。

Band Classics Library 7
広島ウインドオーケストラ
木村吉宏

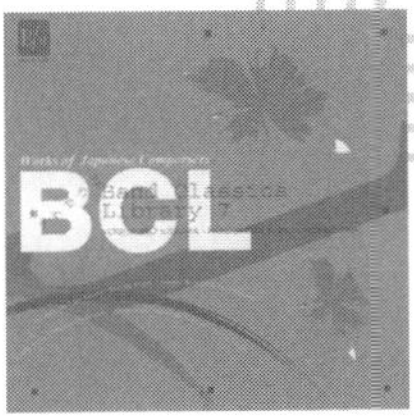

中間部の打楽器群の演奏が面白い。やや遅めのテンポだが興奮してしまう演奏
ブレーン・ミュージック／EOCD－7468

日本の吹奏楽'90 Vol.5
高等学校編
札幌白石高等学校吹奏楽部
米谷久男

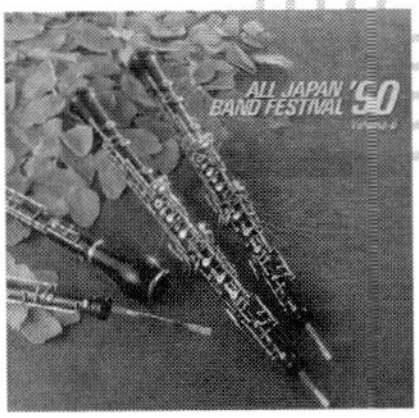

スケール感がありメリハリの効いた演奏。高校生らしい熱さがバシバシ伝わる
ソニー・ミュージックエンタテインメント／CSCL－1579（廃盤）

ヤマハ吹奏楽団
全日本吹奏楽コンクール
5年連続金賞の軌跡1988－1992
ヤマハ吹奏楽団浜松
森田利明

《メトセラⅡ》といったらこの演奏を挙げるしかない！　温かみさえ感じる実に見事な演奏！
ブレーン・ミュージック／BOCD－9302

シュワントナー …そしてどこにも山の姿はない

’91年初登場

早くも伝説となった衝撃の「前衛音楽」

グレード ★★★★★
人気度 ★★☆☆☆
演奏回数 3回

これぞ名曲！

今までに全国大会では三団体しか演奏していない曲だが、そのあまりの衝撃度は、早くもコンクール史上の伝説にさえなりつつあるので、あえて紹介することにした。

この曲は、いわゆる「吹奏楽曲」とは、かなり違う。まず楽器編成が独特である。オリジナル・スコアは、フルート六（I～IVはピッコロ持ち替え）、オーボエ四（III・IVはコール・アングレ持ち替え）、クラリネット二、バスーン四、ホルン四、トランペット四、トロンボーン三、バス・トロンボーン一、テューバ一、アンプ接続のピアノ、弦バス、ティンパニ（四台）、打楽器五（のべ四〇数種類使用）。要するにこれは、管打楽器だけで構成された独自の現代音楽編成であり、我々が日常接している吹奏楽の世界ではないのだ。

打楽器は特殊奏法ばかりだし、オーボエはグラス・ハープ（ブランデー・グラスに水を入れて調律し、淵《ふち》をこすって音を出す。ここでは「グラス・クリスタル」と表記されてい

ジョゼフ・シュワントナー
Joseph Schwantner
1943～ アメリカ

シカゴ音楽院などで学び、ジュリアード音楽院やイーストマン音楽院で教鞭《きょうべん》をとっていた。七九年に、管弦楽曲《アフタートーン・オブ・インフィニティ》がピューリッツァー賞を受賞し、一躍世界的な作曲家となった。様々なタイプの音楽を書いており、マリンバ・ソロ曲《ヴェロシティーズ》もよく知られている。ナクソス・レーベルから彼の室内楽作品集CDが出ており、中に、小林一茶の俳句をもとにした《すずめ》なども収録されている。吹奏楽曲ではほかに**《暗黒の一千年代》《リコイル》**などが全国大会に登場している。

る）を兼務。「声」も使用する。楽譜には小節線や拍が書かれていない部分も多く、「時間」（秒）で指定されている。

　こんな曲、作った人も作った人だが、コンクールで演奏する方もする方だ。しかも高校生が。九一年、埼玉栄高校による全国大会初演である。冒頭、打楽器群の一撃につづいて不思議な響きが連なり、後半で異様な盛り上がりに達する。「これが音楽なのか」といいたくなる部分さえある。この前年、イーストマン・ウインド・アンサンブルが来日公演で演奏して話題になった曲だ。だがほとんどの聴衆は初めて聴く曲である。そのため、どこが終結部なのかよく分からず、最後、拍手がためらいがちに起こったものだ。それにしてもよくぞ選曲し、よくぞ演奏したものだと今でも思う。同校はすでに何度も全国大会で金賞を獲得していたが、この九一年の演奏で、その名と実力はさらに決定的なものになった。

　これは「詩」から生まれた曲である。一九七五年にミルウォーキーのペンタグラム出版から限定五〇〇部で刊行された詩集『Arioso』（アリオーソ＝歌うように）がそれだ。中綴じ四〇頁ほどの、パンフレットのような詩集である。

　著者はキャロル・アドラー。出版社勤務のかたわら、詩を発表していた。ご主人は、現代音楽の作曲家で、当時イーストマン音楽院教授も務めていたサムエル・アドラーである。シュワントナーもイーストマンで指導していたので、おそらくご主人の縁から、この詩集を手にしたのではなかろうか。初演は詩集刊行二年後の七七年（意外と古い曲なのだ）。ドナルド・ハンスバーガー指揮＝イーストマン・ウインド・アンサンブルの演奏だった。

　この詩集は、いわゆる前衛モダン詩ばかりだが、その中に「Autumnal」（秋らしく）なる短い一編があった。

成績表

金賞 2　銀賞 1

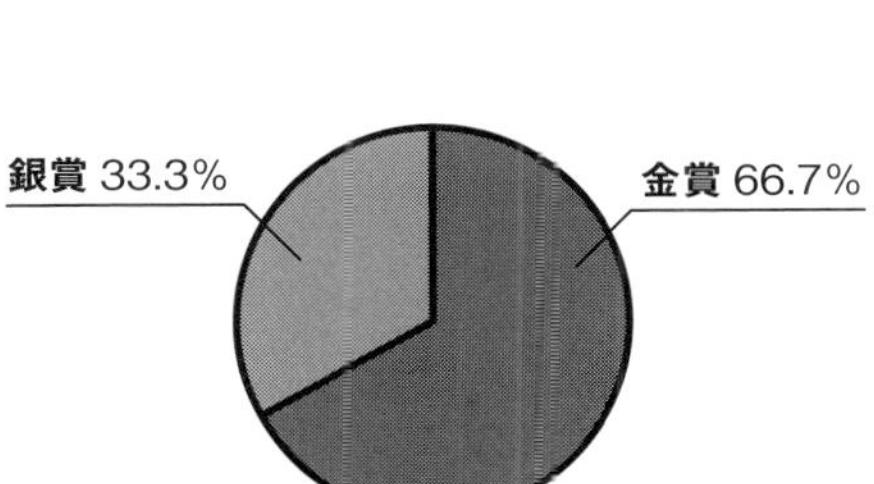

失笑されるのを覚悟で訳すと、こんな感じだろうか。

「とうもろこし畑は凍る／大地は凍る／それぞれの深さに気づく／同じつくりに／死が呼び起こされる／同じ呼びかけに」……これにつづくようにして「歌うような　鈴の音／セピア／月あかり／雨によって午後の陽光は消される／そして山はどこにもそびえていない／響きはこだまする／響きと沈黙　鐘の音」となっている。

　こんな訳でいいのかどうか不安だが、とにかく、こういう前衛的な詩なのである。これにインスパイアされてシュワントナーが作曲したわけだが、さすがに詩の前衛ぶりが、そのまま音楽になったような感じだ。吹奏楽コンクールも、どうもスゴイことになってきた……この曲の登場は、そう感じさせるに十分なインパクトがあった。

名演・熱演

初めてスコアを見た時、固まってしまった。「よくもまあ、こんな難曲を演奏する気になるもんだ」と思った。しかも高校生が演奏してしまうのだ。

　全国大会初演は一九九一年の**埼玉栄高校**だ。技術的にも難しいが、それ以上に「音楽」として、とてつもなく難しい。当時普門館の客席に座っていた人は、もちろんこの曲を知らない人の方が多かった。打楽器の強烈な連打により開始される。その打楽器が鳴った瞬間に、五〇〇〇人の聴衆全員が舞台上の奏者たちに注目した。ホール内には何ともいえない緊張感が満ち溢《あふ》れていた。やがて聴こえてくる不思議な音色に「これはいったい何の音だ？」と、誰《だれ》もが視線を泳がせた。何やらグラスを手に抱えてこすっている様子だ。「グラス・ハープ」である。聴衆の視線が、今まで見たことのないビジュアルに集中した。その後、再び打楽器の強打が入るが、今度は肉声が聴こえてくるではないか。普門館内に不思議な空気が満ちていた。舞台の奥ではグロッケンやピアノの音が鳴っている。曲が進むにつれ、徐々に楽器が増えていく。管楽器はそっと加わってくるが、次第に音量も増してきて、ついにホルンの凄《すさ》まじい雄叫《おたけ》びが炸裂する。やがて静かな場面になり、サクソフォーンがせつなげに吹奏する。そしてまた楽器が増えホルンが旋律を受け持ち、それにトランペットをはじめとする金管楽器が加わり、曲は激しさを増す。打楽器の乱舞する中、トロンボーンを中心とした金管楽器が、強奏部なのに悲哀を感じさせる演奏をする。そして最後の打楽器群の強奏のあと、静寂の中に消えていくように、曲は終わる。

五〇〇〇人の聴衆は、演奏中、身動き一つできなかった。最後、消え入るように曲は終わったが、無音になっても誰一人としてアクションを起こせない。五〇〇〇人が不思議な余韻に浸っていたのだ。明らかにこの曲は、「余韻」も音楽のうちだった。そこへ無粋な拍手が起きた。指揮者が指揮台を降りてから拍手すればいいものを、たった一人の人間が、美しい余韻をぶち壊してしまった。

この曲は二〇〇七年現在で三団体しか演奏していないので、すべての演奏について書いておきたい。二回目の登場は、九七年の**福島県立勿来工業高校**。この曲は楽譜どおりであれば、冒頭、七つの音が聴こえるはずである。それがはっきりと聴こえる、粒が揃《そろ》った出だしになっている。隅々まで気を配った演奏で、結果は銀賞だったが、金賞でもおかしくない名演である。特にホルンの雄叫びは特筆に値する。

トリは〇一年の**神奈川大学**。前の二団体とは明らかに空気が違う演奏であり、緊張感も途切れることなく、最後までピーンと糸が張り詰めていた。高校生と大学生の差であろうか？ これぞ大人の演奏といえるだろう。

Wildflowers
ノース・テキサス・ウインド・シンフォニー
E・M・コーポロン

全曲版はやはりこれ！ 冒頭から終わりまでピーンと張った緊張感、う〜ん、いい！
KLAVIER／K－11079（輸入盤）

全日本吹奏楽コンクール
自由曲名演奏シリーズVoL.4
オリジナル作品集
埼玉栄高等学校吹奏楽部
大滝 実

強烈な冒頭部で聴衆は栄ワールドに。全国大会初演にして完璧な素晴らしい演奏
ブレーン・ミュージック／BOCD－7004

全日本吹奏楽2001
金賞団体の競演【CD6枚組】
神奈川大学吹奏楽部
小澤俊朗

課題曲頭一発でKO。そしてこの強烈な自由曲冒頭。「さすが関東の雄」な演奏
ビクターエンタテインメント／VICS－61231

ホルシンガー

春になって、王たちが戦いに出るにおよんで

'92年初登場

現代的手法で描かれる『旧約聖書』の世界

グレード	★★★★☆
人気度	★★★☆☆
演奏回数	9回

これぞ名曲！

前項《～山の姿は～》もそうだったが、九〇年代に入ってから、書法や奏法が独特な、まさに〝ゲンダイオンガク〟とでも呼ぶしかない吹奏楽曲が続々と登場するようになってきた。

この**《春になって、王たちが戦いに出るにおよんで》**も、それに近い曲である。ここでは、奏者たちの「叫び声」がふんだんに使用される。発声の仕方や「女声」「男声」の別、おおまかな音程なども楽譜に指定されている。まだ人間が野性に支配されていた頃《ころ》の戦闘風景を表現しているかのようだ（コンクールでは、歌詞のないスキャット＝声であれば、常識的範囲内での使用は認められている）。管打楽器も通常の奏法を逸脱する部分が多く、一種の「図形楽譜」やアドリブ奏法もある。長音でブレス不可能な部分には「stagger breath」（適宜《てきぎ》息継ぎせよ）とある。テンポ変更、リズム変更も、ものすごい頻度でつづく。

ただし手法は現代的だが、中身は

デヴィッド・ホルシンガー
David R.Holsinger
1945～ アメリカ

彼は、クリーヴランドにあるリー大学ウインドアンサンブルの音楽監督だが、教会の専属作曲家でもあるせいか、宗教を題材にした曲が多い。その一方でポップス手法を取り入れた曲もあり、近年では、**《スクーティン・オン・ハードロック！～三つの即興的ジャズ風舞曲》《アメリカン・フェイス》《大空への挑戦》**などが知られている。ただし今のところコンクール全国大会に登場したのは、この《春になって～》のみである。

『旧約聖書』の世界、古代イスラエル王国を統一したダヴィデ王の物語である。《シバの女王ベルキス》（P88）に登場したソロモン王の父親だ。

古代イスラエル王国の初代王はサウルだったが、驕《おご》った性格だった。サウル王に仕えるダヴィデは、巨人ゴリアテを倒した功績でサウル王の娘と結婚する。だがダヴィデの才覚を嫉妬するサウル王は、彼を暗殺しようとする。ダヴィデはそれら数々の危機を乗り越え、戦死した義父サウル王にかわって、二代目の王となる。彼は南北に分裂していたイスラエルを統一し、周辺のペリシテ人を圧し、エルサレムを首都に定め、一大王国を作り上げた。

その闘いの日々を記録した『旧約聖書』中の「歴代志」上巻第二〇章冒頭に、こんな三詞章があった（少々補足したので、聖書邦訳原文ではない）。

①年があらたまり、春になって、王たちが戦いに出るにおよんで、司令官ヨアブは、アンモン人の地を攻め、包囲した。しかしダヴィデ自身はエルサレムにとどまっていた。ヨアブは町を攻略し、破壊した。

②ダヴィデは、その地の王の冠を奪い取った。それは一キカルの金で作られ、宝石で飾られており、ダヴィデの頭を飾った。ダヴィデがこの町から奪った戦利品はものすごい量になった。

③ダヴィデはその町の人々を殺さず、工具を持たせて働かせた。ほかの町々もすべてこのようにした。それからダヴィデと兵士たちはエルサレムに凱旋《がいせん》した。

邦訳は数種類あるが、冒頭部は、この「春になって、王たちが戦いに出るにおよんで」がいちばん浸透している。ほぼ同じ記述が「サムエル記」下巻第一一章にもある。

この三詞章を吹奏楽で描いたのが、《春になって～》だ。九二年に青森

成績表

金賞 2　銀賞 5　銅賞 2

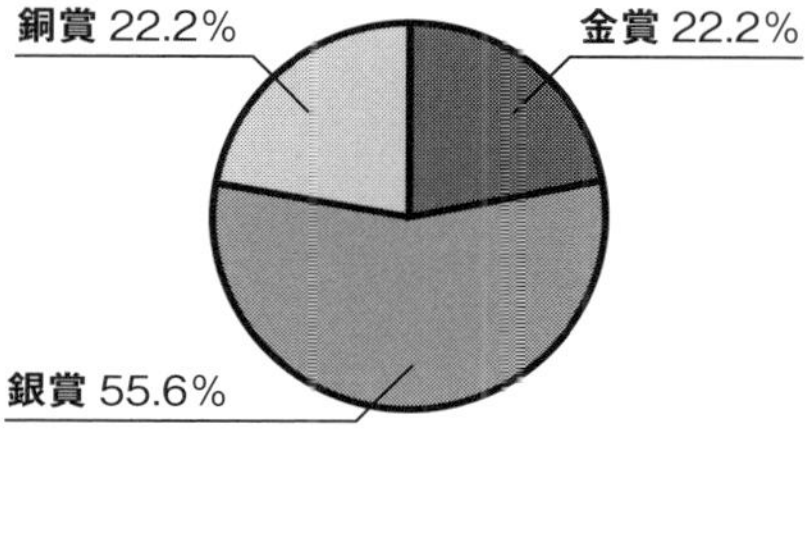

県立八戸北高校が全国大会初演し、九五年、千葉市立土気中学の再演で決定的人気を得た（まさか中学生がこれをやるとは思わなかった）。戦闘場面は圧巻で、概してダヴィデの英雄ぶりを描写しているようではあるが、全編が吹奏楽表現の限界に挑戦するような曲である。ラストは、ホルシンガーお得意の、終わりそうで終わらないクライマックスがつづく。全米学生友愛会の委嘱で八六年に初演され、二度目のオストワルド賞を受賞した名曲だ（最初の受賞は八二年の**《偏在する軍隊》**）。今のところ、ホルシンガーの最高傑作と称して間違いないと思う。

名演・熱演

「ホルン殺し」といえばスミスの《フェスティヴァル・ヴァリエーションズ》（P146）が有名だが、ホルシンガーも「ホルン殺し」の達人である。彼の曲はすべてホルンがカッコイイので、ちょっと聴いただけで「これを自由曲にしよう」と決めてしまうと、後悔することになる（カッコイイ＝キツイ、のだ）。さすがに全国大会ともなれば、技術面で苦しむバンドはないが、この曲はカットが意外に難しく、苦労させられる。

その上で、「最高の《春王》は？」と尋ねられたら、まず「一九九七年一般の部、**名取交響吹奏楽団**［宮城］！」と即答する。技術的に優れていて、音楽の流れも自然で私は好きだ。ただ、審査結果は厳しくて、銀賞だった。勢いだけの演奏には閉口するものだが、名取交響吹の演奏はさすがに一般バンドだけあって、大人の音楽になっている。冒頭から終わりまで安心して聴けるのだが、もし足りない点があるとしたら、「もう少しの熱さ」だろうか？　それでも実に秀逸な演奏なので、この曲を自由曲に選ぶバンドには、ぜひ参考音源として聴いておいてほしい演奏の一つだ。

この曲で、二回全国大会に登場したバンドもある。**島根県立出雲高校**で、結果は二回とも銀賞だったが、二〇〇一年の演奏が面白い。特にトランペットが上手で、これも参考音源として聴いてもらいたい演奏に挙げられる。この曲は、終わり間際に「まだこんな高い音出させんのかよ……」とトランペット・パートがげんなりするのが普通だが、この演奏はその部分の音色がなかなかいい。

○三年中学の部で、ひさしぶりに金賞受賞の名演が生まれた。しかも中学生。**松戸市立第四中学**［千葉］だ。中学生にはとんでもなくキツイ曲だが、それを乗り切って見事に金賞。中学生らしさも見える熱演だ。

　さて「ホルン殺し」と書いたが（本当にたいへんなんですヨ）、実は、ラクにホルン・パートを補充できる方法もある。本書は全国大会の解説本だが、ここでは支部大会の演奏に触れておきたい。

○六年の関西支部大会、**兵庫県立西宮高校**の演奏はスゴイ！　あまりのホルンの音量に驚いたため、直接、指揮者の吉永陽一先生に聞いたところ、「トランペットの子に、一人持ち替えで自由曲だけホルンやってもらったんや。そしたら音が出る出る！　ホルンの子が出せへん音も簡単に出してもうた」との答えが返ってきた。なるほど、そんな方法もあったのだ。また、この曲は「カットが難しい」とも前述したが、この演奏を聴くとにかくビックリする。あまり書きすぎて読者の楽しみを奪ってしまうのも気が引けるので、この程度にとどめておく。とにかく驚く。

　余談だが、以前、この曲の様々なCDを買い漁っていたら、その中に「ナレーション入り」バージョンがあった。ナレーションが始まった瞬間に「はあ？」と大声を上げてしまったが、終わり方も「？」。管楽器のみ最後の一音をカット、そして合唱が始まる。ミネソタ州にあるセント・オラフ大学バンドによる、実に不思議な演奏だ。（St.Olaf Records/WCD 29402　廃盤）

**武蔵野音楽大学
ウィンドアンサンブルVol.7**

**武蔵野音楽大学
ウィンドアンサンブル**

F・ベンクリシュート

《春王》全曲版といえばやはりコレ。録音時のメンバーは「春王、キツイ」とため息をついていた

ソニー・ミュージックエンタテインメント／SRCR－9409

日本の吹奏楽'97 Vol.12 一般編

名取交響吹奏楽団

荒井富雄

全国大会ではやはりこの演奏を挙げる。隅々まで気を配った非常にていねいな演奏

ソニー・ミュージックエンタテインメント／SRCR－2142（廃盤）

関西の吹奏楽'06Vol.3

**兵庫県立
西宮高等学校吹奏楽部**

吉永陽一

「いいねぇ。ん、ちょっと、カットなしでどこまでいくの？」と聴き手をハラハラさせる演奏

日本ワールド・レコード社／JWRCD－283DD

ヴァン＝デル＝ロースト
交響詩《スパルタクス》より

'93年初登場

日本吹奏楽界にヨーロッパ・ブームを招いた名曲

グレード	★★★★☆
人気度	★★★☆☆
演奏回数	6回

これぞ名曲！

　この曲が全国大会に登場した回数は六回に過ぎないが、ヴァン＝デル＝ロースト（VdR）個人に限れば、過去二〇回、計一〇曲も登場している作曲家である。生まれが一九五六年、本格的デビューが八〇年代半ばであることを考えると、この人気と量産ぶりは尋常ではない。

　《スパルタクス》は、八八年に、ベルギーのギィデ交響吹奏楽団によって初演されたが、日本では、九一年に録音されたヤン・デ＝ハーン指揮＝東京佼成ウインドオーケストラのCDで一般に知られた。さっそく九三年の全国大会で佐賀市立城北中学と金沢大学［石川］が同時に取り上げる。VdRの記念すべきコンクール初登場曲だ。近年、吹奏楽オリジナルの作曲家は、アメリカばかりでなくヨーロッパからもユニークな人材が続出しているが、ほぼその嚆矢《こうし》であった。

　日本におけるVdR人気は、これをきっかけに大爆発した。翌九四年に、**コンテスト・マーチ《マーキュ**

ヤン・ヴァン＝デル＝ロースト
Jan Van der Roost
1956～　ベルギー

　昨今の吹奏楽ブームを、アメリカ発から一気にヨーロッパ発へと転換させた、大功労者である。今や吹奏楽教育のメッカ、ベルギーのレメンス音楽院でトロンボーンなどを学び、その後アントワープ王立音楽院で作曲や指揮も学んだ。とかく映画音楽風に流れがちな吹奏楽曲の世界だが、彼の曲にはどこか古風な品格があり、そのあたりも人気の理由となっている。作品数は膨大な数に上っており、指揮だ初演だクリニックだと、今日も世界中を飛び回っている。以前インタビューしたら「五年先まで委嘱作で埋まっている」とため息をついていた。

リー》、《カンタベリー・コラール》《プスタ〜四つのジプシー舞曲》と、突如、VdRが三曲も登場する。以後、《オマージュ》《マンハッタンの情景》《クレデンティウム》《エト・イン・テラ・パクス》《シンフォニア・フンガリカ》《シンフォニエッタ〜水都のスケッチ》と、まるでおもちゃ箱を引っくり返したような勢いで、様々な曲が登場した。いくら多作家とはいえ、コンクール全国大会で通用する曲を、これほど大量に書いているとは、まるで最盛期の手塚治虫である。

《スパルタクス》は「交響詩」と冠せられた吹奏楽曲だ。

紀元前三世紀頃《ころ》、古代ローマ帝国は、征服した周辺地の住民を奴隷にして、肉体労働にあたらせていた。その中にトラキア（現在のトルコ〜ギリシャあたり）から連れて来られたスパルタクスなる名前の奴隷がいた。最初のうちは畑仕事や鉱山採掘をやらされていたが、強気な性格を見込まれ、見世物の剣闘士にさせられる。もはや闘うだけの日々。負ければ死が待っている。あまりの非人間的扱いに、ついにスパルタクスの怒りは爆発し、仲間を引き連れて脱走。彼の行為に共鳴した奴隷たちが次々に合流し、奴隷反乱軍は、最盛期で七万人とも一〇万人ともいわれる数に膨れ上がった。当然、帝国の鎮圧《ちんあつ》部隊が投入されたが、スパルタクス反乱軍は強かった。彼らは自由を求めて、イタリア国内を、戦いながら縦横無尽《じゅうおうむじん》に逃げ回った。しかし最終的に、大富豪クラッススが組織した軍隊に鎮圧され、彼も戦死する。最後まで抵抗した数千人は、アッピア街道沿いで磔刑《たっけい》になった（クラッススはこの功績で執政官に就任し、のちにカエサルらと三頭政治を行なう）。

VdRは、この一連の反乱劇を「レスピーギへのオマージュ」として描いた。全体は三部構成で、重厚

成績表

金賞 1　銀賞 3　銅賞 2

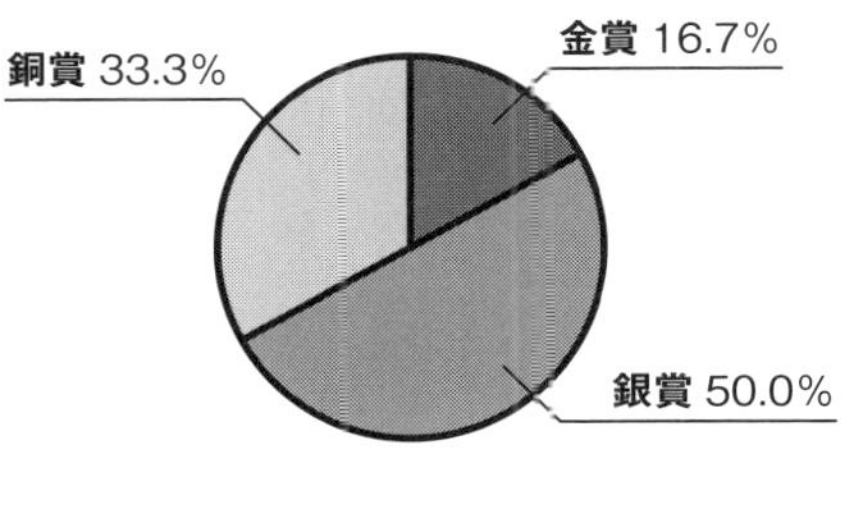

な冒頭部、女奴隷との恋を経て、反乱・戦闘の場面に至る。初演したギィデ交響吹奏楽団は、ベルギーのトップ演奏者による王室近衛軍楽隊である（デ＝メイ《指輪物語》も、ここが初演した）。そんなバンドのために書かれただけあって、たいへんな難曲なのだが、何しろ描写力抜群で面白い曲なので、今でも人気がある。

　ＶｄＲが日本で人気を得るにあたっては、所属する「デ・ハスケ」社（本社オランダ）の存在が欠かせない。総合音楽出版社ながら、早くに吹奏楽に目をつけ、楽譜出版とＣＤリリースを一括生産で行なってきた。多くの邦人作曲家も所属しており、今や日本は同社の一大市場である。ヨーロッパ吹奏楽の魅力は、ＶｄＲと同社によって知らされたといっても過言ではない。

名演・熱演

多作家で知られるヴァン＝デル＝ロースト。数ある作品の中でも有名なのが、この交響詩《スパルタクス》と《プスタ》だろう。《プスタ》も全国大会で三回演奏されている。

　さて《スパルタクス》だが、この曲は非常に難しい。ちょっとしたミスがすべてを台なしにしてしまう。逆にいえばそれだけ完成度が高い作品なのだ。それゆえカット箇所についても、非常に悩まされる曲である。

　全国大会初演は一九九三年、**佐賀市立城北中学**だったが、同年、大学の部でも**金沢大学**［石川］が演奏している。

　九五年に、**福岡県立嘉穂高校**が熱演を披露した。速い部分では指定よりもやや速めにし、しっかり歌うところはよりゆったりと、たいへん工夫された演奏である。この曲はホルンが活躍する曲でもあるが、嘉穂高校の演奏は実にしっかりと鳴っていた。テューバに細かいパッセージがあり、指を動かすだけでもたいへんなのだが、そこが決まらないと、曲の持ち味が吹っ飛んでしまう。その点、嘉穂高校は、低音もよく鳴っている名演の一つに挙げられるだろう。

　全国大会初演から一〇年の時を経て、やっと金賞受賞の名演が生まれた。二〇〇三年、**志免町立志免東中学**［福岡］の演奏だ。人数は五〇名に満たない編成だったが、その分、個人のレベルが安定していれば、アンサンブルのよさを強調できるという利点もある。まさに冒頭の音から「おっ、いいぞ！」と唸《うな》るアンサンブルだった。しかも細部まで気を配った、ていねいで、それでいて中学生の持つ爽やかさも伝わってくる演奏であった。バランスも非常によく、山場の作り方も巧みであり、指導者と奏者の、この曲に対する熱い想いが伝わってきた。前述のテューバの細かいパッセージもうまく運んでおり、全体を通して非常にクリアな演奏に仕上がっている。中間部のしっとりした歌い上げ方も違和感なく、きれいな渓流を流れる水のように自然だ。各人のレベルの高さをしっかりと生かした演奏で、中学生のお手本ともいえる。カットがあるのは、時間制限がある以上、仕方のないことだが、この演奏を作曲者本人が聴いたら、どういう反応を示すだろうか? しかもこれは中学生の演奏なのだ。おそらく、カットをしたにもかかわらず、こんなよい演奏が生まれたことを嬉しく思うに違いないと信じている。そう思わせてくれた志免東中学の諸君、素晴らしい演奏をありがとう!

VdRは作品数も多く、曲のグレードも様々だが、この《スパルタクス》を含めて、これからも、もっと演奏されつづけていくことだろう。

The Wind Music of Jan Van der Roost Vol.1
オランダ王立陸軍軍楽隊
P・キュエイペルス

オーソドックスな演奏。《プスタ》や《フラッシング・ウインズ》などのおなじみ曲も収録
De Haske/10.001-3(輸入盤)

ヨーロピアン・ウィンド・サークル Vol.1 スパルタクス
東京佼成ウインドオーケストラ
J・デ=ハーン

こちらは木管が抜群の《スパルタクス》。実に深い音色でこの曲の魅力を引き出した演奏
佼成出版社/KOCD-3901

全日本吹奏楽2003 金賞団体の競演【CD6枚組】
福岡県志免町立志免東中学校吹奏楽部
白土直也

42名とこれまた少ない人数でこのサウンド! この難曲での初金賞受賞演奏
ビクターエンタテインメント/VICS-61243

大学の部「金賞ゼロ」騒動

一九八二年、全日本吹奏楽コンクールの記念すべき第三〇回全国大会「大学の部」で驚くべき事態が出来《しゅったい》した。「金賞」受賞団体がゼロだったのだ。同年一〇月二四日、兵庫県尼崎市総合文化センター（アルカイック・ホール）。この年、全国大会「大学の部」への参加は一二団体。結果は「金賞ゼロ」「銀賞五」「銅賞七」だった。

「結果発表を順次、聞いていて、いつまでたっても銀賞と銅賞のみなので、次第に会場はざわつき始め、最後には騒然となりました」（当時、大学の部で参加していたK氏）

大学側は、すぐに主催者に抗議をした。審査内規では、「合計点の多い順から、金・銀・銅賞の三賞に振り分ける」相対評価のはずだったから、騒然となったのも無理はなかった。

この抗議に、主催者側は意外な返答をした。「全部門とも、満点の八五％以上を金賞の絶対評価としている。大学には、これを満たす団体がなかった」

「ということは、他部門では金賞が出ているから、大学の銀賞は、中学の金賞よりヘタということか」

「そうです」

この説明が、火に油を注いでしまった。

「大学側から表彰式をボイコットする団体がいくつか出て、一触即発《いっしょくそくはつ》の雰囲気のまま終わりました。翌日、大学側から主催者に質問状を提出しました。満点の八五％以上が金賞だなんて、そんな内規、聞いたことありませんでしたから」（K氏）

しかし主催者は、「採点集計に誤りはなかった」「内規の運用に誤りはあったが、結果は変更しない」旨を表明するのみだった。

にもかかわらず、その後主催者は、結果を再検討。一一月一七日付朝日新聞・社会面の片隅に、こんな記事が出た――「全日本吹奏楽連盟は、（略）審査結果について、判定基準の適用に誤りがあったとし、改めて次のように発表した。【金賞】神奈川、亜細亜［東京］、近畿［大阪］、三重、関西学院［兵庫］……」五団体が、繰り上げ金賞になったのだ。

この騒動は、主に二点の問題を残した。

①いつ、どこから「八五％」ウンヌンなどという絶対評価基準が生まれ、誰《だれ》によって適用されたのか。

②判定基準の運用に誤りがあったとはいえ、一度発表された結果が、こうも簡単に覆っていいのか。

実は、この年の大学の部に対しては、確かに厳しい声が多かったのも事実だった。たとえば作曲家・藤田玄播氏は、（表彰式ボイコットは）「これはよくない。（略）演奏が素晴らしいと審査員が認めた得点を取っていれば別だが、大学の得点は全体に低いのであるから、私には駄々っ子がごねて泣きわめいているとしか思えない」と散々だった（バンドジャーナル八三年二月号）。

だが、そうであれば、「八五％絶対評価」で判定されることを、正式に審査内規に謳《うた》っておくか、事前に告知しておくべきだったろう。明らかに、内規にあった「三賞振り分け」＝相対評価と異なる判定が行なわれたのだから。

確かにコンクールの審査方法は、この年から大きく変わっていた。三段階評価が五段階評価になり、評価を「技術」「表現」の二つに分けたのもこの年からだった。その結果、「採点」は点数制の絶対評価になった。しかし、「三賞の振り分け」は、あくまで相対評価のはずだった。どうやら、このあたりが混同されて現場で運用されたフシがある。

長いコンクールの歴史の中で、唯一、後味のよくない年であった。

（富樫）

コンクールに登場したドラマ・映画のテーマ曲

一九八五年の課題曲、三枝成章《Overture FIVE RINGS》を聴いた者の多くは「あれ？　どこかで聴いた曲だな」と思った。それもそのはず、この音楽は、作曲者自身が、同年のNHK新大型時代劇『宮本武蔵』（役所広司主演）のために書いた音楽がもとになっていたからだ。《FIVE RINGS》とは、武蔵が著した兵法書『五輪書』のことである。

NHKのドラマ音楽が登場したのは、これだけではない。二〇〇二年、根上《ねあがり》町立根上中学［石川］が、《「利家とまつ」～加賀百万石物語》を自由曲に引っ提げて全国大会に登場した。同年のNHK大河ドラマのテーマ音楽で、同校にとっては、地元を舞台にしたドラマであった。渡辺俊幸作曲、後藤洋編曲。結果は見事、金賞だった。

映画音楽もしばしば登場している。

七八年、阪急百貨店吹奏楽団［大阪］は、ジョン・ウィリアムズ《スター・ウォーズ》を演奏した。シリーズ第一作の日本公開が前年だったので、かなり早い選曲であった。その後、ドナルド・ハンスバーガー編曲による本格的な吹奏楽版組曲が出て、九八年に名取交響吹奏楽団［宮城］が、九九年には熊本ウインドオーケストラが全国大会で演奏している。

ジョン・ウィリアムズでは、映画『11人のカウボーイ』（七一年、アメリカ）の音楽、《カウボーイ序曲》（ジム・カーナウ編曲）も登場した。八七年に福岡工業大学附属高校（現・同大学附属城東高校）が、九六年に名取交響吹奏楽団が演奏し、後者は金賞。冒頭、ホルン泣かせのパッセージが登場する、なかなかの難曲である。

六六年のアメリカ・イタリア合作映画『天地創造』は、旧約聖書を映像化した超大作スペクタクルだが、音楽は日本の黛敏郎が担当した。この中の〈メイン・テーマ〉〈ノアの方舟《はこぶね》〉の二曲がケン・ホイットコム編曲で吹奏楽版になっており、全国大会に二回登場している。七七年の三木市立

column

三木中学〔兵庫〕と、〇三年のソニー吹奏楽団〔東京〕だ。前者は金賞。

近年コンクールで大人気となっている天野正道《GR》は、OVA『ジャイアントロボ The Animation～地球が静止する日』（九二～九八年）の音楽を作曲者自らが吹奏楽版にしたもの。《GR》とは「ジャイアント・ロボ」の略。数種類の版がある。〇〇年に、浜松交響吹奏楽団〔静岡〕と、富山ミナミ吹奏楽団が同時に全国大会初演し、話題となった（ただし両者で違う版が使用された）。この中の〈国際警察機構のテーマ〉は、演奏しながら泣いてしまう名旋律として知られている。同じ天野の《BR》も人気があって、こちらは映画『バトル・ロワイアル』（〇〇年）の音楽である。

マルコム・アーノルドの映画音楽も、多くが吹奏楽版になって登場している。組曲《第六の幸福をもたらす宿》は、『六番目の幸福』（五八年、アメリカ）の音楽。イングリッド・バーグマン主演の戦争映画だった。日本占領時代の中国が舞台で、我々日本人にはちょっとつらい映画である。ほかに、狂詩曲《サウンド・バリアー》は、『超音ジェット機』（五二年、イギリス）の音楽。『戦場にかける橋』（五七年、アメリカ）の音楽も組曲になって登場している。

アーノルドに並ぶイギリスの作曲家ウィリアム・ウォルトンの映画音楽も、よくコンクールに登場している。《お気に召すまま》《ヘンリー五世》《リチャード三世》《ア・ウォータイム・スケッチブック》《メジャー・バーバラ》など、これすべてウォルトンの映画音楽をもとにした曲である。

コンクールは、意外とドラマ・映画のエンタテインメント音楽に溢《あふ》れているのである。

（富樫）

太平の眠りを覚ました吹奏楽！

②フェネルのマーキュリー録音

「マーキュリー・レコード」は、一九四五年にシカゴで誕生した。当初はポップスや、ヨーロッパから買いつけたクラシック音源をリリースする地味なレーベルだった。

ところが、指揮者アンタル・ドラティのマネージャーだった女性プロデューサー、ウィルマ・コザートと、録音技師ロバート・ファインが加わったことで、クラシックの新録音を中心とする本格的レコード会社に生まれ変わる。特に五一年の、クーベリック指揮＝シカゴ交響楽団による、ムソルグスキー《展覧会の絵》（ラヴェル編）は、レコード界に衝撃を与えた。モノラル録音なのに音が実にフレッシュで、まさに「生きて」いたのだ。ニューヨーク・タイムズはその音を「リヴィング・プレゼンス」（今、そこにあるようだ）と評した。以後、このフレーズは同社のキャッチ・コピーとなって、ジャケットを飾ることになる。

同社のポリシーは、「マイクが拾った音を加工せずに、ホールの響きをそのまま再現する」というものであった。そのため、録音には、真空管内蔵式チューブ・マイク「ノイマンU４７」が一本だけ使用された。全体の響きを最も美しくキャッチできるポイントを探し出し、マイクを設置する。その新鮮な音質は、ＣＤ化された今では、かなり劣化しているが、それでもなかなか素晴らしい。ヘタなステレオ・デジタル録音などかなわないほどだ。

こうしてマーキュリーは革命的なレコードを続々送り出し、いくつかのオーケストラと専属的な録音を行なう。その中に、イーストマン・ロチェスター管弦楽団があった。イーストマン音楽院の教授陣を中心とした楽団で、指揮は、当時の同院院長で、《コラールとアレルヤ》などで知られる作曲家ハワード・ハンソンだ。

五二年、ハンソンと、同院教授で指揮者のフレデリック・フェネルは、新しい吹奏楽の編成を生

column

み出す。原則ワン・パート一人、計四五人編成による精緻《せいち》な管打楽の世界——同院学生による「イーストマン・ウインド・アンサンブル」（EWE）の誕生である。これにマーキュリーが飛びついた。まさに「リヴィング・プレゼンス」の精神を生かせる最良の合奏形態だった。

以後、フェネル＆EWEは、五〇〜六〇年代にかけて、同社から総計二三枚ものアルバムをリリースする。モートン・グールド、バーバー、ハンソン、コープランド……アメリカ最新吹奏楽曲が、優秀な演奏と録音で続々と出た。一般にはあまり知られていなかった、ヒンデミットやシェーンベルク、ストラヴィンスキーの吹奏楽曲もあった。ホルストやヴォーン＝ウィリアムズの名曲、スーザやフィルモアの楽しいマーチ集もあった。

中でもグレインジャー《リンカーンシャーの花束》に、それまで「イギリス民謡蒐集家《しゅうしゅうか》」に見られがちだった作曲家のイメージを逆転させた（後年、このアルバムは「レコード誕生一〇〇年間の名盤ベスト五〇」の一枚に選出される）。

また、ワーグナー名曲集にも驚かされた。たった四〇数人の吹奏楽で、これほど壮大な音空間が生み出せるとは……後年、豊島区立第十中学（現・同区立明豊中学）［東京］の名演で有名になるカイリエ編曲《エルザの大聖堂への行列》（P36）は、このアルバム中の一曲である。

実は、マーキュリー名盤の中には、後年、吹奏楽版となって人気を博す管弦楽曲がたくさんあった。コダーイ《くじゃく変奏曲》、バルトーク《中国の不思議な役人》《管弦楽のための協奏曲》、ラヴェル《ダフニスとクロエ》、リヒャルト・シュトラウスの数々の交響詩……どれも今では吹奏楽界のレパートリーだ。もしかしたら、これもマーキュリーの影響かも……？　そう思いたくなるほど、マーキュリーのレコードは、日本の吹奏楽界に多大な影響を与えたのである。

（富樫）

RANKING

オリジナル曲編

注：本書登場曲のランキング

演奏回数

順位	曲名	回数
1	ディオニソスの祭り	35回
2	吹奏楽のための神話	34回
3	《アルメニアン・ダンス》パート1	22回
4	大阪俗謡による幻想曲	18回
	セント・アンソニー・ヴァリエーションズ	18回
6	オセロ	17回
7	《アルメニアン・ダンス》パート2	16回
8	朝鮮民謡の主題による変奏曲	14回
9	吹奏楽のためのパッサカリア	13回
	プラハ一九六八年のための音楽	13回
11	メトセラⅡ	9回
	春になって、王たちが戦いに出るにおよんで	9回
13	祈りとトッカータ	7回
14	二つの交響的断章	6回
	交響詩《スパルタクス》より	6回
16	フェスティヴァル・ヴァリエーションズ	4回
17	…そしてどこにも山の姿はない	3回

金賞受賞率

順位	曲名	受賞率
1	フェスティヴァル・ヴァリエーションズ	75.0%
2	メトセラⅡ	66.7%
	…そしてどこにも山の姿はない	66.7%
4	二つの交響的断章	50.0%
	大阪俗謡による幻想曲	50.0%
6	オセロ	47.0%
7	ディオニソスの祭り	45.8%
8	吹奏楽のための神話	44.1%
9	祈りとトッカータ	42.8%
10	吹奏楽のためのパッサカリア	38.4%
11	《アルメニアン・ダンス》パート2	25.0%
12	《アルメニアン・ダンス》パート1	23.7%
13	プラハ一九六八年のための音楽	23.1%
14	春になって、王たちが戦いに出るにおよんで	22.2%
15	セント・アンソニー・ヴァリエーションズ	16.7%
	交響詩《スパルタクス》より	16.7%
17	朝鮮民謡の主題による変奏曲	14.3%

第3章 課題曲

コンクールでは、まず「課題曲」を演奏しなければならない。「課題曲」は、例年、複数が発表され、自由に選択することができる（2007年時点では5曲。ただし、1曲だけ、大学・職場・一般の部にしか選択権のない曲がある）。曲のタイプとしては「マーチ」の年と「マーチ以外」の年が交互にある（2008年からは「マーチを含む吹奏楽曲」となる）。プロ作曲家に委嘱される曲と、アマチュアでも応募できる公募入選作とがある。

河辺公一
高度な技術への指標

'74年

コンクールに「ポップス時代」を告げた、近年人気再燃の名曲

グレード	★★★★☆
人気度	★★★★☆
演奏団体	22団体

ある第一号に選ばれた。ところが、これは「中学の部」以外のための課題曲であり、肝心の「中学の部」で、入選作が出なかった。そこで、岩井直溥に委嘱の声がかかる。その結果生まれたのが、シンコペーテッド・マーチ《明日に向かって》であった。マーチでありながら、ポップス・テイストの十分感じられる曲で、課題曲は、ほぼこのあたりからポップス時代に入っていくのである。

翌七三年は、兼田敏《吹奏楽のための寓話》、名取吾朗《吹奏楽のための アラベスク》と、シンフォニッ

これぞ名曲！

今から三〇年以上前のこの課題曲が、近年、にわかに注目を浴びている。佐渡裕指揮＝シエナ・ウインド・オーケストラがCDやDVDで見事なスピード演奏を披露し、曲に新たな生命を吹き込んだからだ。

課題曲にポップス・テイストが加わったのは、七〇年代以降である。七二年から課題曲公募制が取り入れられ、この年、三沢栄一《シンフォニック・ファンファーレ》が、栄誉

河辺公一（浩市）
［かわなべ・こういち］
1927～ 日本

東京生まれ。東京音楽学校（現・東京藝術大学）卒業。作曲家・紙恭輔に師事。トロンボーン奏者、作曲家。進駐軍専用劇場「アーニーパイル」楽団などで活躍。コンクール課題曲は、《吹奏楽のためのシンフォニック・ポップスへの指標》（七五年）もある。競艇に詳しく、指南書を多数出版。筆名「浩市」もあり。

ク系が登場した。そして七四年に公募入選したのが、**《高度な技術への指標》**である。初の本格的ポップス系課題曲と呼んでいいだろう。

だが当初、タイトルを見た関係者は、まさかこれがポップス系だとは夢にも思わなかった。逆に、作曲者を知っていた人は、「なぜ河辺先生が、こんな小難しい題の曲を書いたのだろう？」と疑問に感じた。

しかし聴いてビックリ。これはポップスどころか「ステージ・レビュー」音楽である。派手な照明の下で展開する、歌ありダンスありドラマあり、昔ながらのショーを凝縮したような曲だ。古きよき時代のダンス・ホールの香りさえ漂う。華々しいファンファーレで幕が開き、ガーシュウィン《アイ・ガット・リズム》をベースに、ブルースやビギンなど様々なタイプのジャズが繰り広げられ、テンポ・アップの熱狂でクライマックスになだれ込む。

作曲者・河辺公一は、東京音楽学校（現・東京藝術大学）を卒業後、トロンボーン奏者・作曲家として活躍する、戦後ジャズ＆ポップス界の草分け的存在である。進駐軍専用劇場でも演奏した。映画音楽も多く手がけ、『星は何でも知っている』（五八年）、『誇り高き挑戦』（六二年）、『新女囚さそり／特殊房X』（七七年）など、枚挙に暇がない。JBA（日本吹奏楽指導者協会）が主催し、優秀な吹奏楽オリジナル曲に与えられる下谷賞にも、**行進曲《青空に希望して》**（七三年）で入選。ほかに**《阿波踊考》**（七五年）、**《ベースボール・マーチ》**（七六年）なども佳作に選ばれている。

ところで、このタイトル「高度な技術」なのだが……作曲者はかつて「ポップスを演奏したい若者たちの希望が吹奏楽にだけあてはまらないのは不都合だ。プランジャー・ミュートがなければ掌《てのひら》でやってもいい。この曲でジャズの基本を習得してほしい」と述べている。確かに聴いて

成績表

金賞 4　銀賞 13　銅賞 5

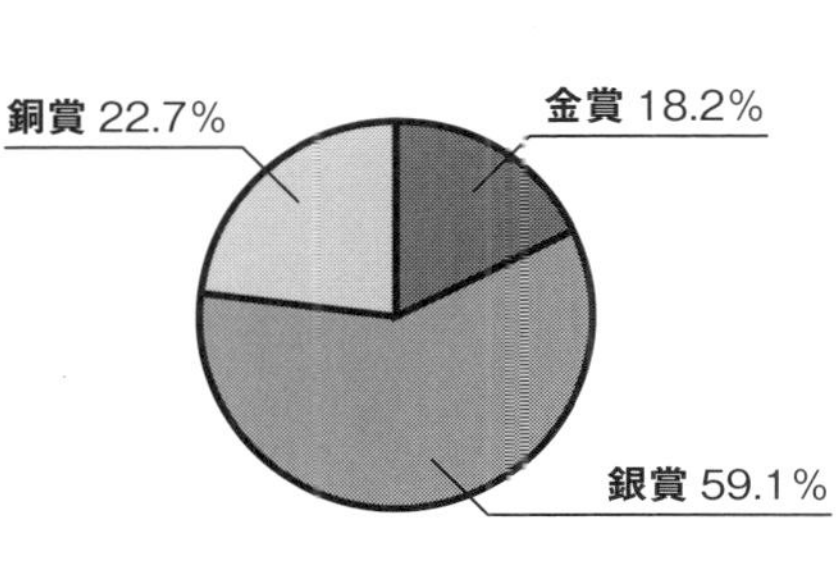

も演奏しても、こんなに楽しい曲はない。だが、トランペットは急速な上昇・下降音型を繰り返す。まさにリップスラーの嵐！　そしてスウィングとスラーやレガートが交互にやってくる。確かに「高度な技術」が必要だ。これほど内容とタイトルが一致している曲、めったにあるもんじゃない！

名演・熱演

「変なタイトルだなあ」と、当時思った人も多いはずだ。しかし実際に演奏するとメチャクチャに難しい曲である。一九七四年といえば、演奏技術も楽器も、すべてにおいて現在とは比べものにならない素朴な時代だった。それなのに超絶技巧のオンパレード。「いつになったらできるようになるんだ！」とぼやきながら練習した人も多かったのではなかろうか。何しろ作曲者自身がいうところの「ポルカ風」から始まり、ブルース、ビギン、スウィング、最後にはサンバまで出てくる。ポップスに対する幅広い理解度と、柔軟に対応できる演奏力が求められたわけだ。

この年の課題曲は二曲、小林徹《吹奏楽のためのシンフォニア》との二択になったのだが、大学・職場・一般の部ではおよそ半々になったものの、中学・高校の部では《シンフォニア》に人気が集中した。やはり中高生が手を出すには、あまりにハードルが高かったのだ。それだけに、これに挑戦した数少ない中高生たちの練習現場では、作曲家の意図とは裏腹に、「教育的配慮」などという甘えた言葉から隔絶した「気合！　根性！　努力！」の三種の神器がまかりとおっていたことは想像に難くない。

そんな中から生まれた金賞団体をピックアップしてみた。

中学では関西の雄、**西宮市立今津中学**［兵庫］。拙《つたな》いながらも、実に楽しそうに演奏している様子がうかがえる。「アサター、ヒルター、ナイター」（朝錬、昼錬、夜錬）などの伝説を残した得津武史先生の強烈なキャラクターどおり、「これでもか」的な豪快さ。ハキハキした坊主頭の生徒がジャジーにキメる姿はまことにナイスでした。

面白いことに、この年の関西代表三団体はすべて兵庫県で（**今津中学**、**西宮市立上甲子園中学**、**三木市立三木中学**）、しかもすべてこの課題曲を選んでいる。ほかの部門でも、関西団体が選択した比率が非常に高い（関西九団体中、八団体がこの曲！）。なぜなんだろうか。関西人を奮い立たせるような（それこそ大栗裕のような）何かが、この曲には隠されているのだとしか思えない。

ちなみに、高校の部からは、この曲での金賞は生まれなかった。

大学・職場・一般ではそれぞれに一団体ずつ金賞が出た。

まず**駒澤大学**［東京］。もはやこの団体についてはいうことなし。しっかりと練習した形跡が見える堅実な演奏だった。この曲ではナンバー・ワンの演奏ではなかろうか？ 指揮者・上埜孝先生はもともと打楽器のプロ奏者である。そのせいか、リズムがしっかりしており、安定感のある名演だった。

阪急百貨店吹奏楽団［大阪］も、見事な横綱相撲、堂々たる演奏だった。「こうやったらええねんで」とお手本を聴いているような感じだ。

そして一般の部では、この当時、東京では群を抜く演奏を繰り広げていた**瑞穂青少年吹奏楽団**。牟田久寿は、のちに警視庁音楽隊隊長まで務めた名指揮者である。彼らの演奏が素晴らしいのは、若いパワーが前面に出た演奏をしていることだ。あらためて比べると駒澤大学には、老獪《ろうかい》な感じがしないでもない。ハツラツとした演奏では、ここがいちばんかもしれない。

近年、リバイバル人気で再び演奏される機会が多くなってきた名曲なので、演奏をしてみようと思う方は、あえて過去の、ストイックに打ち込んでいた時代の名演に耳を傾けるのもよいのではないだろうか。

ブラスの祭典 3
シエナ・ウインド・オーケストラ
佐渡 裕

もうノリノリの演奏で入手容易。ここまで楽しませてくれるとは！ やっぱりポップス系課題曲はいい！
エイベックス・クラシックス／AVCL－25036

吹奏楽コンクール課題曲集
Vol. 2 1970〜1976
兵庫県西宮市立
今津中学校吹奏楽部
得津武史

とにかくひたむきさが伝わってくる演奏。「中学生がここまで！」と驚かずにはいられない
ソニー・ミュージックエンタテインメント／SRCR－2206

Legendary V 阪急百貨店吹奏楽団
阪急百貨店吹奏楽団
鈴木竹男

解説にもあるとおり、本当に横綱相撲。手堅い演奏だがこれはこれで面白い
ブレーン・ミュージック／BOCD－7134

岩井直溥 ポップス描写曲《メイン・ストリートで》

'76年

〃吹奏楽の革命児〃による歴史的名曲

グレード ★★★☆☆
人気度 ★★★☆☆
演奏団体 21団体

これぞ名曲！

前項で述べたように、一九七二年に、岩井直溥**《明日に向かって》**がポップス系課題曲時代の扉を開けた。そして七四年、前項、河辺公一《高度な技術への指標》が登場し、本格的ポップス時代に突入した。以後しばらく、コンクール会場は〃賑《にぎ》やかで楽しい場〃となる。

岩井のポップス系課題曲は、七五年に**ポップス・オーバーチュア《未来への展開》**を経て、翌七六年、この**《メイン・ストリートで》**へとつながる。思わず微笑みたくなるような楽しい曲だ。ある町の一日を「夜明け〜昼間のざわめき〜夜のとばり」の流れで描写している。さすがに名曲だけあって、近年リバイバルしているようである。

前項もそうだが、今の若い方々は「こんな曲、本当にコンクール会場で演奏されたの？」と驚くのではないか。〃岩井ポップス系課題曲〃は、**《明日に向かって》**（七二年）、**《未来への展開》**（七五年）、この**《メイン・ストリートで》**（七六年）、そして**ポ**

岩井直溥
［いわい・なおひろ］
1923〜　日本

東京音楽学校（現・東京藝術大学）でホルンを専攻。陸軍を経てジャズ・トランペッター、作編曲家として活躍。進駐軍専用劇場や米軍キャンプで演奏し、「フランキー堺とシティ・スリッカーズ」に参加（のちのクレージー・キャッツの原形）。その後、無数のポップス歌謡を編曲。さらに「ニュー・サウンズ・イン・ブラス」（NSB）を生み出した。まさに戦後ポップス・歌謡・吹奏楽界の牽引車である。

ップス変奏曲《**かぞえうた**》（七八年）、**ポップス・マーチ**《**すてきな日々**》（八九年）と、計五回登場した。特に《かぞえうた》などは、ユーモアたっぷりの曲で、いつ聴いてもウキウキしてくる。

岩井の名は、自由曲にもしばしば登場した。たとえば《三角帽子》（ファリャ）や、ガーシュウィン作品の編曲者として。あるいは、七六年の全国大会では、倉敷グリーンハーモニー吹奏楽団［岡山］が、岩井のオリジナル曲《**あの水平線のかなたに**》を演奏している。

実は、七〇年代は、ある意味で日本吹奏楽史の大転換期であり、それを推進したのが、これらポップス系課題曲、特に岩井直溥の存在なのである。

トランペッターにして作編曲家の岩井は、前項・河辺公一とともに、戦後ジャズ＆ポップスの草分け的存在である。その岩井が中心編曲者となって「ニュー・サウンズ・イン・ブラス」（NSB）なる吹奏楽ポップスのシリーズが始まったのが、《明日に向かって》の年、七二年だった。以後毎年一〇曲ずつ、楽譜と音源が発売され、今につづく人気シリーズだ。それまで中高吹奏楽部が、ポップスを学校の音楽室で演奏するなんて「許されなかった」。ドラム・セットやエレキ・ベースは「不良のやる楽器」だった。しかし生徒たちは我慢できなかった（もちろん私も！）。マーチやクラシック編曲はもういい、ビートルズやバート・バカラックを演奏したくてたまらなかった。そんな時に、NSBが登場した。岩井は、全国をクリニック行脚《あんぎゃ》して、ポップス演奏法を指導しながら偏見を解いて回った。今の私たちは、当時の話を伝説として聞くのみだが、たいへんな苦労があったに違いない。現在、中高生が学校の文化祭で当たり前のようにポップスを演奏できるのは、岩井直溥の功績なのである。特に七

成績表

金賞 3
銀賞 5
銅賞 13

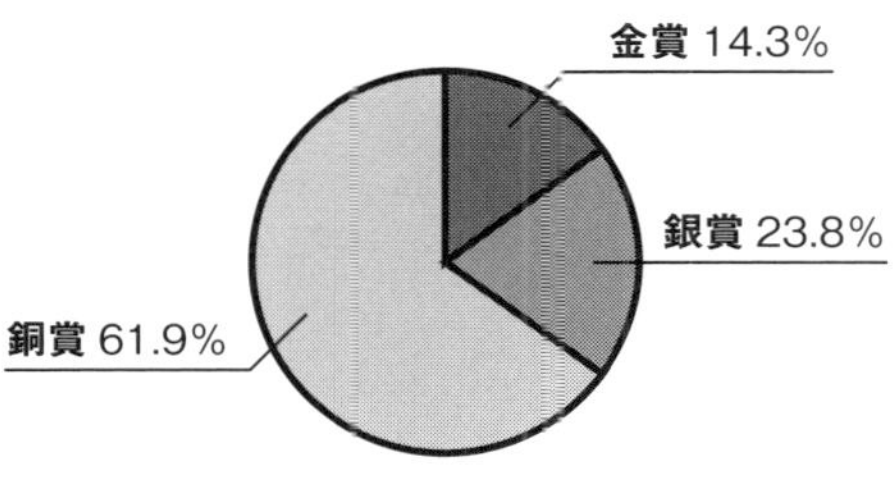

七年のNSBで発表された《アフリカン・シンフォニー》は、本来がディスコ・ダンス曲だが、岩井の編曲で壮大なシンフォニック吹奏楽曲に変貌《へんぼう》し、日本中で演奏され、のちに甲子園での定番応援曲にまでなった。NSBからは多くの名アレンジャーも育っている。

岩井直溥こそは、日本における〝吹奏楽の神様〟であり、〝革命児〟なのである。

名演・熱演

吹奏楽の世界における「ポップス」の意義は、あまりにも広義である。吹奏楽に携わっている人の中で「岩井直溥」の名が冠された作品を一度として演奏したことがない人がいたら、ぜひお会いしてみたいものである。

岩井が主力アレンジャーとして監修しているNSBは、たまたま使用している話法が「ポップス・スタイル」であって、実は純然たる、そして高度なオリジナル・シリーズといえるのではないだろうか。

近年、コンクールの自由曲で、パトリック・ウィリアムズや、スティーヴン・メリロ、ジョセフ・スパニョーラ、アダム・ゴーブなど、いわゆるジャズやフュージョンの香りを放つオリジナル曲が、静かなブームを見せている。しかし近年、コンクールの規定でエレキベースの使用が禁じられ、一九七〇年代からつづく、コンクールにおけるポップスへのアプローチに水を差されてしまったのは残念だ。

岩井は、こうしたポップス系のレパートリー（オリジナル、編曲ともに）や、演奏法についての提言・普及をおよそ三〇年以上も前から行なっていた。その先駆として放たれたのが、《明日に向かって》から始まる一連の「ポップス系課題曲」だ。この《メイン・ストリートで》（＝大通り、本通り）というタイトルにも、そうした思いが込められているような気がする。

《メイン・ストリートで》は、全部門を通じて二〇団体が演奏した。ところが、その中で金賞受賞は三団体と少ない。

今でも名演として伝えられている**ブリヂストンタイヤ久留米工場吹奏楽団**（現・ブリヂストン吹奏楽団久留米）［福岡］の演奏がその内の一つ。堅実で、安定した節度ある演奏だが、楽譜に書かれたしゃれっ気のある表現も忠実に再現されている。ダルな感じは、大人の職場バンドがいちばん上手だったりするのではなかろうか。町の喧騒《けんそう》を描写した部分で、もう少しぶっ飛んだ演奏をしてもらった方が楽しかったような気もするが、とにかく安心しておすすめできる名演の一つである。

　また《メイン・ストリートで》以外の、以下に列記した「岩井ポップス系課題曲」の名演も、ぜひ、併せて聴いてほしい。「古くても斬新《ざんしん》」で、吹奏楽の本分である「楽しい」演奏が、こんなにあるのだ。

● 七二年《明日に向かって》…**真和志中学**［沖縄］、**秋田市立山王中学**
● 七五年《未来への展開》…**秋田市立山王中学**
● 七八年《かぞえうた》…**中村学園女子高校**［福岡］、**駒澤大学**［東京］、**瑞穂青少年吹奏楽団**［東京］
● 八九年《すてきな日々》…**東海大学第四高校**［北海道］、**兵庫県立兵庫高校**、**大阪府立淀川工業高校**（現・淀川工科高校）、**コンツェルテ・エロイカ**［富山］

……枚挙に暇がない。

アフリカン・シンフォニーブラスの祭典ライヴ2006
シエナ・ウインド・オーケストラ
佐渡 裕

こちらはさらにノリノリのライヴ。しっかりと岩井ワールドを楽しませてくれる演奏。《アフリカン・シンフォニー》も入ってます
エイベックス・クラシックス／AVBL-25517（DVD）

レスピーギ：シバの女王ベルキス
土気シビックウインドオーケストラVol.11
土気シビック ウインドオーケストラ
加養浩幸

ややしっとりとした演奏。しかしポップスの命、シンコペーションはいい感じで聴かせます
CAFUAレコード／CACG－0099

吹奏楽コンクール課題曲集 Vol.2
1970～1976
ブリヂストンタイヤ久留米工場吹奏楽団
小山卯三郎

ていねいな中にもポップス色があり、コンクールということを忘れさせてしまう演奏
ソニー・ミュージックエンタテインメント／SRCR－2206

東海林 修
ディスコ・キッド

'77年

三〇年後の今でも愛好会がある超ロングセラー名曲

グレード	★★★☆
人気度	★★★★
演奏団体	19団体

これぞ名曲！

一九六九～七四年、ＮＨＫで『ステージ１０１』なる番組が放映されていた。歌と踊りを中心にした大型音楽番組で、人気歌手やオリジナル曲が次々生まれた。番組を象徴する名曲《涙をこえて》などは、その後も卒業生を送る会などで歌われている。

この番組には、宮川泰、いずみたく、中村八大、和田昭治など、当時のポップス界を代表する作編曲家が参加していたが、全体の音楽監修を務めたのが、巨匠・東海林修である。東海林の曲は、ほかとどこか違っていた。《ジャングルジム》《僕が五年前に考えたこと》《イニシャルを刻め！》《空と海がとけあうとき》など、あまりに独特で、後年「時代を先取りしすぎていた」と評されたほどだった。今でも中学生が合唱コンクールで歌う《怪獣のバラード》などの名曲も書いている。

『ステージ１０１』が終わって数年後の七七年、私たちは、東海林修の名を驚くべき場所で見ることになる。

東海林 修
［しょうじ・おさむ］
（生年非公開）日本

日本を代表する、歌謡ポップス界の作編曲家。米軍キャンプのピアニストを経て、渡辺プロダクションに所属し、洋楽カバー・ブームやグループサウンズ・ブームを築いた。ザ・ピーナッツの名曲《ウナ・セラ・ディ東京》に新アレンジを加え、リバイバル・ヒットさせたのもこの人。大ヒットした沢田研二《危険なふたり》の、あの軽快なアレンジもこの人。初期ＮＳＢにも編曲者として参加。とにかくある世代にとっての娯楽音楽は、多くがこの人の仕掛けだったのである。

全日本吹奏楽コンクール課題曲**《ディスコ・キッド》**の作曲者としてである。

そして曲を聴いて気が遠くなりかけた。本当にこれをコンクール会場で演奏してもいいのか。これはどう聴いても「ポップス系」ではなく、「ポップスそのもの」だ。しかも、当時大流行していた「ディスコ・ダンス・ミュージック」ではないか。よく主催者が許諾したものだ（実は、この年、公募課題曲に入選作がなく、急きょ委嘱されたのだった。大栗裕の名曲《吹奏楽のためのバーレスク》も同時に生まれている）。

かくして七七年、日本中で《ディスコ・キッド》が鳴り響くことになった。もちろん、それなりに難曲である。冒頭、ピッコロとE♭クラリネットのユニゾンが合わなくて苦労した。前奏の中低音金管の駆け上がりに汗を流し、B♭クラリネットのソロを奪い合った。ラスト近く、ユーフォニアムの高音もきつかった。そのウップンを、ノリにまかせて、みんなで「ディスコ！」の掛け声に託した。

あれから三〇年……《ディスコ・キッド》は今なお演奏されつづけている。それどころか愛好会までが結成され（作曲者の、ではない。「曲」の愛好会である）、改訂版が出版され、新録音も相次いでいる。時任康文指揮＝大江戸ウインドオーケストラは、ブラームスに村上〝ポンタ〟秀一を迎え、さらにラスト部分にティンパニ・ソロを加えて熱狂の演奏を繰り広げた。佐渡裕指揮＝シエナ・ウインド・オーケストラは定期演奏会で取り上げ、作曲者を招いて〝感謝状〟を贈った。金管バンド、ビッグバンド、果ては弦楽四重奏からフルート四重奏、ピアノ・デュオ、管弦楽版……作曲者自身によるシンセサイザー版ＣＤも出た。

その後も「ポップス系課題曲」は、しばらくつづいた。だが、「ポップ

成績表

金賞 3
銀賞 7
銅賞 8
ほか 1

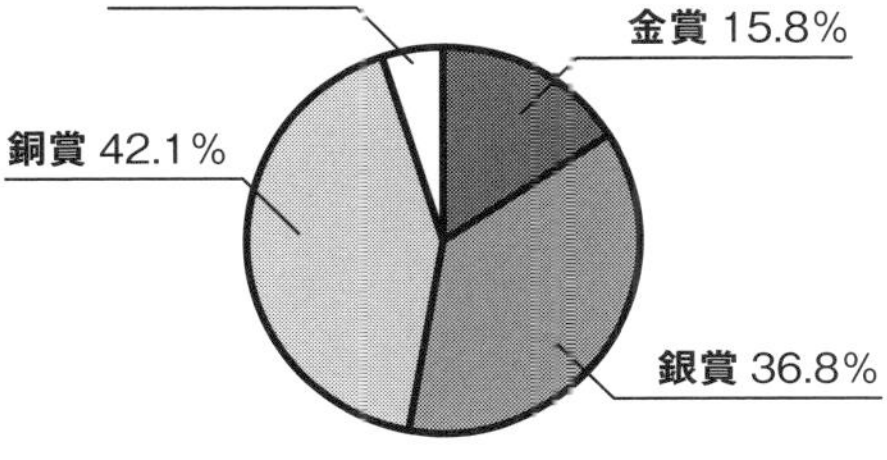

ス課題曲」は、これが最初で最後だった。巷ではピンクレディーとキャンディーズが旋風を巻き起こしていた。王貞治がホームラン七五六号の世界記録を樹立し、ダッカで日本赤軍のハイジャック事件が発生した。若者たちはディスコで踊りまくり、映画『スター・ウォーズ』第一作が公開された。そして全国のコンクール会場で《ディスコ・キッド》が演奏された。

一九七七年とは、そんな年だった。

名演・熱演

もう、タイトルしてからウキウキワクワクさせてくれる曲。仕事柄、多くの演奏会に足を運んでいるが、今でも、あらゆるところで演奏されており、もはや「課題曲」ではなく、「吹奏楽ポップス」の定番といってもよい。アンコールなどで、出だしのハイハットやピッコロが聴こえてきたら、「キターッ!」という感じだ(アンコールでやるには少々キツイ曲ですが)。

《ディスコ・キッド》を語る以上、当時バリバリに隆盛を誇っていた**駒澤大学**［東京］に触れないわけにはいかない。この前年＝一九七六年、彼らは最初の「五年連続金賞」(七一～七五年)後の、特別招待演奏だった(今は、三出で休みとなる)。そして、まさに偉業ともいえる二回目の五年連続金賞(七七～八一年)+特別招待演奏(八二年)に向かう、その口火を切ったのが、この年＝七七年の《ディスコ・キッド》だった。しかもペアの自由曲、ストラヴィンスキー《春の祭典》は、最初の「五金」の際の、一年目の自由曲でもあった。否が応でも、周囲の期待は膨らむばかりだった。あまりに強烈なプレッシャーの中での、渾身《こんしん》の《ディスコ・キッド》! あれこれ説明はしない。とにかくこれを聴かずに《ディスコ・キッド》を語るなかれ。

もう一団体、聴かずに死ねないのが、**ブリヂストンタイヤ久留米工場吹奏楽団**(現・ブリヂストン吹奏楽団久留米)［福岡］。昨今、職場バンドが激減し、コンクールにおける「職場の部」の存在意義が囁《ささや》かれる時代になっているが、戦後間もない、日本のアマチュア吹奏楽界を牽引してきたのは、間違いなく、中学生バンドと職場バンドだった。このブリヂストン久留米も、戦後二回目の開催となった五七年を皮切りに、今もなお職場バンドの雄として君臨しつづけている超強豪バンドである。前述の駒澤大学よりも先に、二度の「五金+特別招待演奏」を果たし、合計すると、三八回も全国大会に駒を進めているのである！（うち二回は特別招待演奏）。ちなみに、これを超えた団体は、二つしかない。現在の**ＮＴＴ西日本中国吹奏楽クラブ**［広島］と、**阪急百貨店吹奏楽団**［大阪］である。

話がそれたが、ブリヂストン久留米の演奏は、ディスコのノリのよさというより、ポップスのお手本のような、堂々とした感を受ける。これは初期の指揮者・小山卯三郎の解釈によるものだろうが、今聴いても実に「的を射た」演奏であることは間違いない。

そして、もう一団体。当時、東京の新興勢力として登場した**亜細亜大学**の演奏も挙げておきたい。上記二団体より注目度が低いが、ドラムの安定感では、現在入手できるコンクール音源の中で、ダントツの名演である。この年の彼らはタイム・オーバーで審査対象外だった。そのため印象が薄くなってしまっているのがたいへん残念だ。ポップスの基本は、まず第一に「リズムがブレない」ことが大切である。口でいうと簡単だが、実践するのは非常に難しい。それができると、音楽が自然に流れているように聴こえる。となると、逆に「普通に演奏している」ように聴く人が多く、苦労が報われない。しかし、これが実にたいへんなのだ。亜細亜大学の演奏は、これぞ本物のポップスとしか、いいようがない。彼らは、それができている、数少ない奇跡的な名演である。

Eternally 3
前橋商業高校「木挽歌」
瑞穂青少年吹奏楽団
牟田久寿

掛け声なしの正統派(?)をまずは。ポップスの楽しさが十分に堪能できる名演
ブレーン・ミュージック／BOCD－7140

Legendary Ⅱ
駒澤大学吹奏楽部
駒澤大学吹奏楽部
上埜 孝

何もいうことはない。もはやコンクールの域を超えた、ノリノリの超名演。必聴！
ブレーン・ミュージック／BOCD－7118

Legendary Ⅱ
亜細亜大学吹奏楽団
亜細亜大学吹奏楽団
松崎 仁

幻の名演。掛け声はしっかり入っていてノリもグッド。ユーフォの音色に注目
ブレーン・ミュージック／BOCD－7120

斎藤高順 行進曲《オーバー・ザ・ギャラクシー》

'80年

新感覚に満ちた「課題曲マーチ」の最高傑作

グレード ★★★☆☆
人気度 ★★★☆☆
演奏団体 29団体

これぞ名曲！

通常、自衛隊や警察の音楽隊長は、内部から就任することがほとんどだ。だが、この斎藤高順は、民間人の作曲家ながら、航空自衛隊航空中央音楽隊長と警視庁音楽隊長を務めた、たいへん珍しい人である。

では、吹奏楽に本格的に関わる以前は、どんな作曲活動をしていたのか。いちばん有名なのが映画音楽、特に小津安二郎作品の音楽である。『東京物語』（一九五三年）を皮切りに、『早春』（五六年）、『東京暮色』（五七年）、『彼岸花』（五八年）、『秋刀魚の味』（六二年）……どれも映画史に残る名作だ。小津作品以外も含めれば、一年に八本もの映画音楽を書いた年もあるほどの人気作曲家だった。

そんな斎藤が〝吹奏楽作曲家〟としてほぼ最初に広く知られたのが、七〇年冬季国体の入場行進曲《輝く銀嶺《ぎんれい》》だった。すでに六七年に発表されていた曲だが、軽快で爽やかな曲風があらためて評価され、翌七一年のコンクール中学の部で課題曲に

斎藤高順
［さいとう・たかのぶ］
1924～2004 日本

武蔵野音楽大学ピアノ科を経て東京藝術大学作曲科卒業、研究科修了。小津安二郎作品など映画音楽の世界を経て、吹奏楽を中心とする作曲家に。民間人としては異例ながら、航空自衛隊航空中央音楽隊長、警視庁音楽隊長なども務める。吹奏楽作品の作曲家の会「ニューエイト」に参加、多くの作品を生み出した（ほかの七人は、岩井直溥、岩河三郎、奥村一、川崎優、桑原洋明、名取吾朗、藤田玄播である）。

採用される。これによって、斎藤の名は完全に吹奏楽界に定着した。かくして活動の場は、小津の死（六三年）もあって、映画音楽から吹奏楽の世界が多くなった。少々意外な流れに感じるが、実は斎藤は、戦時中、東京音楽学校（現・東京藝術大学）作曲科から陸軍軍楽隊に〝留学〟していたので、吹奏楽には十分感度があったのだ。

そして七〇年、斎藤は日本吹奏楽史に残るウルトラ級の決定打を放つ。名曲**《ブルー・インパルス》**である。航空自衛隊航空中央音楽隊の委嘱で作曲された、アクロバット飛行チーム「ブルー・インパルス」のテーマ曲だ（東京オリンピック開会式で、上空に五輪を描いた飛行隊）。たいへんモダンな曲で、ハープによる華麗なグリッサンドで開始後、全編をハイハット・シンバルとボサノバ感覚が疾走する。当時、ハープを所有するアマチュア・バンドはまだ少なかった。無理にハープなしで演奏して、どうにも締まらないイントロに頭を抱えるバンドが続出したものだ。

この曲があまりに素晴らしく、航空自衛隊のイメージアップに多大な貢献を果たしたこともあって、七二年、斎藤は、乞《こ》われて航空中央音楽隊の隊長に就任する。渋い小津映画の世界からの大転身である。

その後、七六年には警視庁音楽隊長に就任。その在任中の八〇年に委嘱課題曲として発表されたのが、この**《オーバー・ザ・ギャラクシー》**である。

これには、多くのバンドが喜んだ。なぜなら、名曲《ブルー・インパルス》を彷彿《ほうふつ》とさせる部分が多く、それでいて小編成でも演奏可能なように書かれていたからだ（もちろんハープは不要）。ハイハットの軽快なリズムも再登場した。そのせいか、題は「銀河を超えて」と宇宙への夢を描いていながら、どうしても成層圏あたりを想像してしまうのは、筆

成績表

金賞 10　銀賞 18　銅賞 1

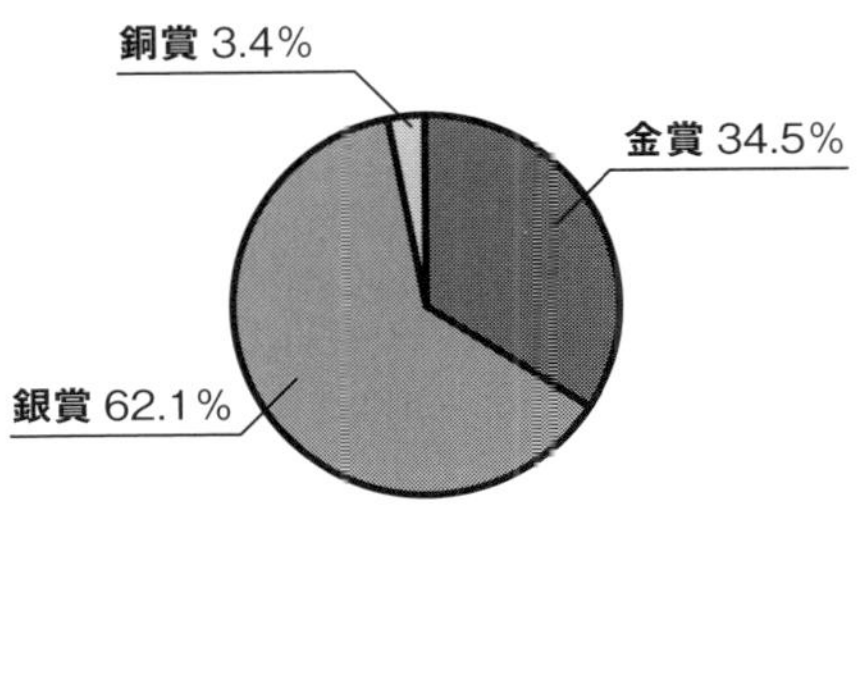

者だけだろうか。斎藤は、発表時に「（トリオは）我ながら気に入った旋律で、かなりご機嫌です」と、実に楽しそうなコメントを記している。

ところで斎藤は、小津映画のために書いた『東京物語』など数曲を吹奏楽版に編曲していた。静謐《せいひつ》で弦楽器中心だった原曲が、吹奏楽で美しく表現されており、映画を知っている筆者など、涙なしでは聴けなかった。ＣＤ『ブルー・インパルス～斎藤高順吹奏楽作品集』（進藤潤指揮＝航空自衛隊航空中央音楽隊／ユニバーサル）に収録されている。品格ある抒情《じょじょう》――これこそが斎藤の本領だったような気がする。

名演・熱演

この年の課題曲は、例年にないほどの粒揃《ぞろ》いだった。小山清茂《花祭り》、服部公一《南の島から》、岩河三郎《北海の大漁歌》と、当時の音楽界の第一線で活躍する作曲家の作品がズラリと集まった珍しい年だ。そこへこの《オーバー・ザ・ギャラクシー》が加わり、質が高く、タイプの違った四曲が揃ったのだ。演奏団体も適度に四曲に分散し、課題曲が課題曲として機能した、理想の年だったともいえよう。どの年にもいえることだが、課題曲の質が高まれば自由曲偏重の傾向は薄まるだろうから、今後も、とにかく質の高い、バラエティに富んだ課題曲が登場することを願うばかりだ。

ところで、いつの頃《ころ》からか「課題曲のマーチ」という表現が一部で使われるようになった。「どれも似たようなマーチが多い」という皮肉だ。公募で採用される課題曲は、圧倒的にマーチが多い。課題曲公募制の功罪でもあるが、確かに過去、あまりにも似たタイプのマーチが次々と現れては、忘れ去られていった。

そんな中で、課題曲マーチを全日本吹奏楽連盟の委嘱で作曲した人は数えるほどしかおらず、この斎藤高順がその一人である。

この曲の持つライトな感覚は、それまでの「課題曲マーチ」には明らかにないものだった（ポップス系の課題曲にはあったが）。三〇年近くを経た今でも、多くの人たちから好まれる要因の一つである。

曲の全体像をつかむには、**阪急百貨店吹奏楽団**［大阪］の演奏を聴けば分る。特別な派手さはないものの、腰の据わった大人の演奏で、こんなに楽しい曲だったのかと再認識させられるはずだ。「関西のマーチ王」鈴木竹男と阪急百貨店の演奏するコンクール曲は、もちろん自由曲も素晴らしいが、とにかく「課題曲マーチ」が聴きものである。部門別に課題曲が指定されていた時代や、いくつかの例外を除けば、「吹奏楽の基本はマーチである」ことを忘れず、徹底的にマーチを課題曲に選んでいる姿勢には関心させられる。全体的なバランスのよさ、サウンド感のまとまり具合は、実力ある常連のバンドにしか出せない「力」としかいいようがない。

一般の部では、**創価学会関西吹奏楽団**［大阪］が、この曲で初めて全国大会へ進んだ。当時のステージ写真を見てあらためて驚かされるのは、その編成の充実ぶり。ズラリと並んだ大編成は圧巻だった。演奏は、細かい表現では不安定さを残すものの、その強力すぎるパワー溢《あふ》れる演奏は、見事、全国大会初出場の彼らに金賞をもたらした。パンチの効いた金管楽器でぐいぐい引っ張るのは、少し前の時代までよく聴かれた「バンド・バランス」の手法である。

あとは、やはり**天理高校**［奈良］。バンド自体がハリのあるサウンドを特徴とするために、そのガッチリした演奏の確実さは、全部門を通じてもトップクラスの出来。ややもすると乱暴に聴こえるかもしれないが、その華麗なまでのメリハリは、派手な演奏を好まれる方にはいちばんにオススメしたい名演である。

THE BEST OF CONCERT MARCHES
航空自衛隊航空中央音楽隊
進藤 潤

非常にていねいなお手本となる演奏。しかし、途中でダレることなく歌い上げたマーチだ。《ブルー・インパルス》も収録
キングレコード／KICW－3014

Eternally 4　中村学園「コッペリア」
阪急百貨店吹奏楽団
鈴木竹男

「さすが阪急！」と絶賛してしまう演奏。安定感がありそれでいて躍動感に溢れている
ブレーン・ミュージック／BOCD－7141

吹奏楽コンクール課題曲集
Vol.3 1977～1980
天理高等学校吹奏楽部
新子菊雄

やや粗い感もするが進むにつれ天理らしさが出てくる演奏。サクソフォーンの音色に注目
ソニー・ミュージックエンタテインメント／SRCR－2207

藤掛廣幸

白鳳狂詩曲

'83年

西洋楽器で「和」を表現する不思議な名曲

グレード	★★★☆☆
人気度	★★★☆☆
演奏団体	17団体

これぞ名曲！

《ディスコ・キッド》ほどではないにせよ、課題曲には、時折ユニークな曲が登場する。まるで本格時代劇映画のオープニングを思わせるようなこの**《白鳳《はくほう》狂詩曲》**も、そんな一曲といえよう。

作曲者・藤掛廣幸は、課題曲作曲者としては、これが二回目の登場だった。最初は一九七六年、公募入選作の**《吹奏楽のための協奏的序曲》**。不思議な魅力に満ちた曲で、重厚な序奏につづいてフーガ風の展開がつづく部分は、バッハが現代に蘇《よみがえ》ったような面白さがあった（この七六年もスゴイ課題曲が四曲揃った年だった。ほかは、P231で述べる、高校生・後藤洋の《即興曲》、岩井直溥《メイン・ストリートで》、そしてもう一曲が、保科洋の《カンティレーナ》だったのだ）。

当時、藤掛はすでに管弦楽曲《挽《ばん》歌《か》》で日本音楽コンクールに入賞していたほか、マンドリン・オーケストラのための曲なども発表していたのだが、吹奏楽にも興味を持ってい

藤掛廣幸
［ふじかけ・ひろゆき］
1949～ 日本

愛知県立芸術大学卒業、同大学院修了。管弦楽曲やシンセサイザー音楽など、多彩な作風を持つが、特にマンドリンの世界ではたいへん人気のある作曲家である（そういえば大栗裕もそうだった）。**《ロックン・マーチ》**なども、マンドリン・オーケストラ版に編曲されている。吹奏楽曲は本文中で紹介したほかは**《青春賛歌》**などがあるのみのようだが、たいへん魅力的な作風なので、そろそろ吹奏楽でも新曲を聴きたいと思っているのは筆者だけではないはずだ。

たようで、七五年《ノスタルジック・ラプソディー》、七六年《シャコンヌ》と、二年連続で笹川賞吹奏楽作曲コンクール一位を獲得している。

そして七七年には、管弦楽曲《縄文譜》で、エリーザベト王妃国際音楽コンクール作曲部門に、西村朗とともに日本人として初めて入賞した。このあたりから藤掛は、シンセサイザーにも打ち込むようになっている。

そして今度は課題曲が「委嘱」された。それが八三年の《白鳳狂詩曲》である。主催者側からは「和風な曲を」との要望があったという。そこで「白鳳」がモチーフとなった。

「白鳳」とは、「私年号」の一つである。「私年号」とは、日本の正史にあらわれた以外の、非公式な年号のこと。一般社会で、特に当時の王朝に対する反対勢力によって使用されていたものが多い。大和時代には、文字どおり「大和」の私年号もあったし、明治時代、日露戦争に勝った頃《ころ》には「征露」なんて私年号もあって当時の流行語にまでなった（薬の「正露丸」は、本来この「征露丸」だった）。それらの中で、何回かにわたって登場している最も人気ある私年号がこの「白鳳」である（ただし一部には公式年号だったとの記録もあるらしい）。特に、西暦六〇〇年代後半に使用されていた「白鳳時代」が最も有名。白村江《はくすきのえ》の戦い（六六三年）や、壬申の乱（六七二年）などがあった時期だ。正式年号だと「大化」「白雉《はくち》」時代にあたる。この時期は芸術文化が大きく開花したので、私年号ながら特に「白鳳文化期」と称されるようになった。『万葉集』、高松塚古墳・キトラ古墳壁画、法隆寺阿弥陀三尊像など、大陸文化の影響下、今でも知られる多くの芸術作品が生まれたおおらかな時代である。

この《白鳳狂詩曲》は、そんな時代に夢を馳《は》せながら奏でられる曲だ。前作《～協奏的序曲》同様、中間部ではフーガを思わせる〝旋律の追い

成績表

金賞 4　銀賞 9　銅賞 4

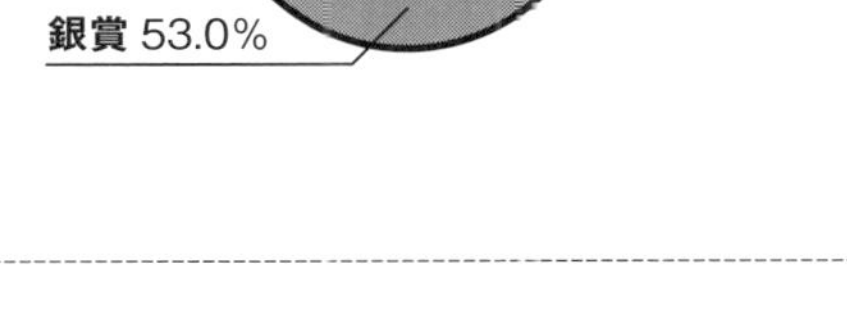

かけっこ〃が登場するが、ここなどは一瞬、美空ひばりの東映歌謡時代劇を彷彿《ほうふつ》とさせる楽しさである。ここまでベッタリと「和」を表現した吹奏楽曲も珍しいだろう。課題曲であるなしにかかわらず、今でもコンサートなどで十分通用するユニークな楽曲である。

なお藤掛は、九一年に三度目の課題曲《ロックン・マーチ》を委嘱されている。

名演・熱演

まずは、和楽器を使用していないのに聴こえてくる、実に「和」的な響きに耳を傾けてもらいたい。この曲が持つ音色は、まさに「雅《みやび》」という感じ。煌々《こうこう》とした輝きを持っている。演奏現場にとっては、西洋楽器で和の風合いを出さなくてはならない、やっかいな難しさを併せ持った難曲といえる。近年大人気の、真島俊夫《三つのジャポニスム》なども、厳密にいえば違う面もあるものの、どこか相通ずるものがある、同じカテゴリーの曲といえよう。

こういう曲では、いかに「らしい」演奏を生み出せるかが評価のポイントとなる。中途半端に取り組んではダメで、作品の世界観にひたすら没入する度胸が試される。これは、特にアマチュアにとっては、簡単なようで実に難しいことである。

現に、全部門を通じ、この曲にトライした団体がそれなりの数（一七団体）あったにもかかわらず、最終的に四つしか金賞が出ていない。要するに、どの団体も、難曲であるがゆえに「楽譜の再現」に終始してしまったのである。

この年の演奏の中で、その世界観を十分に表現していたのは**近畿大学**［大阪］の演奏だろう。冒頭部の強奏の響き一発で、聴き手を「和」の世界へ引きずり込んでくれる。テンポが速くなってからの部分も、落ち着きを持って平然とやってのける演奏力は実に見事なもの。その後もズンズン進むテンポのよさ、充実した金管楽器によるゴージャスな響きは秀逸と呼ぶほかなく、当然の金賞であった。近畿大学は、この演奏で見事「五年連続金賞」を達成した。ちなみに、この時の自由曲は、大栗裕《大阪俗謡による幻想曲》。やや同傾向の「和」テイスト二曲だったが、絶妙に変化をつけての演奏だった。ぜひこの二曲を併せて聴いていただきたい。

演奏の充実度でいえば、**ヤマハ吹奏楽団浜松**［静岡］の演奏にも触れないわけにはいかない。近畿大学に比べると、さらにクールで泰然《たいぜん》とした、まことに堂々たる演奏。難曲を難曲と思わせないほど、軽々とやってのけている。まるで、本来の高い技術力を一〇〇％出し切っていないのでは、とさえ思えてしまう。もちろん、冷めた演奏だったわけではないが、もしかしたら、その後に控える自由曲、超難曲のスミス《フェスティヴァル・ヴァリエーションズ》まで、余力を温存しておかねばならなかったのかもしれない。

福岡工業大学附属高校（現・同大学附属城東高校）の演奏は、前記の演奏に比べるとほんの少し聴き劣りするものの、「前へ前へ」とばかりに押し出し感の強い、激しい「攻め」の演奏である。勢いにまかせすぎて、危なっかしい場面も見られるものの、結局、最後までその姿勢で突き通してしまった。主張の強い強烈な演奏には圧倒されたものだ。

二回目の課題曲《ロックン・マーチ》ではまた違った面を見せた、作曲者・藤掛廣幸。作曲家プロフィールにもあるように、さらにつづけて吹奏楽のための新たな風合いの作品を書いてもらいたい一人である。

日本の吹奏楽'83 Vol.4 中学・高校編
東京都足立区立
第十四中学校吹奏楽部
原田 徹

攻撃的な演奏が心地よい。冒頭の管楽器とドラに注目。最後まで攻める姿勢に拍手！
ソニー・ミュージックエンタテインメント／25AG974（LP 廃盤）

吹奏楽コンクール課題曲集 Vol.4 1980〜1985
ヤマハ吹奏楽団浜松
原田元吉

和の響きがしっかり出ているのが特徴。細部まで気を遣っている大人の演奏
ソニー・ミュージックエンタテインメント／SRCR－2208

Legendary Ⅳ Special Sampler
福岡工業大学附属
高等学校吹奏楽部
鈴木孝佳

充実した低音群が曲の持ち味を引き出している。ていねいな中にも熱さを感じる
ブレーン・ミュージック／OSBR－16005W

真島俊夫
波の見える風景

'85年

メロディが〝揺れて漂う〟新感覚の吹奏楽曲

課題曲

グレード ★★★★☆
人気度 ★★★★☆
演奏団体 37団体

これぞ名曲！

二〇〇六年暮れ、日本の吹奏楽界にとってたいへん嬉しいニュースが飛び込んできた。真島俊夫作曲の新作**《鳳凰《ほうおう》が舞う》**が、フランス・リールで開催された「クードヴァン国際交響吹奏楽作曲コンクール」でグランプリを獲得したのだ。すでに同年のコンクールで川口市・アンサンブルリベルテ吹奏楽団［埼玉］が演奏し、全国大会で金賞を獲得していたので、ダブル受賞となった。

今や日本を代表する吹奏楽の作編曲家として大活躍中の真島だが、彼の名前が本格的に登場したのが、この八五年の課題曲**《波の見える風景》**だった。正式には「吹奏楽のための交響詩」と冠せられている。

真島は、中学時代から吹奏楽部でトロンボーンを吹いたり指揮したりする〝吹奏楽少年〟だった。高校時代には、一日中スコアを眺めるようになり、独学で一〇〇曲以上の編曲をこなしていた。ただ、将来はエンジニアになりたかったので、大学は、神奈川大学工学部に進学した（もち

真島俊夫
［ましま・としお］
1949～ 日本

真島は特に音楽大学を出たわけでもない、現場叩き上げの作編曲家である（その点では、大栗裕を思わせる）。アレンジ作品では、吹奏楽によるしゃれたシャンソン・メドレー《モンマルトルの小径》や、《ツァラトゥストラはかく語りき》と《喜びの歌》が合体した壮大なシンフォニック・ジャズ《NSBミレニアム2000》などは、まさに真島の現場感覚が炸裂《さくれつ》した真骨頂だ。《スター・ウォーズ》や、ディジー・ガレスピーの《マンテカ》などにも秀逸な編曲がある。

ろん吹奏楽部に所属した)。

ところが真島は、エンジニアにはならなかった。大学卒業後、ヤマハのバンド・ディレクターズ・コースで兼田敏らに師事し、あらためて音楽を学んだ。その後ジャズ・トロンボーン奏者として活躍中、岩井直溥の仕事を手伝うようになり、再び吹奏楽の世界に戻ってくる。そして三五歳の時に課題曲に応募して入選したのがこの《波の見える風景》である。以前に書いていた《Rainbow Over The Sea》を、コンクール用に短縮し、改題したものだ。その後八八年に発表された**《波の見える風景―改訂新版》**が、その原曲である（一部改訂されているが）。課題曲版は約四分半、原曲（改訂新版）は約七分の曲である。

真島は、ラヴェルやドビュッシーに見え隠れするジャズ感覚を愛好した。当時のフランス印象派の作曲家たちは、多かれ少なかれジャズの影響を受けていた。この香りを、真島は吹奏楽で追究しようとした。《波の見える風景》は、それこそヨーロッパあたりの港町か海岸線を思わせるしゃれた曲だが、すでに真島の目指していたものがはっきりあらわれており、たいへん新鮮に感じられた。現に、八五年にこの曲を演奏した団体数は三七に上っており、本書中、全国大会で最も多くの団体が演奏した課題曲となっているのだ。このジャズ感覚は、後年の傑作**《三日月に架かるヤコブのはしご》**中間部などの魅力的な響きとなって結実する。

以後、真島は猛烈な勢いで吹奏楽曲を発表しつづける。課題曲も、九一年**《コーラル・ブルー～沖縄民謡「谷茶前」の主題による交響的印象》**、九七年**《五月の風》**と計三回登場した。自由曲では、〇一年発表の名曲**《三つのジャポニスム》**が大人気で、地区予選レベルまで含めると、現在、コンクールで最も人気のある邦人作品となっている。

成績表

金賞 14　銀賞 14　銅賞 8　ほか 1

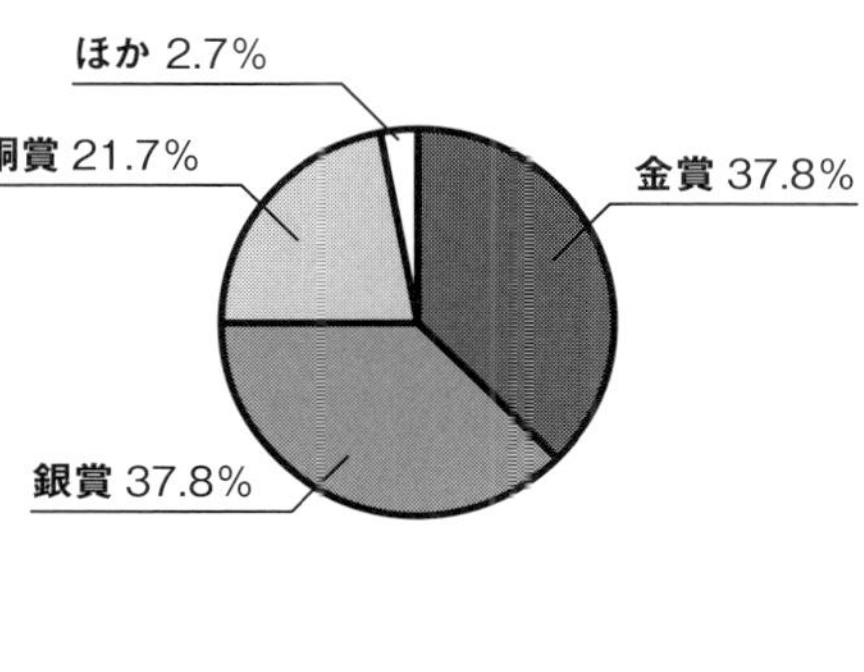

なお真島は高校時代から入れ込んでいただけあって、編曲でも多大な功績を生んでいる。特に八六年の「ニュー・サウンズ・イン・ブラス」で発表された、ザ・スクェア（現・T‐スクェア）の《オーメンズ・オブ・ラヴ》は、今でも演奏されつづけている名スコアである。原曲はフュージョンなのだが、見事なシンフォニック吹奏楽曲に変貌《へんぼう》した。最近では、真島のオリジナル曲と錯覚している中高生もいるほどだ。ほかには愛するラヴェルの《ダフニスとクロエ》第二組曲や、ドビュッシー《喜びの島》なども編曲しており、今や日本吹奏楽界の牽引車となっている。

名演・熱演

最初に聴いた印象は「オシャレ」な曲だった。ところが演奏してみたら、やたらと符割りが細かいのがタマに傷。それでも、とにかく楽譜のとおりに吹いてみると、自然に「揺れる」「漂う」感じが表現されるではないか。まさに驚き、感動であった。だが、それでも一筋縄でいく曲ではなかった。メロディの「揺れ」は、当然、伴奏部に苦労を強いることになる。それはまだマシな方で、節々でインサートされる、ちょっとしたソロなどの跳ねるようなリズム感は、今まで「イッチ、ニー、サン、シ」で練習してきた私たちを悩ませた。しかしそこを克服すれば、美しいメロディの羅列に喜びを感じた数少ない課題曲だったことは、紛れもない事実であった（でもやっぱり、あまりに楽譜全体が細かく、苦労した……がホンネだったりして）。

まずは**習志野市立習志野高校**［千葉］。この頃《ころ》の習志野高校は、木管楽器の持つしなやかさが大きな特徴であった。あれほど細やかに「波」を表現したのには感心させられた。指揮の新妻寛先生の専門がフルートということもあり、そのイメージがあったにせよ、とにかく木管楽器の個々の技量が群を抜いていて、「金管偏重時代の終焉《しゅうえん》」へ導いていくのではないか、と感じたほど鮮烈な印象を与えられたものだ。もちろん彼らの金管がダメだといっているわけではない。自由曲《ローマの祭り》で金管は大活躍だったのだから。

あらためて習志野高校の《波の見える風景》を聴くと、時の流れを感ぜずにはいられない。悲しいことに、近年の、総じて没個性化した演奏が増え始めたのは、まさにこの頃からなのだ。最近とみに「コンクールによる、コンクールのための演奏」とでも呼ぶしかない、型にはまったような演奏が増えている気がしてならない。個性重視の時代などというわりには、「勝つための演奏」が世に広まり過ぎ、逆に個性を奪っているように思えるのだ。この習志野高校の演奏は、そんな時代に突入する直前の、最後の輝きだったのかもしれない。

話がそれた。

次は**天理高校**［奈良］。ここは、習志野高校と対極のアプローチをしているように聴こえる。習志野高校が細やかな「曲線美」だとするなら、天理高校は「直線」的な勢いを持ってこの曲を演奏している。前半、速くなってからの整然としたリズム、ラストのテーマ再現部に入ってからの金管楽器の輝かしさ、迷いを吹っ切り、割り切ったかのような、実にスピード感のある「波」だ。

個人的な好みを挙げてばかりいてはキリがないが、作曲者・真島俊夫の出身校、**神奈川大学**の演奏も、作者の意図を把握しきった「さすが」の演奏。こちらも聴き逃してはいけない名演の一つといえよう。

Legendary
習志野高等学校吹奏楽部
千葉県習志野市立
習志野高等学校吹奏楽部
新妻 寛

習志野らしいていねいな歌い方。特に弱奏部の演奏に注目してほしい
ブレーン・ミュージック／BOCD－7110

Legendary 天理高等学校吹奏楽部
天理高等学校吹奏楽部
新子菊雄

この演奏がいちばん鮮烈だった。課題曲だけのための40インチのドラの威力に注目（P140参照）
ブレーン・ミュージック／BOCD－7112

響宴【2枚組】
神奈川大学吹奏楽部
小澤俊朗

風格を感じさせるさすがの演奏。こちらは音楽を壊さない強奏部に注目
ブレーン・ミュージック／BOCD－9531（廃盤）

間宮芳生
吹奏楽のための序曲

'86年

古来の祭礼儀式を再現する異色難曲

グレード ★★★★☆
人気度 ★★☆☆☆
演奏団体 15団体

これぞ名曲！

この不思議な味わいに満ちた委嘱課題曲が発表された時、作曲者・間宮芳生は、たいへん印象的なコメントを発表している――「これは『潔《きよ》めの楽』だ」というのである。「神楽のひびき、ことに笛の音、舞いなどもまた、神の降臨のためのシチュエーション、つまり『場』を潔め、ととのえるために働くのだ」、だからこの曲は、「『序曲』と名づけたけれど、むしろ『潔めの舞』というようなタイトルでもよかった。つまり冒頭のメロディーから、前半の闊《かっ》達《たつ》なリズムの部分が、潔めの笛で、後半が『潔めの舞と唄』という気持ちである」というのだ（全日本吹奏楽連盟会報より）。

間宮芳生は、日本の民俗音楽の研究家でもあり、それらを取り入れた音楽で知られている。特に、一九五八年よりつづいている《合唱のためのコンポジション》シリーズは、民謡・神楽・わらべ歌・囃子《はやし》ことば・農民歌など、あらゆる日本の土俗的な音楽要素を取り入れた、合唱音楽

間宮芳生
[まみや・みちお]
1929～ 日本

東京音楽学校（現・東京藝術大学）作曲科卒業。北海道・旭川に生まれたが、学校の音楽教師だった父親の転勤で、青森市で育った。この頃《ころ》、所属していた吹奏楽部の慰問演奏で西津軽郡岩崎村（当時）を訪れ、漁師たちの漕《こ》ぎ唄を聴いたのが、土俗的な音楽に興味を持つようになった最初だったといわれている。ちなみに、この時の漁師たちの歌声は、後年、《合唱のためのコンポジション》第三番の第一楽章に取り入れられ、間宮の代表作の一つとなって、海外でもよく知られている。

史に残る傑作である（近年は、海外の民俗音楽も題材にされている）。

　そんな間宮の蓄積が吹奏楽曲に注入されたのが、この**《吹奏楽のための序曲》**である。以下、作曲者の言葉を借りながら説明すれば――全体は、「雅楽」と「大衆芸能」（神楽や田楽など）の「二つの流れを集めたような内容」である。よって、確かに西洋楽器で演奏されるが、ここに現れる音楽は、「和風」ではなく、古来の「和」そのものである。譜面上、四分の四拍子が基調になっているが、通常のリズム感はあまり感じられない。それでいて、「祭礼の行なわれる場を引き締め、気分を高めるための、祭りの序曲」でもあるので、「ゆったりした動きだが、大きく足を踏みしめて踊るような拍節感を失わずに演奏することが必要」となる。かくしてこの曲は、「音楽」というよりは、「古来の祭礼儀式」を再現するような四分半となった。笛をイメージする数々の旋律には装飾音が多用され、かつほとんどがユニゾンであった。

　この曲は、戦後日本人への「挑戦」でもあった。戦後四〇年余を経て、日本は完全に西洋化されていた。体内に宿るのは、ベース音が基調となった4ビートや8ビートであり、小節ごとに分りやすく区切られたリズムであった。だが、この《～序曲》に、そんな要素は少ない。しかし、日本人の遺伝子の中には、太古の昔から日本古来の何かが組み込まれているはずだった。それが、まだあるか、もうないか――この曲に挑む団体は、自然と、そんな問いかけと闘うことになった。その意味で、これほど難しい曲はない。今リストを眺めると、この曲に挑んだ団体は、さすがに、ほとんどが有名実力バンドであったことが分る。

　間宮は、九〇年に、**マーチ《カタロニアの栄光》**で二度目の課題曲登場となった。スペインの建築家ガウ

成績表

金賞 8　銀賞 6　銅賞 1

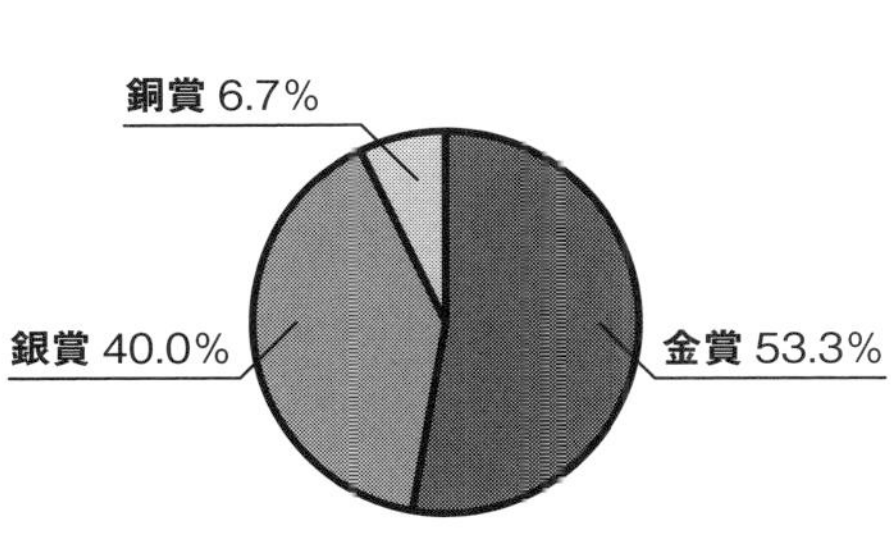

ディにちなんだユニークなマーチである。九四年には**《ベリーを摘んだらダンスにしよう》**で三度目の登場。まるで少女マンガのようなタイトルのわりには、北欧の音楽が素材になった、なかなか複雑な音楽であった。

間宮は、オペラや管弦楽曲、合唱曲など幅広いジャンルの音楽を書いているが、映画音楽にも優れた仕事が多い。個人的には、高畑勲監督の二作品『太陽の王子ホルスの大冒険』（六八年）と、『火垂るの墓』（八八年）に書いた音楽が忘れられない。ともに激情と冷静さが見事なバランス感覚で同居しており、アニメの美しい画面をさらに引き締めるような効果があった。これもまた間宮ならではの「潔め」だったのかもしれない。

名演・熱演

思うに、この時期の課題曲からは、実に素敵な作品が続々生まれたような気がしてならない。もちろん自分が演奏した曲だと、なお一層の愛着があるだろうから、一概にはいえないのだが……それでも、たとえば後世にも演奏されつづけているような名曲となると、明らかにこの一九八〇年代の作品が多い。岩河三郎《サンライズ・マーチ》（八二年）、真島俊夫《波の見える風景》（八五年）、三枝成彰《Overture FIVE RINGS》（八五年）、建部知弘（藤田玄播・補）《コンサート・マーチ「テイク・オフ」》（八六年）、保科洋《風紋》（八七年）、三善晃《深層の祭》（八八年）……と各作曲家の代表作が集中する、なかなか濃いラインアップになっているのだ。

そして、この《吹奏楽のための序曲》も、そんな時期に登場した名曲中の名曲、間宮芳生の吹奏楽作品の代表格といえる。

これは、随所に出てくる「古来の和」的な節回しが、演奏の印象を大きく左右する難曲でもある。楽譜などない、「口伝」が主流であった時代の歌や音楽に含まれる即興的要素を、大人数で演奏し、ピッタリ合わせる難しさは、実際に経験した者でないと分らない。そのせいか、練習時間を多くとれない、職場・一般の部では、この曲を選択する団体が極端に少なかった（一般で一団体あったのみ。職場はゼロ）。

当時の全国大会では、あくまで私の主観だが、大きく二種類の演奏があった。一つは中間部の速い部分の躍動感に着目した演奏と、もう一つは冒頭部と後半部の歌い回しに重点を持った演奏である。

前者の代表格として挙げられるのが**埼玉栄高校**。低音楽器の充実した重量感、木管のけたたましいまでの咆哮《ほうこう》。ぬかるんだ道をものともせず、すべての力を込めて強引に歩むような勢いに圧倒された。このあとの自由曲《ダフニスとクロエ》で披露した、突き抜けるような音色とは、まったく味わいが違う。今でこそ金賞常連の埼玉栄高校だが、彼らはこの年、初めて全国大会で金賞を獲得する。それも当然の結果と思える名演だった。同傾向の演奏としては、**愛知工業大学名電高校**も挙げておこう。少々あっさりした感じだが、スピード感としてはこちらも捨てがたい秀演である。

後者タイプの演奏では、**習志野市立習志野高校**［千葉］をまず挙げておく。持ち味は、木管の技術力の高さだ。特にフルート、ピッコロによる篳篥《ひちりき》を模しているかのような歌い方は絶品。さすがの一言である。

また、**宝塚市立宝梅中学**［兵庫］も、後者タイプの名演である。不安定な様相はあるものの、こちらはもう少し人間臭い、よい意味で粘着感のある歌い方を見事に作り上げている。中学生でこれは、もう脱帽ものである。

ウインド・マスター・シリーズ 序曲集
東京佼成ウインドオーケストラ
小田野宏之

この曲の持ち味を生かした演奏。音源はCD「能面」と同じだがこちらをお薦めする
佼成出版社／KOCD－2401

全日本吹奏楽コンクール課題曲集 1985～1988
神奈川大学吹奏楽部
小澤俊朗

わりとかっちりした演奏。しかし独特の歌い方が見えるところもあり楽しめる
全日本吹奏楽連盟／BATP－6003

吹奏楽コンクール課題曲集 Vol.5 1986～1989
埼玉栄高等学校吹奏楽部
大滝 実

この演奏が鮮烈に記憶に残っている。冒頭部で固まり、締めのバス・ドラでKO必至
ソニー・ミュージックエンタテインメント／SRCR－2209

保科 洋
風紋

'87年

今でも大人気、〝キング・オブ・課題曲〟!

グレード ★★★☆☆
人気度 ★★★★★
演奏団体 32団体

これぞ名曲!

課題曲史上、最も愛され、演奏されつづけている名曲である。今でも、課題曲だったことを意識しないで(あるいは知らないで)演奏している若い人たちがいるはずだ。しかも課題曲人気投票のような企画があると、よく一位になる。あの《ディスコ・キッド》でさえかなわない、まさに〝キング・オブ・課題曲〟なのである。

なぜ、これほど多くの人たちに愛されるのか。

もちろん曲の素晴らしさがある。美しい旋律と、緩急の組み合わせの見事さ。ゆったりした曲のわりには、打楽器にも十分な見せ場があった。そして、この曲を知っている人は必ず「いい曲」「きれいな曲」という。技術的にも平易に書かれていたので、「あのパッセージが演奏できなくて泣いた」などという声は、あまり聞かない。ひたすら「いい曲」「きれいな曲」なのだ。

だがこれは実はたいへん重要なことで、過去、そのような課題曲はあ

保科 洋
[ほしな・ひろし]
1936～ 日本

東京藝術大学作曲科卒業。卒業作品が毎日音楽コンクール作曲部門一位を獲得。全国大会で自由曲として演奏された作品には**《交響的断章》《吹奏楽のためのカタストロフィ》《吹奏楽のためのカプリス》《古祀》《愁映》《パストラーレ》《祝典舞曲》**などがある。ほかに管弦楽曲や合唱、オペラなど幅広い作品を書いており、現在、兵庫教育大学名誉教授でもある。

まりなかったのだ。どこかに必ず難所があって、そこを徹底練習で克服することで達成感に満たされる曲が多かった。だが**《風紋》**は違った。初見で演奏できるバンドなど、いくらでもあった。ところが、演奏すればするほど、何かが湧き上がってくる不思議な曲だった。そのうち、何回練習しても到達点が見えない、深みを持った曲であることが分かってくる。かくして多くのバンドは、例年とは違ったひと夏を過ごすことになった。

　次に人気の理由として、この曲を演奏した（聴いた）者が、たいへん多かったことが挙げられる。特にこの当時の中高生は、戦後第二次ベビーブームと呼ばれる、一九七一～七四年生まれを含んでいる。この時期、毎年二〇〇万人以上が生まれていたのだ（日本の出生率は、この七四年から低下しつづけ、現在では一〇〇万人を切りかねない状況）。この時期に生まれた大量の赤ちゃんたちが、《風紋》の時期に中学・高校生になっているのだ。当然ながら吹奏楽部員だって多かったろうし、耳にした者も多かったろう。かくして平易な「いい曲」「きれいな曲」の《風紋》は、多くの人たちに演奏され、聴かれ、愛されて、〝永遠のスタンダード〟になったのだ。

　保科洋は、この《風紋》が二度目の課題曲だった。最初が七六年の**《カンティレーナ》**。三回目が九八年**《アルビレオ》**。もちろんすべて委嘱である。《風紋》は、五分前後にまとめるのにかなり苦労したそうで（それでも、当時は〝長い課題曲〟として有名だった）、近年になって、当初の構想どおり、約七分強の「原典版」も発表されている。

　ちなみに、この曲のタイトルだが、「風紋」とは、通常、砂の上にできる自然の紋様のことである。保科は兵庫教育大学教授や、岡山大学交響楽団の指揮を長く務めていたので、

成績表

金賞 10　銀賞 16　銅賞 5　ほか 1

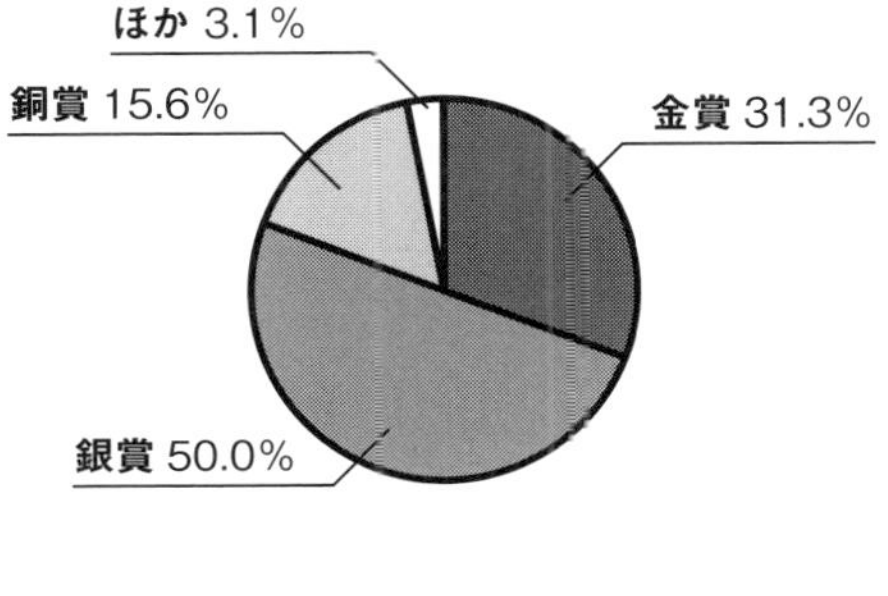

きっと、近くの鳥取砂丘の風紋をイメージして作曲されたのかと思いきや――「曲名の《風紋》は特別な意味はありません。強いて言えば、前半の曲想のイメージのサラサラした表情（中略）によってかもし出される紋様などのトータルした主観的印象ということでしょう」と、実にあっけらかんとしたコメントを述べている（全日本吹奏楽連盟会報より）。

そういえば、この曲にはウインド・チャイム（ツリー・チャイム）が指定されていた。今ではどのバンドにも必ずある楽器だが、当時はそうでもなかったと見えて、どういう楽器でいくらくらいするか、連盟の会報で、写真つきで解説されていた。隔世の感を抱かずにはいられない。

名演・熱演

冒頭、特にフルートが入ってきた瞬間、もうメロメロになってしまう名曲である。本当に「音が見える」楽譜だったと思う。一九八七年から現在まで、これほどの長きにわたって人気を保つことは容易ではない。のちに「原典版」があらためて出版されはしたが、あの当時の印象を強く持っている者にとって、《風紋》は、やはり「課題曲」として、世代を超えて愛される名曲の一つなのである。

昔、保科洋氏に話を聞いたら、「普段は音符を書くのに頭を使うのに、この時は音を削るのに頭を使った」と話しておられた。せっかく産んだ作品を、削りに削って縮小させるのには、相当な悔しさがあったに違いない。もし現在、この曲を演奏をするのであれば、やはり「課題曲」版と「原典版」の両方を聴いてから取り組むべきであろう。

しかしここでは、とにかく「課題曲」としての演奏について。

まず導入としては、**神奈川大学**の演奏がよいお手本になるだろう。「お手本」というと聞こえが悪いかもしれない。だがこの演奏は、実に淡々と進んでいるように聴こえながら、その実、表現を的確にこなす技術力、サウンドの安定感など、いずれも一定のレベルで、しかも最後まで納得しながら聴きとおすことができる。これは、当たり前のようで実はたいへんなことなのだ。

前半解説にもあるとおり、この《風紋》は、昨今、自由曲として取り上げられる超絶技巧を必要とするような難曲よりは、はるかにとっつきやすく、演奏しやすい曲だと、私も思う。しかしそれは、裏を返せば、逆に音楽表現やセンスの差がハッキリと出てしまう、極めてデリケートな側面を持った曲でもあるということだ。そこが、この曲の恐ろしさである。全国大会まで勝ち抜いて来た団体は、それぞれどこも相応の実力があるのは当然だ。それゆえ、こういう曲では歴然とした差が少なくなってしまうのも、また事実なのだ。

そんな中、高校の部で驚かされたのは、**兵庫県立西宮高校**の演奏だ。通常の尺度で聴いたら「？」と感じかねない演奏なのだが、彼らがイメージしていた「風」は、ほかのどの団体とも違って聴こえた。それは普門館を駆け抜ける「疾風」だったように思える。速い部分は、究極に近い速度で駆け抜ける衝撃の演奏。意地悪く見れば、自由曲（プラハ一九六八年のための音楽）に時間をかけるために、速く演奏したのかもしれない。しかし彼らが発した音に「意志」が感じられる、そんな生きた音楽だったのは否定のしようがない。惜しくも銀賞にとどまったものの、どこの演奏よりもエキセントリックな印象を聴衆に与えたはずだ。

逆に、オーソドックスで無理のない演奏に終始した**三重大学**の演奏も好感が持てる。自由曲に選んだドビュッシー《マルシュ・エコセーズ》も合わせて、この年の私の個人的な「殊勲賞」は彼らに贈りたい。

日本の吹奏楽'87 Vol.1 中学校編
兵庫県西宮市立
今津中学校吹奏楽部
石川 学

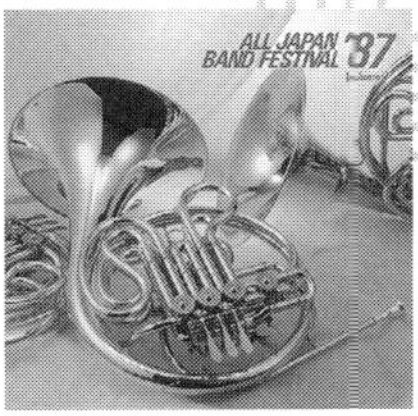

冒頭部は非常に美しく、ヴィヴァーチェの力強さも素晴らしい。終結部に驚きが！
ソニー・ミュージックエンタテインメント／32DG－86（廃盤）

響宴【2枚組】
神奈川大学吹奏楽部
杉山 晃

本文にあるとおりお手本的な演奏。しかし表現力は実に見事で独自の風紋を描いている
ブレーン・ミュージック／BOCD-9531（廃盤）

兵庫県立西宮高等学校吹奏楽部
1985－2002【4枚組】
兵庫県立
西宮高等学校吹奏楽部
吉永陽一

既成概念を打ち破った強烈な《風紋》！課題曲の面白さではこのコンビはやはり最高!!
ブレーン・ミュージック／OSBR－18018（廃盤）

川上哲夫
ムービング・オン

'87年

「先生」からのメッセージは「立ち止まらないで《ムービング・オン》」！

グレード ★★★☆☆
人気度 ★★★☆☆
演奏団体 4団体

これぞ名曲！

コンクール課題曲に公募制が取り入れられたのは、一九七三年からである（募集は七二年から）。それまでの課題曲は、すべて委嘱作品か、既成曲だった。九〇年からは、公募の優秀作に朝日作曲賞が贈られることになり、さらに今後は、主催者独自の「全日本吹奏楽連盟作曲コンクール」も設けられ、一位入賞作が課題曲に加えられる計画があるようである。

この課題曲公募入選がきっかけで、さらに本格的に活躍するようになった作曲家は多い。もちろん、それ以前から作曲家として名を成していた人もいるが、それでも「すでに大活躍中の人気作曲家」が応募したなんて話はあまり聞かないので、事実上、新進作曲家にとっての登竜門と考えていいだろう。

そして、公募である以上、誰《だれ》でも応募できるわけだから、資格は問われない。アマチュアだって応募できるのだ。そのせいか、「学校の先生」による応募がしばしば見られる。も

川上哲夫
［かわかみ・てつお］
1950〜　日本

東京藝術大学作曲科卒業。一九八〇年に神奈川芸術祭の合唱作曲コンクールで一位を獲得していた。ピアノ曲や合唱曲、室内楽曲などの作品も多く、神奈川県内の中学・高校の校歌も多く作曲している。

ちろん、ほとんどが吹奏楽部の顧問指導者だ。

　たとえば近年に限っても、《エアーズ》（二〇〇四年）や《ピッコロマーチ》（〇七年）の田嶋勉は柏市立柏高校［千葉］、マーチ《春風》（〇五年）や《憧《あこが》れの街》（〇七年）の南俊明は北海道石狩南高校、《吹奏楽のための一章》（〇六年）の堀内俊男は広島県立三原東高校の、それぞれ先生である（勤務校はすべて課題曲発表時のもの）。

　この、八七年の公募入選課題曲《ムービング・オン》の川上哲夫は、すでに多くの作品を発表していたが、やはり先生で、当時の勤務校は横浜翠嵐高校［神奈川］であった。学校の先生の入選としては、ほぼ先駆けだったのではないか。発表時、「早いもので、吹奏楽部と共に歩んで十一年になります。それはもう仕事というより生きがいになりました」とコメントしている（全日本吹奏楽連盟会報より）。

　曲は、ジャズ・ポップス風のたいへん楽しい内容だが、「全体が少し長すぎると感じたら、75〜82（小節）は省略しても良いでしょう」との指示がスコアにあった。自由曲の場合、演奏時間に合わせるためにカット箇所をどこにするか苦労することが多いが、これは、作曲者自らカット可能箇所を指定してある、珍しい課題曲だったのだ。このあたり、現場を熟知して臨機応変《りんきおうへん》に対応する吹奏楽部顧問教師の姿が垣間見えるようだ。

　なお、曲中に《ディスコ・キッド》の路線を思わせるような楽しい雰囲気もあったので、いかにも当時の明るい世相を反映しているかのように思ってしまうが、実は、これが作曲された八六年は、若い世代にとってはたいへん暗い年だった。東京・中野の中学校で男子生徒がいじめで自殺したが、教師自ら〝葬式ごっこ〟なるいじめの輪に加わっていたこと

成績表

金賞 2　銀賞 2

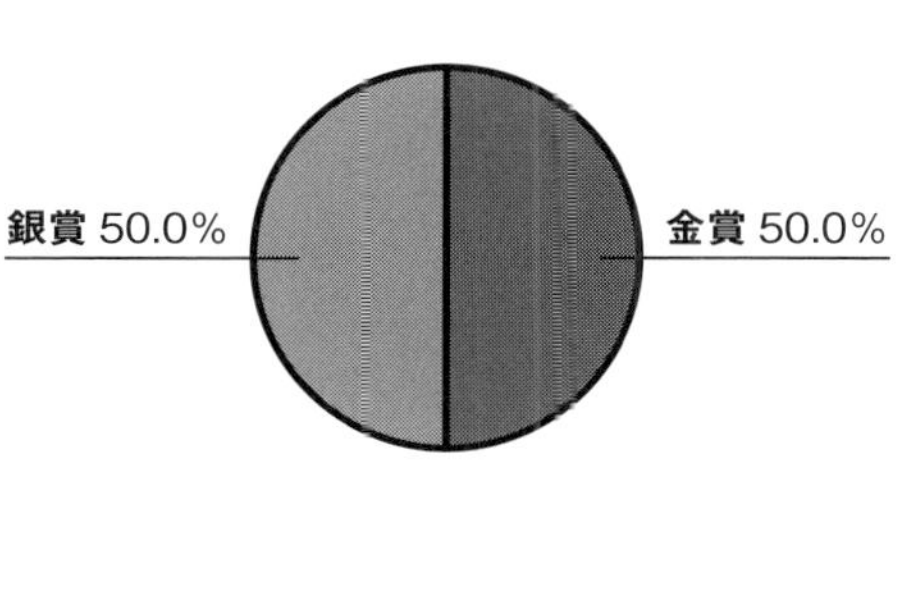

が世間を驚かせた。名古屋では、保険金目当てに、父親が、知人に実娘を殺害させ、保険金を詐取しようとした事件が発覚し、親子関係の崩壊が叫ばれた。作曲者も、それらに触れて「人間が集まれば、楽しいこと、嬉しいこともありますが、必ず摩擦が生じます。思うようにならないこともあるでしょう。その折々に感じる激しく熱い想いを、この曲にぶつけてほしいのです」と述べていた。

　青臭いコメントと感じる方もいるだろう。だが、この青臭さがなくなったら、吹奏楽部なんてやめたほうがいい。ムービング・オン＝「立ち止まらないで」とは、そんなことを堂々と訴える、コンクールならではの曲だったと思う。

名演・熱演

　二〇〇三年から、課題曲として五曲が発表されるようになり、すっかり違和感はなくなった（V番のみ、は大学・職場・一般にしか選択権がないが）。ところが、過去を遡《さかのぼ》ってみると、一九七九年、そして、この八七年も課題曲がAからEまでの五曲ある年だった。

「選択肢が増えることは、喜びか否か」などの論争はさておき、この年は、A《風紋》、B《渚スコープ》、E《ハロー！　サンシャイン》と、その後も根強い人気を持っている曲があり、当然、当時もこの三曲が多くの団体によって採択され、全国大会でも大半を占めることとなった。

　そんな中、このD《ムービング・オン》は、七〇年代中期以降のポップス系課題曲の流れを汲《く》んで登場したが、この曲に果敢に挑戦し、全国大会まで駒を進められた団体が、たったの四団体しかなかったのは、ちょっと残念な気がする。さらにいえば、悲しいことにこの年のC《コンサート・マーチ'87》は、たった三団体。それほど、A・B・Eの三曲に人気が集中してしまったということだろう。

《ムービング・オン》の名演で特筆すべきは、関西の雄、**大阪府立淀川工業高校**（現・淀川工科高校）である。出だしの小気味よいリズムが、普門館の雰囲気をパッと明るくしたような印象を受けたものだ。中ほどの落ち着いたテンポの部分まで進んだ時には、雛壇《ひなだん》の楽器（トランペット、トロンボーン、サクソフォーン）がサッと立ち上がりスタンド・プレイ！　これはもはやコンクールではない……そう、彼らが地元大阪でやっている大人気コンサートを見に来たような錯覚に陥ったものだ。しかも単純に「ノリがよい」というのではなく、指揮の丸谷明夫先生も含め、全員が実に楽しんで演奏している。まさに、コンクールに来た聴衆を「楽しませてやろう」としている姿は、二〇年たった今でも鮮烈な印象となって残っている。自由曲のバッハ《トッカータとフーガ》における重厚さとのコントラストも素晴らしく、堂々の金賞、まさに圧巻だった。

中学の部では、**出雲市立第二中学**［島根］が演奏し、金賞を受賞した。だが、「ポップスのしゃれた感じを聴きたい」と思う人には、大学の部における、**福岡工業大学**も捨てがたい演奏であった。人数的にほかの団体より一回り編成が小さいながらも、リズムをソリッドに決めていくタテノリ感が、これまた素晴らしいのだ。大人の雰囲気を持ったルーズな感じもところどころで垣間見えるのもニクかった。惜しくも銀賞にとどまったが、課題曲らしくない「ポップス」な感じを出していた団体として、あえて挙げておきたい。これに比べると、先述の淀工の演奏は、歌い回しが素晴らしい、横の流れを感じる演奏といえよう。

　この二つの演奏を対比させて聴くもよし、気に入った方を聴くもよし。それこそあともう一団体、**旭川市立永山南中学**［北海道］も聴けば、これで全四団体。数が少ないのだから全部聴いてもいいのではないか。

全日本吹奏楽コンクール課題曲集 1985〜1988
東京佼成ウインドオーケストラ
山岡重信

参考演奏音源。かっちり譜面どおり演奏されているがいろいろな部分が見えてくる演奏
全日本吹奏楽連盟／BATP－6003

淀工・青春の軌跡 1986〜2005
大阪府立淀川工業・工科高等学校吹奏楽部
丸谷明夫

CDもあるがやはり映像を紹介。注目はスタンド・プレイ、本当に驚かされた
ブレーン・ミュージック／BOD－3062（DVD）

島根県出雲市立第二中学校吹奏楽部
錦織雄司

NO IMAGE

中学生離れした高い技術、中間部の逞さ、最後の音の残し方、すべて完璧です！
ブレーンよりダウンロード

三善 晃

吹奏楽のための《深層の祭》

'88年

吹奏楽史を変えた、驚異の四分間

グレード ★★★★☆
人気度 ★★★☆☆
演奏団体 35団体

これぞ名曲！

私事で恐縮だが、三善晃の名前を初めて知ったのは、一九七二年、札幌オリンピックのファンファーレ作曲者としてだった。当時中学生だった私は、連日テレビから流れてくるカッコイイ旋律を聴いて「いったいどんな人がつくったのだろう」と、憧《あこが》れさえ抱いていた。

それだけに、八八年のコンクール課題曲に三善晃の名前を見た時は嬉しかった。現代音楽の大家が起用されたことで、吹奏楽に対する世間の視線が変わったようにさえ感じた。

ところが、その曲《深層の祭》には驚かされた。わずか四分間で、シンプルな動機が提示され、発展・展開し、見事に終結部で落ち着く構成は、あまりに高度、かつ知的だった。「吹奏楽は、これほどのことが表現できるのか」と、目からウロコが落ちる思いだった。まさに〝吹奏楽史を変える四分間〟であった。

よく、タイトルの《祭》が、フランスの詩人ランボオ（一八五四～九一）の詩の一節「俺の人生は祭だっ

三善 晃
［みよし・あきら］
1933～ 日本

東京生まれ。幼少から作曲を学び、東京大学仏文科卒業（途中、パリ国立高等音楽院に留学）。東大在学中に日本音楽コンクール作曲部門で一位を獲得。理知・緻密《ちみつ》・激情が見事なバランスで配された音楽で世界的な存在となった。管弦楽曲から合唱曲まで、幅広いジャンルを手がけ、芸術院会員、文化功労者にも選出されている。

ランボオ『地獄の季節』は、岩波文庫版（小林秀雄訳）、ちくま文庫版『ランボー全詩集』（宇佐美斉訳）などで読める。

た」から来ているとの解説があり、作曲者自身もそう述べているが、厳密にいうと正確ではない。これはランボオの名散文集『地獄の季節』冒頭の一文だが、日本では、そのような訳文では知られていない。「かつては、もし俺の記憶が確かならば、俺の生活は宴《うたげ》であった。誰《だれ》の心も開き、酒という酒はことごとく流れ出た宴であった」（小林秀雄訳）、あるいは「私の生活は宴だった」（宇佐美斉訳）、「おれの生活は饗宴《きょうえん》だった」（粟津則雄訳）などがほとんどだ。だが三善は（東京大学仏文科卒だけに）、おそらくランボオを原文で読んでいた。そしてこの部分を「俺の人生は祭だった」と解釈した。曲も、メカニカルな音のぶつかり合いがまさに「祭」を思わせるようで、明らかに三善訳の方がピンと来るような気がする（三善訳でランボオ詩集を読んでみたい…）。そんな「祭」を、深層の意識下で展開させたのが、この名曲なのである。すぐに吹奏楽オリジナル曲の傑作として定着し、のちに自由曲に取り上げた団体もあったほどだ。

三善晃の名前が全国大会に初登場したのは、これより前、七八年のことだった。秋田県立秋田南高校が自由曲に取り上げた**《管弦楽のための協奏曲》**が最初である。以後も同校は三善作品に挑みつづけ、八〇年に**《交響三章》第三楽章**、八四年に**《変容抒情短詩》**、九四年に**《竹取物語》**で全国大会に進出し、吹奏楽界に三善晃を定着させた（編曲は、すべて同校OBの作曲家・天野正道）。

課題曲では、九二年に**《クロス・バイ・マーチ》**で再登場している。なるほど三善晃がマーチを書くとこうなるのか、といいたくなるほどユニークな曲だった。

ほかに全国大会に登場した三善作品には、**《スターズ・アトランピック'96》**、**《祝典序曲》**、**交響詩《連禱富士》**などがある。このうち、《ス

成績表

金賞 16　銀賞 15　銅賞 4

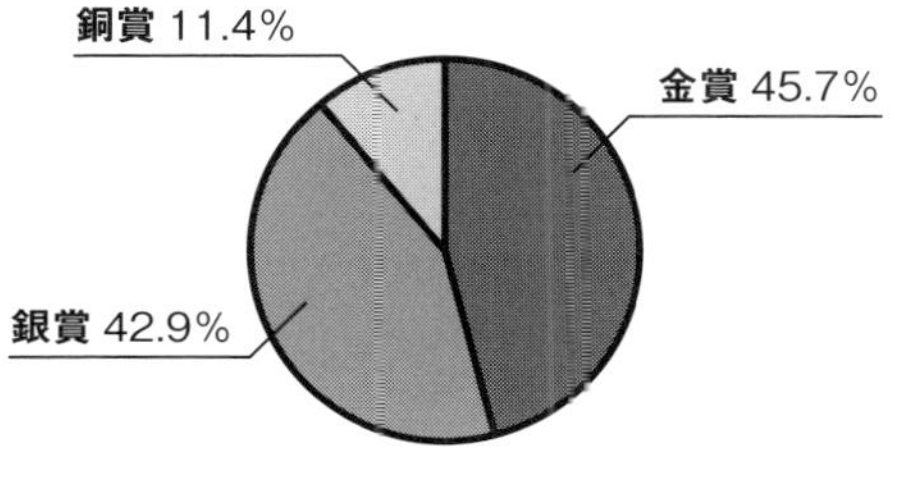

ターズ〜》は、アメリカ・アトランタのエモリー大学から委嘱され、九一年に同地の日米吹奏楽音楽祭で初演された吹奏楽オリジナル曲だ。作曲中に、アトランタ市が九六年オリンピック開催地に決定したので、若者たちの交流・交歓の地を祝福する曲となった。一部、舞踏音楽《竹取物語》と同一素材が使用されている。吹奏楽ならではのカタルシスも十分ある曲で、三善にとっては札幌大会以来の〝オリンピック吹奏楽曲〟となった。

名演・熱演

吹奏楽曲で、冒頭、いきなりシンプルなバスーンのソロ。難解なパッセージ。極限のバランス感覚。目まぐるしい変拍子。何たる三重苦！ 初めて東京佼成ウインドオーケストラの演奏する「参考音源」が届き、音を聴きながら、パート譜の黒い玉を、何が何だか分らないまま必死に目で追うことしかできなかった——この年、日本中のバンドが困惑していた。どうする？ この曲を選択するのか？ 我がバンドで、こんな難曲、演奏できるのか？ そして、多くのバンドが結論を下した（はず）。「これは……ない、な」と。とてもじゃないが、こんな曲、アマチュアが演奏できるとは思えなかった。

ところが！ フタを開けてみれば、地区予選から支部大会に進むにしたがい、この超難曲《深層の祭》が登場する比率は、どんどん高くなっていった。最終ステージの全国大会で、中学生が立派に演奏しているのにはまったく驚かされた。

だが……難曲は難曲だ。十分な説得力を持つ演奏を聴かせてくれたのは、やはり大人のバンドだった。

職場の部から唯一の演奏団体、**ヤマハ吹奏楽団浜松**［静岡］。各奏者がうまいこともあって、緻密なアンサンブルでこの難曲を手堅くまとめていた。素晴らしい名演だった。

大学の部では、**神奈川大学**。ソロや弱奏部に少々危なっかしい部分もあるが、トゥッティの感覚では、むしろこちらの響きの方が好ましく感じる時もある。

その一方、高校の部では、たいへん珍しい現象が起きていた。

同年の課題曲は、この《深層の祭》と、《カーニバルのマーチ》（杉本幸一作曲、小長谷宗一補作）の二曲が圧倒的人気を誇っていた。この種の人気の偏りは、よくあることである。そして、この年に高校の部で金賞を受賞した八団体は、見事に四団体ずつ、しかも、出演順まできれいに前後に分れて、この二曲を取り上げていたのだ。

　つまり……出演順六～九番の連続四団体——**習志野市立習志野高校**［千葉］、**天理高校**［奈良］、**柏市立柏高校**［千葉］、**洛南高校**［京都］が、《深層の祭》で金賞。一七～二〇番の連続四団体——**東海大学第四高校**［北海道］、**神奈川県立野庭高校**（現・同県立横浜南陵高校）、**北海道札幌白石高校**、**大阪府立淀川工業高校**（現・淀川工科高校）が《カーニバルのマーチ》で金賞。

　もちろん偶然だったのはいうまでもないが、これほど見事に固まって、しかも金賞を受賞してしまうのは極めて珍しいことだったので、のちのちまで印象に残る年となった。

　もちろん《深層の祭》に挑んだ四団体とも、たいへんいい演奏を残している。六～八番の三高校は、どちらかというと「緻密系」の演奏だが、九番の洛南高校は、少々違った印象があって、今聴いてもなかなか面白い。強いていうと「疾風怒濤《どとう》系」、ドイツ語でいう「シュトルム・ウント・ドランク」！　ハイドン中期の音楽が、よくそんな風にいわれるけど、もちろん三善晃の音楽は、ハイドンどころじゃない。よくまあ、こんな難曲を、中高生が演奏したものだ。《深層の祭》は、現代音楽の演奏法を我らアマチュアに授けてくれた、感謝してもしきれない名曲でもあったのだ。

フェイバリット・パスト・アルバム・シリーズ
深層の祭
東京佼成ウインドオーケストラ
小田野宏之

この曲の緻密さがよく分る演奏。各楽器の交錯がはっきりと聴こえてくる
佼成出版社／KOCD－0401

吹奏楽コンクール課題曲集 Vol.5
1986～1989
豊島区吹奏楽団
八田泰一

サウンド、音楽作りともに大人の演奏。この曲の持ち味がよく分る名演の一つ
ソニー・ミュージックエンタテインメント／SRCR－2209

日本の吹奏楽'88 Vol.8
大学／職場編
神奈川大学吹奏楽部
小澤俊朗

この演奏がいちばん凄い！　廃盤を選んで恐縮だがぜひ聴いてほしい超名演！
ソニー・ミュージックエンタテインメント／32DG－5028（廃盤）

池辺晋一郎 ランドスケイプ——吹奏楽のために

'90年

〝ダジャレの神様〟が生んだクールな名曲

グレード	★★★☆☆
人気度	★★★☆☆
演奏団体	30団体

これぞ名曲!

「ハ短調だけあって、演奏は破綻していた」

「四重奏団は、始終相談ばかりしている」

「ベートーヴェン《大公》に対抗できるピアノ三重奏曲はない」

これら、ダジャレの神様・池辺晋一郎〝作品〟の、ほんの一部である(正確ではないかもしれないが、ほぼこんな感じ)。

話は突然変わるが、一九七八年にNHKで放映されたアニメ『未来少年コナン』は、今では世界的アニメ作家となった宮崎駿の本格デビュー作で、のちの宮崎作品のエッセンスが、すべて詰め込まれた名作だった。この番組の主題歌《今地球がめざめる》を作曲したのが池辺晋一郎だった(鎌田直純・山路ゆう子/歌、作詞は現・東京家政大学学長の片岡輝)。初めて聴いた時は「アニメ主題歌にしては音が取りにくい、ずいぶん難しい曲だな」と思ったが、その後、聴けば聴くほど味がにじみ出てくる曲になった。

池辺晋一郎
[いけべ・しんいちろう]
1943〜 日本

東京藝術大学大学院修了。池内友次郎、三善晃、矢代秋雄などに師事。在学中から作品を発表しており、受賞歴は枚挙に暇がない。ジャンルも幅広く、映画音楽では『瀬戸内少年野球団』(八五年)、『少年時代』(九一年)で、日本アカデミー賞最優秀音楽賞を二回受賞している。吹奏楽曲には**《アマデウスのピアノが聞こえる》**もある。

その親しみやすく楽しい語りは、NHK教育『N響アワー』でおなじみ。

合唱組曲《どろんこのうた》《異聞・坊っちゃん》は、どちらも文化庁芸術祭優秀賞受賞。オペラ《死神》（七一年）はザルツブルクTVオペラ祭優秀賞受賞。交響曲第四番は尾高賞受賞……。

NHK大河ドラマの音楽も『独眼竜政宗』（八七年）を含めて五回担当。演劇・映画音楽も多く、後期の黒澤明、今村昌平、篠田正浩といった名匠の作品を担当した。

これらで分るように、池辺晋一郎は、たいへん幅の広い作曲家である。天才肌と職人肌をこれほどバランスよく兼ね備えた作曲家は少ない。しかもダジャレの神様。著書も多く、名文家でもある。現在は、NHK教育『N響アワー』の司会でもおなじみだ（特に壇ふみとの絶妙コンビぶりは抱腹絶倒だった）。

《ランドスケイプ》は九〇年の委嘱作で、池辺初のコンクール課題曲である。池辺は、「演奏者が、どのような風景（ランドスケイプ）を感じるか」を問うような曲であると述べていた。そういえば、中間部にはピッコロの長く美しいソロがあって、「鳥の歌声のように」と指示されている。ということは大自然の風景なのか。それにしては前半部と後半部は、人でごった返す大都会や無機質なビル群を思わせるクールな曲想である。ここにもまた、池辺の幅広さがあらわれているようだ。二〇〇〇年には、二度目の委嘱課題曲**《胎動の時代》**を書いている。

池辺は、実は〝管楽器少年〟だった。中学では吹奏楽部でクラリネットを吹いていた。六一年には、高校で管弦楽部を創立させ、初代指揮者・部長を務めた。これぞ、その後四〇年以上にわたり今でも隆盛を誇る、東京都立新宿高校管弦楽部である。

「管」への思いはその後も生きつづけていくようで、たとえば七九年には、日本音楽集団のために《竹に同じく》を書いた。尺八、龍笛、篠

成績表

金賞 8　銀賞 15　銅賞 7

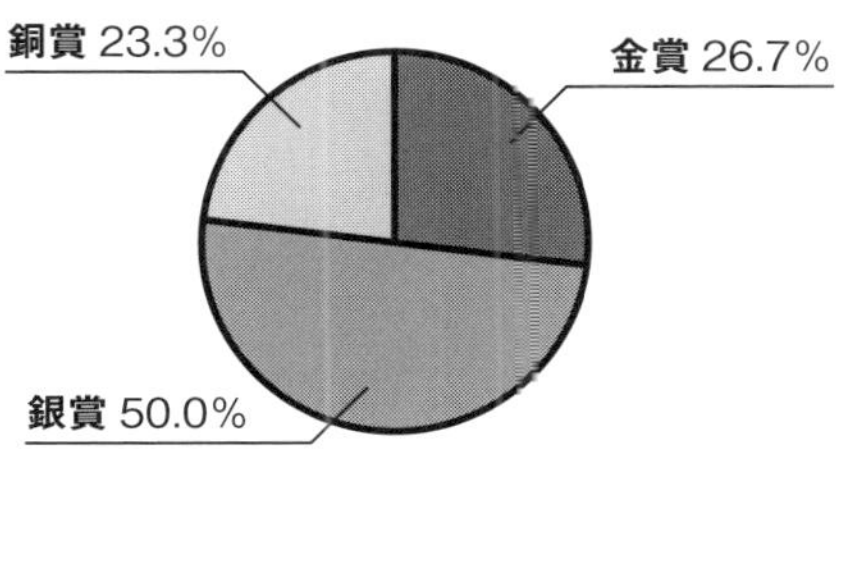

笛など様々な邦管楽器一五本の合奏曲だ。タイトルは漢字の「筒」（邦管楽器のこと）を分解したもの。もちろんダジャレではない。

「サインするのはいいけれど、僕のはタンジェントだよ」

「フランス語でお刺身を注文する時は——イカジュポーン、タコハポーン（イカ一〇本、タコ八本）」

「何度も挫折したジョルジュ・サンド。今度挫折したらヨンドめだ」

「サン＝サーンスの《白鳥》を演奏したあとは、タバコはスワン」

こういうのが、池辺流ダジャレなのである。

名演・熱演

スピード感溢《あふ》れる冒頭テーマの提示から、リズム動機までの流れで、演奏の雌雄が半分くらい決してしまう曲である。しかも重要な「課題」が曲のそこかしこに鏤《ちりば》められている。池辺晋一郎という作曲家は侮れない。普段からダジャレや冗談を飛ばすのは、頭の回転が早いのみならず、蓄積されたボキャブラリーから近似する言葉を選び出し、瞬時に再構築する能力があるからにほかならない。管楽器奏者の得意な点、イヤがる点、その他諸々を知り尽くし、織り込んで作曲する——そういう人が思いついて当然のこと。

この年、課題曲を委嘱されたのは、池辺晋一郎のほか、名取吾朗、間宮芳生といずれも重鎮クラスの作曲家であった。その中で音楽的にもひねりが少なく、聴き映えのする《ランドスケイプ》は、この年一番の人気を誇った（二番人気は、行進曲《マリーン・シティ》＝野村正憲作曲、藤田玄播補作だった）。

初めにご紹介するのは、おなじみ**埼玉栄高校**。一九八五年に全国大会初出場なのに、もう貫禄《かんろく》が漂っている演奏だ。木管・金管・打楽器すべてにおいてハイスコアをマークしている。トータルでの評価が実に高い演奏だ。申し分ない全体の音の厚み、しかし速い部分ではそれが足かせにならず、スピード感と緊張感を持ったまま草原を駆け抜けていくかのようだ。

もう一つは、情緒感溢れる中間部を、華麗に舞い飛ぶようなピッコロに耳を奪われた**常総学院高校**［茨城］。全体的な評価も高いのだが、あえていうならば、このピッコロを聴くだけでも価値があるといってもよい。彼らも関東の激戦区を勝ち抜いてきた全国大会二年目の新興勢力だったが、にもかかわらず演奏レベルの高さは特筆ものだ。新人役者ながら、初舞台で主役を成功させたかのような印象があった。

　中学の部で驚きの演奏を披露した二団体を紹介しよう。ともに関東支部代表、**川越市立野田中学**［埼玉］と、**千葉市立土気中学**だ。

　中学生だから少々のほころびはあるものの、ここまで大人顔負けの演奏をされては「まいったね、こりゃ」と白旗を揚げるしかなかった。この二校、昨今の吹奏楽界を牽引している指導者——佐藤正人、加養浩幸の両氏が指揮をしていた。野田中学は、無理・無駄が非常に少ない、全体の安定感が小憎らしいほど素晴らしい。一方、土気中学は少々背伸びしたような演奏ではあったが、個々の練習がしっかりされている、文句のつけようのない演奏。両者とも、カリスマ指導者が強引に引っ張った巧《うま》さではないところが素晴らしかった。肉体的・精神的に未熟な中学生を、あくまで「中学生」としてまとめ上げ、懇切ていねいに積み上げる指導が結実した名演なのである。

　現在の吹奏楽界に、この両氏の流れを汲《く》んだ団体・指導者が増えつづけている事実こそ、当時の実体験から編み出された指導法が的確であったことを如実に物語っている。

吹奏楽コンクール課題曲集 Vol. 6
1990～1994
埼玉栄高等学校吹奏楽部
大滝 実

均整を保ちつつも力強さとスピード感に溢れた演奏。サウンドが非常に好ましい
ソニー・ミュージックエンタテインメント／SRCR－2210

全日本吹奏楽コンクール課題曲集
1989～1992
神奈川大学吹奏楽部
小澤俊朗

非常に剛直な素晴らしい演奏。この曲の持ち味を生かした名演の一つ
全日本吹奏楽連盟／BATP－6004

日本の吹奏楽'90 Vol. 3
高等学校編
常総学院高等学校吹奏楽部
本図智夫

非常に不思議なサウンドが特徴の演奏。どうやればこんな不思議な音が出せるのだろうか？
ソニー・ミュージックエンタテインメント／CSCL－1579（廃盤）

田村文生
饗応夫人——太宰治作「饗応夫人」のための音楽

'94年

コンクール史上、最も長くて難しい課題曲

グレード	★★★★☆
人気度	★★☆☆☆
演奏団体	33団体

これぞ名曲！

作家・太宰治は、一九四八年（昭和二三年）六月、愛人と入水心中した（女性による無理心中説もある）。その約半年前、雑誌「光」昭和二三年一月号に発表された小説が『饗応《きょうおう》夫人』である。文庫本でわずか一一頁強の掌編《しょうへん》だ。

舞台は終戦直後の東京郊外。物語は、ある家の家政婦の視点で綴られる。

その家の主人は大学教員だったが、応召され戦地で行方不明に。妻は寡婦となって、家政婦の「私」とつましく暮らしている。そこへ主人の友人だったと称する「笹島」が訪ねてくる。夫人には、生来の饗応（接待）癖があり、酒や鳥鍋で歓待する。以後、笹島は、多くの仲間を伴って、その家をまるで自分専用の旅館であるかのごとく訪れては、傍若無人《ぼうじゃくぶじん》に飲み食いをして、泊まって、朝風呂まで入っていく。

「私」は何度となく饗応はやめるよう夫人に進言するが、当人は極端に気が弱く（いや、優しすぎる？）、「あ

田村文生
［たむら・ふみお］
1968～　日本

東京生まれ。東京藝術大学大学院、およびロンドン・ギルドホール音楽演劇学校大学院修了。世界各地の音楽祭や作曲賞で受賞しているほか、現代音楽アンサンブルαや、日本音楽集団でも活躍している。現在、神戸大学准教授。課題曲は《饗応夫人》のみだが、**《かわいい女》《アルプスの少女》《残酷メアリー》**といったオリジナル曲が自由曲としてしばしば取り上げられている。

なお小説『饗応夫人』は、新潮文庫版『グッド・バイ』で読める。

の方たちも（敗戦で）不幸なのだから」などというばかりで、やめる気配がない。そして、さらに派手につづく饗応の日々。夫人はカネも体力も果て、ある日、吐血する。いよいよ故郷へ帰るしかないと、家を出た瞬間、またも笹島がやって来て……。

　読んでいて、まことに哀しくなってくる小説だ。精神的に追い詰められた当時の太宰の胸中を描いたようでもあり、あるいは、終戦後、占領軍のいいなりになって怯《おび》えている日本人の姿をデフォルメしているようにも読める（ちなみに、主人公のモデルは、二〇〇七年二月に九八歳で亡くなった戦後女流洋画家の草分け、桜井浜江である）。

　で……この小説が「吹奏楽曲」、しかも、コンクール「課題曲」となった時、誰《だれ》もが驚きの声を上げた。まず題材の意外さ――当時、『饗応夫人』なんて小説は太宰ファンでなければ知らなかった。次に、その難度――とにかく高度なアンサンブルを要求される難曲だった。《深層の祭》もたいへんだったが、それどころではなかった。冒頭からして「四分の五拍子」と「一六分の七拍子」が交互にあらわれる。音の跳躍も激しく、複雑なパッセージが絡み合う。こんな曲、アマチュアが演奏できるのか？　さらには、演奏時間――ほぼ七分弱を要し、課題曲としてはあまりに長い。これでは自由曲の選択の幅も限られてくる……にもかかわらず、中学から一般まで、すべての部門で、この曲に挑む団体が続出した。あどけない中学生がこのような現代音楽を平然と演奏している様子は、不思議な光景を見るようであった。

　コンクール課題曲の枠を超えて、これは文学と現代音楽の、幸福な出会いであった。

　作曲者・田村文生は、このほかにも、一種の女性文芸シリーズとでも呼ぶべき吹奏楽作品を続々発表して

成績表

金賞 15　銀賞 16　銅賞 2

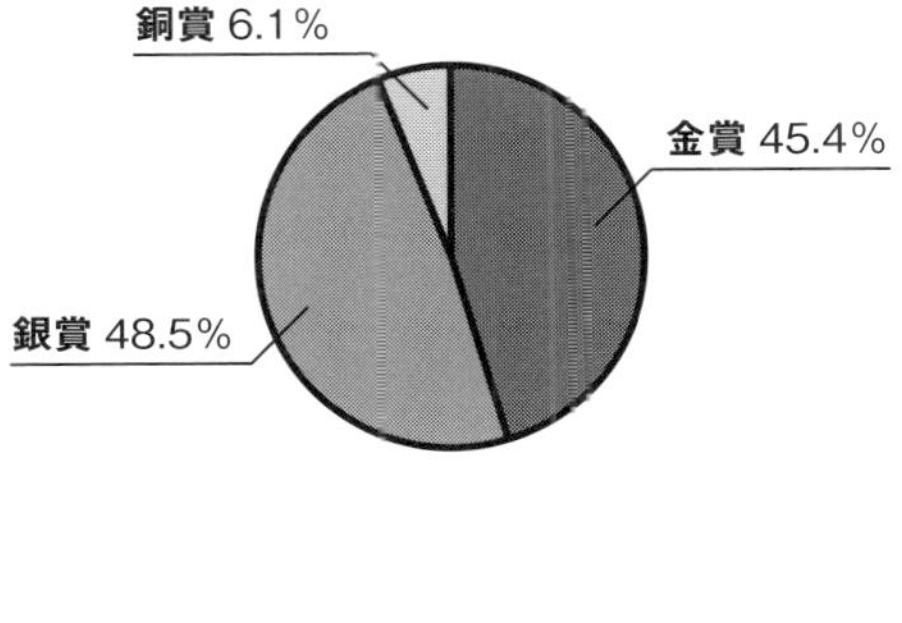

いる。もちろん、どれも一筋縄ではいかない〝難曲〟ばかりである。**《饗応夫人》**は、作曲者の当初の構想では、もっと長い曲だったようで、その後、山下一史指揮＝東京佼成ウインドオーケストラが、CD『飛天の舞』（佼成出版社）に収録した演奏は、カット部分も復活させた〝完全版〟で、タイムは七分四七秒となっている。

名演・熱演

「今までの課題曲で、いちばん難しい曲は何でしょうか？」

　そう聞かれたら、私は即座に、この《饗応夫人》と答えている。とにかく楽譜を初めて見た時、あまりに細かい符割りに、眉間《みけん》にシワが寄ってしまったものだ。

　もうこうなると、よく指導現場でも使われる「ほかの楽器がやっていることを理解して！」だとか、「ほかのパートも歌えるくらいになろうよ！」なんて悠長なことをいってる場合じゃない。自分の身の回りのことだけで精いっぱいなのだから。何しろ、バスーン、バス・クラリネット、バリトン・サクソフォーンの「木管低音三銃士」に、かなり重要なソロがあるのだ。これからして尋常な曲ではないことが想像できよう。全体に要求されるハードルも、とにかくメチャクチャに高い。オリンピック棒高飛び決勝戦くらいの高さがある。

　なのに、全国大会では不思議にも演奏した団体数が多いので、まあまあ溜飲《りゅういん》も下がるわけだが。

　この曲を明確に論ずるには、まず正攻法の演奏を聴いてから――というわけで、おなじみ**神奈川大学**の演奏にご登場願おう。緻密《ちみつ》なアナリーゼを完璧《かんぺき》なまでに繰り返し、しっかりと練習してきた結果がよく出た演奏だ。こうした技術的完成度の高さでは、唯一無二の存在といえる。どうしてここまで作り上げられるのか、と感じるほどだ。

　この時の指揮者・小澤俊朗は、後年（二〇〇三年、〇六年）に、自由曲で同じ田村文生のこれまたウルトラ難曲《かわいい女》《残酷メアリー》を取り上げることになる。つまり田村文生は、それまで日本人のオリジナル作品を自由曲に選ぶことがなかった神奈川大学が、唯一自由曲に選んだ作曲家なのである。それほど、同大学にとってはチャレンジしがいのある作曲家、作品ということなのだろう。

　同じく模範的な演奏を披露してくれた**ヤマハ吹奏楽団浜松**［静岡］も挙げておく。複雑難解な音符をストリクトに再現する演奏で、時折見せる悲愴感がほどよく感じられる秀演である。田村文生の代表作でもある前述《かわいい女》は、このヤマハ吹奏楽団の委嘱作品だ。《饗応夫人》の翌年（一九九五年）に初演を行なっている。そして《アルプスの少女》（九九年）へとつづくのだ。

　ここまでの二団体は、見事ながら、どちらかというと感心度が高い演奏といえる。

　最後にもう一団体、私の好みとしかいいようがないが、**兵庫県立兵庫高校**の演奏を挙げさせていただく。東京佼成ウインドオーケストラによる参考演奏のCDを何度となく聴きつづけ、約一〇ヶ月後の全国大会でこの団体を聴いたら、違う楽譜を使ってるんじゃないかと思うくらい、独特な演奏だったことを覚えている。歌いまわしの引っ張り具合といい、浪花節を歌っているかのような押し具合といい（失礼）、私の琴線をかきむしるくらい、強烈に主張されている。明らかにその日の演奏の中でいちばん「生きた音」が出ていたと思う。銀賞だったのは残念だが、私の中ではダイヤより輝いている名演である。

　何と中学の部で、この曲を演奏した団体もけっこうあり、総じてアプローチは千差万別《せんさばんべつ》ながら群雄割拠《ぐんゆうかっきょ》の好演揃いで金賞も多く生まれた。今も昔も、「上手」なのも結構だが、やはり強烈に印象が残る「オンリー・ワン」の演奏が私は好きです。

日本の吹奏楽'94 Vol. 7 高等学校編
関東第一高等学校吹奏楽部
塩谷晋平

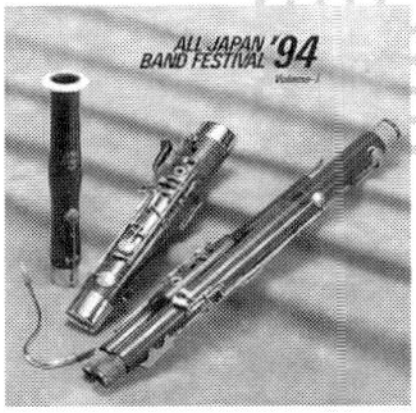

塩谷マジック全開の不思議な魅力を持つ演奏。独特の歌いまわしが非常に心地よい
ソニー・ミュージックエンタテインメント／SRCR－9732（廃盤）

吹奏楽コンクール課題曲集 Vo．7 1994～1997
神奈川大学吹奏楽部
小澤俊朗

技術の高さは群を抜いた最高峰に位置する演奏。初めて聴くのに適した１枚
ソニー・ミュージックエンタテインメント／SRCR－2211

兵庫県立
兵庫高等学校吹奏楽部
松井隆司

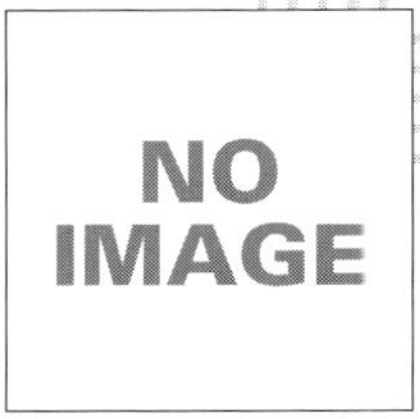

個性溢れる非常に優れた演奏。《饗応夫人》の概念が変わること間違いなしの爆演！
ブレーンよりダウンロード

櫛田朕之扶 雲のコラージュ

'94年

前代未聞、演奏者が「自分で完成させる」課題曲

グレード ★★★☆☆
人気度 ★★★☆☆
演奏団体 33団体

これぞ名曲！

今までにずいぶん多くのフルスコアを見てきたが、こんなのは初めてだった。「空欄」だらけなのだ。「休符」ではない。五線譜の中に、何も書かれていないのである。一瞬、未完成のまま印刷されたのではないかとさえ思った。

特に、フルートⅡ、オーボエ、バスーン、E♭クラリネット、アルト・クラリネット、バス・クラリネット、バリトン・サクソフォーン、ホルンⅣ、弦バスの段は完全に何も書かれていない。きれいな五線譜のままだ。打楽器Ⅰ～Ⅳも空欄だらけである。

このままなら、二三パート、二五名程度で演奏できる。

実はこの《雲のコラージュ》は、前代未聞、「演奏者が、自分たちで自由に考えて完成させる」課題曲だったのだ。では、どうやって完成させるのか――これに関しては、作曲者自身が、スコア冒頭でアドバイスを示している。

①空欄の楽器、および各種打楽器、ピアノ、ハープ、そのほか（コー

櫛田朕之扶
［くしだ・てつのすけ］
1935～　日本

京都教育大学卒業。日本古来の音楽に根ざした作品が多い。課題曲では、すでに八一年の委嘱作《東北地方の民謡によるコラージュ》を書いており、自由曲でも《飛鳥》《火の伝説》《飛天》《斑鳩の空》《雅風断章》《秋の平安京》《元禄》など、多くの作品が登場している。

通常の吹奏楽曲とは違った、和風の味わいを求めるバンドに熱狂的なファンがいる。その一方で、意外にも最近、ジャズ曲《テイク・ファイヴ》の吹奏楽編曲なども発表している。

ル・アングレなど）を自由に加えてよい。
②その際は、主旋律・副旋律ともにオクターヴの上下での追加も許される。
③和音については、その最低音を変えなければ（基本形・転回形という位置関係を変えないで）、和音内の音をどの位置に加えてもよい（配置・重複は自由にしてよい）。
④打楽器は、イメージを最大限に創り上げる意味で自由に加えてよい。

　この二年前、九二年の国民生活白書で「少子化」なる言葉が初めて登場した。そして九七年には、完全に、子供の数が六五歳以上の高齢者人口を下回る「少子化社会」となる。この曲は、まさにそんな時期に書かれている。中学・高校の吹奏楽部もその影響で、コンクール出場の上限人数「五〇人」編成を組めないバンドが続出していた。別に、五〇人いなくても出場できるのだが、最低三〇〜四〇人以上いないと形にならない楽曲が多い。大音量ばかりが吹奏楽の魅力ではないが、どこのバンドも、それなりの人数でしっかりした音を出したいのが本音だった。そこで、最低限の少人数、たとえば、この曲のように最初から三〇名以下でも演奏可能な楽曲が求められるようになってきた。委嘱作品《雲のコラージュ》は、そんな時代背景に応えて登場した。

　だがさすがにベテラン作曲家・櫛田胅之扶は、単純な小編成曲は書かなかった。「大小の編成を問わず各バンドが（略）独自のカラーを創って欲しいと考えています」と述べている。

　こうして、同一課題曲なのに、バンドによって違った響きになるという、ユニークな状況が生じた。技術的には平易に書かれていたので、バンドごとの〝編曲〟が重要になる。特に、打楽器パートに工夫を加えるバンドが多かった。

　曲は、タイトルどおり、大空に浮かぶ雲が様々に形を変えていく様子

成績表

金賞 7　銀賞 13　銅賞 13

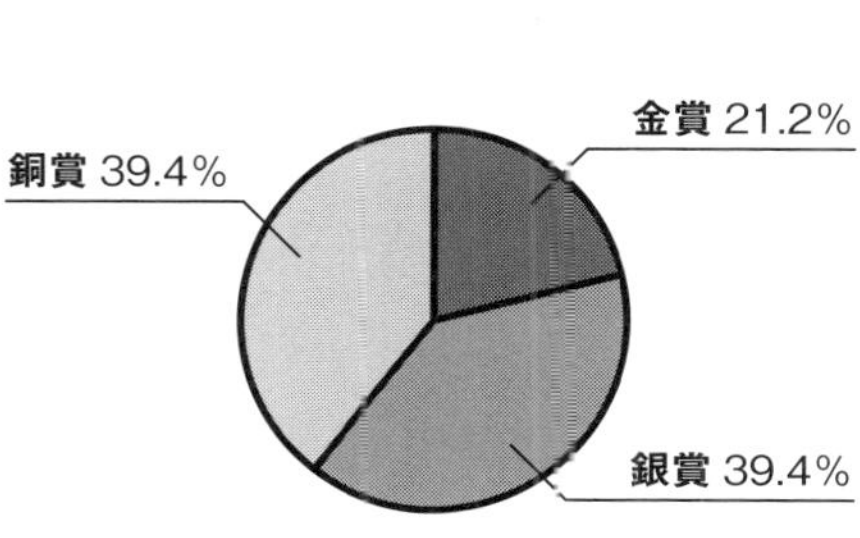

を描いた美しい内容である。楽譜には、実際の雲の変化の様子が、日本語で具体的に記されている。たとえば冒頭は「晴れ渡る空に　光の彩りをそえて雲は浮かぶ」。やがて風に吹かれ、形を変え、飛び散るが「白色の流れは去り　不動の大空が広がり　また雲の姿を待つ」となる。

　まさしく雲の変化を音楽のコラージュで描くものだったが、演奏の方でも一種のコラージュ精神が必要な、そんなユニークな課題曲であった。

名演・熱演

　櫛田朕之扶の曲といえば、作品から放たれる「和の香り」が持ち味である。代表曲の一つである一九八一年の課題曲《東北地方の民謡によるコラージュ》でも「南部牛追い唄」「津軽じょんがら節」「庄内おばこ」「南部二上り甚句」など風土の伝統的音楽を取り入れて、日本人の心に沁《し》み入る音楽に仕上げていた。

　この《雲のコラージュ》でも、日本音階をベースとした上で、西洋古代旋法をも取り込み、櫛田作品としては異色に思える箇所が見られる。前項《饗応夫人》の複雑さに対して対極に位置するシンプルな音使いで、この年の課題曲を二分した。

　前半解説で触れているように、ある意味、レシピにおける最後の味つけが演奏者に「おまかせ」されている曲である。過去の課題曲の中で、ここまで演奏者側に自由に考える余地を残した曲はなかった。作曲者は素材のみを提供し、腕自慢の調理人（演奏者）がどう仕上げるかが吟味される、たいへん珍しい形の課題曲である。

　おかげで様々な試みによる演奏が生まれ、作曲者ご本人もずいぶん楽しんだようだ。のちに改訂版をまとめた際には、この時の様々なタイプの演奏にインスパイアされた部分もあったようだ。

　その作曲者本人が「一番よい」と評価したのが、一般の部で先頭打者を務めた**浜松交響吹奏楽団**［静岡］。この曲はもともと、作曲者の解説によると「二三パート、二五名程度での演奏が可能」の曲である。が、浜松交響吹奏楽団は八二名という大所帯での出演となった（当時はメンバー数の上限がなかった）。しかし多人数にまかせて、爆風で雲をなぎ払うような演奏ではなかった。まるで流れる雲の情景が目に浮かぶような繊細な演奏だったのだ。終盤には「声部」を加え、神々しいまでの眩《まばゆ》い光が差し込む光景を音楽で表現したのには脱帽させられた。

この曲は技術的に難所が少ないため、中学の部でも立派な演奏を披露する団体が多く見られた。その中でも**広島市立宇品中学**の演奏は、前述の浜松交響吹とは正反対、絞りに絞った三三人という小編成で、この曲の本来の姿を再現した。人数が少ないから、他団体のように楽譜に改変を施したり、膨らますことはできない。そこで、必要なことを必要なだけ行なうことになった。人数や音量で評価されがちな中、そんなことが感銘度に影響を与えるわけではないことを見事に証明してくれたのだ。現在の、少子化傾向で部員が激減している中学・高校のクラブは、ぜひお手本にしてほしい名演だ。

お次は**福岡工業大学附属高校**（現・同大学附属城東高校）。指導者が屋比久勲先生に代わって三回目の全国大会。この時の演奏は、自由曲のチャンス《朝鮮民謡の主題による変奏曲》とともに、後世に残る素晴らしい演奏となった。派手になり過ぎず、落ち着いていて余裕もあり、高いレベルのまま曲が推移する。適材適所の演奏とでもいおうか、突飛なことをしないで極みに至る名演奏であった。

この年の課題曲は総じて演奏時間が長かったため、自由曲とのマッチングに苦心したことだろう。しかし課題曲の演奏時間が長ければ、必然的に自由曲偏重の傾向は落ち着くはずだ。こうした年もたまにはよいのでは？

全日本吹奏楽コンクール課題曲集
1993〜1996
天理高等学校吹奏楽部
新子菊雄

いい意味での素朴さを感じさせる演奏。音楽作りが見事で聴き入ること必至！
全日本吹奏楽連盟／BATP－6005

吹奏楽コンクール課題曲集 Vol. 7
1994〜1997
浜松交響吹奏楽団
浅田 亨

何よりコーラスが入ったのには驚いた。この曲を語る上で絶対に外せない名演！
ソニー・ミュージックエンタテインメント／SRCR－2211

日本の吹奏楽'94 Vol. 5 高等学校編
福岡工業大学
付属高等学校吹奏楽部
屋比久 勲

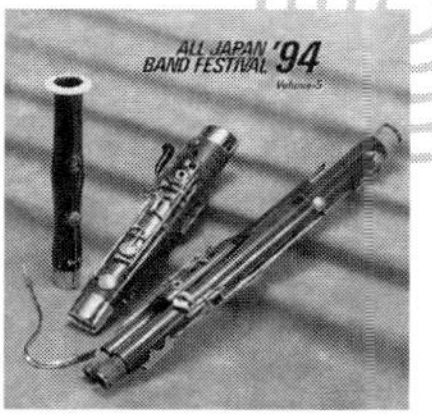

ていねいな歌いまわしと柔らかな上にも芯のある金管のサウンドがマッチした名演の一つ
ソニー・ミュージックエンタテインメント
SRCR－9730（廃盤）

伊藤康英
管楽器のためのソナタ

'96年

すべての楽器が〝むき出し〟にされる怖い課題曲

グレード	★★★★☆
人気度	★★☆☆☆
演奏団体	3団体

これぞ名曲！

前項《雲のコラージュ》同様、この曲もまた、フルスコアを見て驚かされた。同じく小編成向けの曲だったのだが、今度は「空欄」があるわけではなく、指定楽器＝スコアの段数が、異様に少なかったのだ。全部で一六段しかなかった。ほとんどの吹奏楽曲は、三〇段はある。それが、ほぼ半分しかないのだ。一瞬、アンサンブル譜にさえ見えた。

具体的に挙げると、上から、ピッコロ、フルート、B♭クラリネットⅠ、同Ⅱ、同Ⅲ、アルト・サクソフォーンⅠ、同Ⅱ、テナー・サクソフォーン、トランペットⅠ＆Ⅱ、ホルンⅠ＆Ⅱ、トロンボーンⅠ＆Ⅱ、ユーフォニアム、テューバ、ティンパニ、パーカッションⅠ、同Ⅱ——以上、計一六段である。

各パート一人ずつ（ただしB♭クラリネットは二人ずつ）での演奏が作曲者の理想だそうなので、計二二人で演奏できるのである。

だが、いくら少子化時代とはいえ、実際には、中高でいえば上限人数五〇人（もしくはそれに近い人数）で

伊藤康英
［いとう・やすひで］
1960〜　日本

東京藝術大学大学院の博士課程を修了後、数々の作曲コンクールで優勝。静岡県立浜松北高校在学中に、《オン・ザ・マーチ》をコンクール課題曲に応募したが落選。ところが、この曲は後年アメリカで出版されて人気を得た。ほかの吹奏楽曲も多くが海外でも出版されており、人気が高い。作家・林望の作詩による交響的歌曲《あんこまパン》をはじめ、オペラ、管弦楽、合唱、器楽、ピアノなど、ジャンルも幅広い。ピアニストとしても活躍している。

臨むバンドも多い。そこで、作曲者の指定以上の楽器を加えることになる。《雲のコラージュ》では、それらが、演奏者の裁量にまかされていた。しかしこちらは、かなり具体的な追加方針が示されている。

たとえば、第二フルートは「第一フルートに重ねる。第一フルートが第一クラリネットと共に和音を構成しているときは、第一クラリネットに重ねることができる」。バリトン・サクソフォーンは「テューバもしくはテナー・サクソフォーンに重ねることができる。なお、サクソフォーン四重奏を効果的に成立させるために、テナー・サクソフォーンやアルト・サクソフォーンを書き替える必要も生じる」――といった具合である。少人数対応の曲を生み出さなければならないと同時に、今まで同様、大人数編成のバンドのことも配慮しなければならない、コンクールは、そんなやっかいな時代に突入していることを彷彿《ほうふつ》させる措置といえた。

作曲者・伊藤康英は、すでに、**交響詩《ぐるりよざ》**、**《吹奏楽のための抒情的「祭」》**などで絶大な人気を獲得していた人であり、自由曲の方で何度となく作品が登場していた。《ぐるりよざ》は、長崎・生月《いきつき》島の隠れキリシタンが唱えた「オラショ」を題材にした異色作で、原曲は合唱や龍笛を伴う感動作だ。ほかには**交響的断章《時の逝く》**や、**《吹奏楽のための交響的典礼》**などもコンクールに登場している。

そんな人気作曲家の課題曲は、音楽の基本に立ち返った真摯《しんし》な作品であった。「ソナタ形式」こそが「西洋音楽の最も美しい形式」であり、「フーガ」も「西洋音楽の大きな実りである」として、それらを取り入れた。そして「演奏に際してはソナタ形式とフーガについてよく研究されたい」と述べている。美しく知的な躍動感に満ちた曲であったが、声部が少ない分、ごまかしようがなく、

成績表

金賞 1　銅賞 2

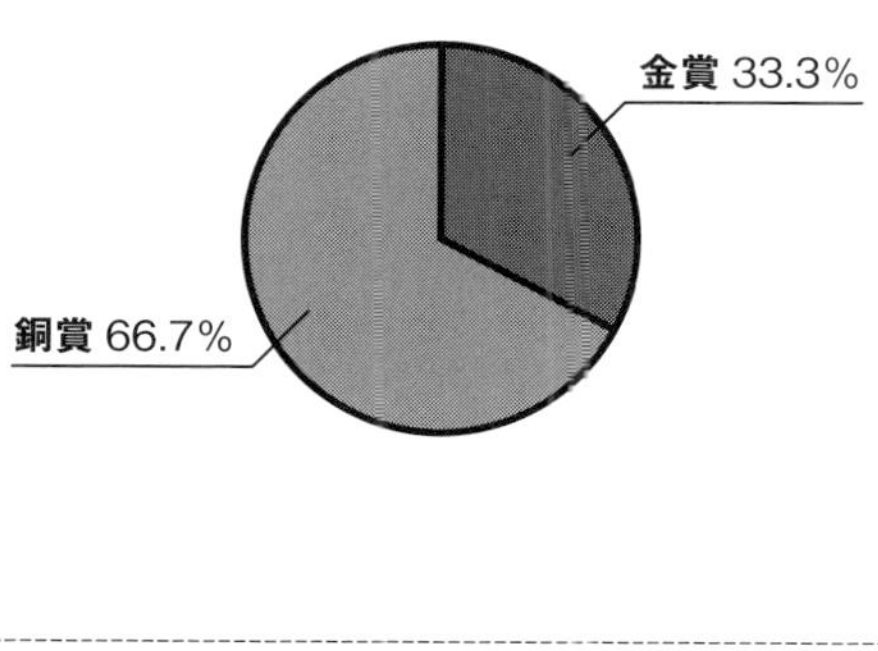

楽器追加には神経を要した。そして、すべての楽器がむき出しにされて試されるような、ちょっと怖い側面のある曲であった。

いうまでもないが「ソナタ形式」とは、おおまかにいうと「序奏→提示部→展開部→再現部→コーダ」の流れを持つ形式。フーガは、同旋律が複数の声部に順次あらわれるスタイル。追いかけっこをしているようだったので、昔は「遁走曲《とんそう》」などと訳されていた（ソナタは「奏鳴曲《そうめい》」だった）。

名演・熱演

前項《雲のコラージュ》も楽譜上、編成が小さかったが、楽譜のボアアップ（本来、車の排気量を増加すること。ここでは楽器増の意味）の仕方に規制が少なかった。ところが、この《管楽器のためのソナタ》は、ボアアップの仕方・各種の奏法にまで指定があり、作曲家の要求を実践するとなると、実にタイトな選択になる曲であった。

この年の課題曲で人気を集めたのは、三八団体もが取り上げた露木正登《交響的譚詩～吹奏楽のための》。それに引き換え、この《ソナタ》を取り上げたのは、たったの三団体。そうなった要因はどこにあったのか。

まず、楽曲の内容が管楽アンサンブル的で、「サン、ハイ」で全員が楽器を鳴らしまくる演奏はできない。個々の実力が求められる。そうなると、おいそれとは手を出しにくい。わざわざ最初からボロが出やすい曲に挑みたくないのが本音だった。また、音楽的探求もそこそこに、演奏をただ「こなす」傾向が強かった吹奏楽の現場に、「ソナタ」などという純度の高い、素人にはあまり慣れていない音楽形態が舞い降りてきて、みんな戸惑ってしまったのも事実だった。

そうした中で、果敢にもこの難敵《ソナタ》に挑み、全国大会へ駆け上がった三団体には、大きな賞賛を贈ろうではないか。

一番目。この年、この《ソナタ》で唯一の金賞に輝いた**薔薇崇師ウィンドシンフォニー**「東京」に、惜しみない拍手を。彼らは、指揮者・塩谷晋平を慕う関東第一高校のOBや、その仲間が集い結成されたばかりのバンドであった。編成は四五名。同じ一般の部に出ている他団体よりはるかに人数は少ないものの、各奏者の技術が非常に高く、《ソナタ》を演奏するにはピッタリで、実に満足のいく演奏・結果へ結実することになった。もちろん、自由曲の、チャンス《朝鮮民謡の主題による変奏曲》

も素晴らしい出来だったが、やはり課題曲《ソナタ》で説得力溢《あふ》れる名演を達成した、その上での評価と考えたい。今聴いても、塩谷の直球の要求を受け止め、もう一歩先を見据えた濃い音楽表現に魅了されるはずだ。

二番目。**辰口《たつのくち》町立辰口中学**［石川］。こちらも編成的には三一人と、たいへん少ない。過去、中学生の名演には何度となく驚かされてきたが、辰口中学の音は、画素数の高いテレビを見ているかのごとく、すっきりくっきりきれいな演奏だった。小編成バンドを、アンサンブルの延長線上に置いた、実に的を射た演奏であった。大人数ばかりが吹奏楽ではない。小編成の星としてまことに立派だった。

最後に**筑波大学**［茨城］。ご存知の方も多いと思うが、作曲者・伊藤康英は、前年の一九九五年に、この筑波大学を指揮して全国大会へ出場していた。八三年からの長きにわたって指導していたのだが、この九六年以降はトランペットのコーチであった松尾崇に指揮の座を譲っている（ただし、今もトレーナーとして筑波大学吹奏楽団の指導には携わっている）。

さて、昨今の少子化で「ウチ、部員が少ないんですよ。少人数でも演奏できるいい曲ないですか？」とよく聞かれる。ならば、この曲、もう一度注目されてもよいのではないか。

1996 全日本吹奏楽コンクール
課題曲～参考演奏
東京佼成ウインドオーケストラ
岩村 力

参考演奏音源。さも簡単そうに聴こえるがそこはプロ、難しい課題曲の一つだが見事にこなしている
全日本吹奏楽連盟／PCDZ－1432

吹奏楽コンクール課題曲集 Vol. 7
1994～1997
**蕾薇崇師
ウィンドシンフォニー**
塩谷晋平

名演中の名演！　塩谷ワールド全開で会場の全聴衆を魅了した。この演奏は必聴です！
ソニー・ミュージックエンタテインメント／SRCR－2211

辰口町立辰口中学校吹奏楽部
1989－2001【2枚組】
**石川県辰口町立
辰口中学校吹奏楽部**
北山義隆

音源は北陸大会のもの。難曲を中学生ながら見事にこなした演奏
ブレーン・ミュージック／OSBR－18016

課題曲の変遷

課題曲は、翌年用が、毎年夏から秋に決定、発表され、年末から楽譜頒布が始まる。よってほとんどの団体が半年以上の間つき合うわけで、必然的に忘れたくても忘れられない曲になる。

私が中学で初めて吹奏楽部に入ったのは、一九七一年だった。部室の楽譜を引っくり返すと、かなり傷んでいたが、スーザ《エル・キャピタン》《マンハッタン・ビーチ》、ベネット《先頭指揮官》、タイケ《剛毅《ごうき》潔白《けっぱく》》、ゴールドマン《ジュビリー》などのマーチ譜が山ほどあったのを覚えている。あとで分るのだが、これらは全部、過去のコンクール課題曲だったのだ。中には「中学の部」以外の課題曲もあった。たぶん、コンクール会場で聴いて感動し、背伸びして文化祭などで演奏したのであろう。

P102にあるように、課題曲に「マーチ以外の曲」が初登場したのは、六四年である。それ以前は、ほとんどが既成の実用マーチで、特に六一年までは、海外のマーチばかりだった。

しかし、そんな時代でも、二曲だけ、既成の国産マーチが指定されたことがある。

一曲は、五六年の「大学一般の部」用課題曲《大空》。作曲者・須磨洋朔《すまようさく》（一九〇七〜二〇〇〇）は、陸軍軍楽隊から警察予備隊音楽隊長を務めた人。警察予備隊が陸上自衛隊になった際、そのまま中央音楽隊の初代隊長となった。その須磨隊長が、警察予備隊創設一周年記念観閲式のために、五一年に作曲したマーチで、陸上自衛隊の公式行進曲に制定されている。勇壮さと優雅さを兼ね備えた名曲である。

もう一曲は、五九年の「高校の部」用課題曲《祝典行進曲》。日本を代表する作曲家・團伊玖磨《だんいくま》（一九二四〜二〇〇一）による名マーチだ。同年の皇太子（今上天皇）の御成婚を祝して作曲され、そのまま、この年の課題曲に指定された。たいへん品格ある美しい曲で、六四年東京オリンピック、

column

八四年ロサンゼルス・オリンピックの開会式でも演奏された。なお團は、九三年、皇太子（徳仁親王）御成婚の際にも《新祝典行進曲》を作曲したほか、八八年には全日本吹奏楽連盟創立五〇周年記念曲《希望》も作曲している。

七八年、その全日本吹奏楽連盟が四〇周年を迎えるにあたり、アメリカの人気作曲家二名に記念曲が委嘱され、そのまま同年の課題曲に指定された。ジェイガー《ジュビラーテ》とマクベス《カント》である。ジェイガーは、題名どおり輝かしいファンファーレ風の曲で人気抜群だったが、マクベスの方は、全国大会で演奏する団体がゼロだった。手拍子が入るなかなかユニークな曲だったのだが……。ちなみに前年の七七年課題曲、藤田玄播のマーチ《若人の心》は、その後も長く人気を得ている名曲だが、これは一部の支部大会用の中小編成向けであり、そのため、やはり全国大会では演奏されていない。

海外の作曲家といえば、アルフレッド・リードの曲も課題曲に指定されたことがある（P118、126参照）。

課題曲は七三年から公募制が導入され（募集は七二年から）、多くの人気作曲家を輩出した。七六年、秋田県立横手高校吹奏楽部でオーボエを吹く三年生男子の作品が公募入選し、関係者を驚かせた。今聴いても少年の筆とは信じられない、その課題曲《即興曲》を作曲したのは、現在、作編曲家として大活躍している後藤洋である。

だがこの〝最年少記録〟は、数年前に破られた。二〇〇五年の課題曲に《サンライズマーチ》で公募入選した佐藤俊介は、作曲当時中学三年生。中学を卒業して高校に入学するまでの一ヶ月間で仕上げたそうである。

（富樫）

歴史に残る最強団体の最強演奏

何を基準に「最強団体」や「最強演奏」と呼ぶのかは様々だろうが、過去に私が遭遇した演奏の範囲内でご紹介する。

　本文でもたびたび登場する、吉永陽一＆兵庫県立西宮高校の演奏は、とにかく凄《すご》い。全国大会で二回、ナマで聴いた。二回目に聴いた九八年の時だ。課題曲、福島弘和《稲穂の波》の演奏終了後、あちこちでざわめきが起こった。ある意味、たいへんユニークな演奏だったのだ。結果は残念ながら銅賞だったが、課題曲を独自の作品として仕上げており、目からウロコ状態になった。現にこの演奏は銅賞にもかかわらず、ブレーンより発売されているDVDに収録されている。それだけ話題になった演奏なのである。この《稲穂の波》については、川口市・アンサンブルリベルテ吹奏楽団［埼玉］もある意味「最強」演奏である。あまり具体的に書くと、読者に先入観を抱かせてしまうので詳述は避けるが、ぜひお聴き願いたい。

　吉永＆西宮高校の演奏はこれだけではない。関西支部大会での演奏だが、九〇年の自由曲、田中賢《メトセラⅡ》も、腰を抜かしてしまうような演奏である。「そんな大げさな」とお思いだろうが、聴くと本当に腰を抜かす。九三年の課題曲、河辺真《ターンブル・マーチ》も同様。なぜ、これが全国大会で聴けなかったのだろうか？　P91でも触れているが、課題曲の演奏がよくなかったために、関西支部大会金賞止まりだったのなら分る。しかし、課題曲も素晴らしい演奏だ。また、本文で、この団体の特徴として「斬新《ざんしん》なカット」と紹介したが、それが如実に感じられるのは、九七年の自由曲、ショスタコーヴィチ《交響曲第五番》第四楽章の演奏だ。誰《だれ》もが楽章冒頭から演奏すると思っていたはずである。しかし、彼らは、何と「曲の途中」から演奏したのである。青天の霹靂《へきれき》であった。

　舞台上のパフォーマンスで「最強」だったのは、

column

これまた九八年である。八七年に大阪府立淀川工業高校（現・淀川工科高校）が、課題曲の川上哲夫《ムービング・オン》でスタンド・プレイをした時も驚いたが、この年に、習志野市立習志野高校［千葉］の演奏した課題曲、松尾善雄《童夢》は、それを上回っていた。何と奏者全員が立ち上がり、「踊り」だしたのだ！　これには本当にぶったまげた。今でも「あれはいったい何だったのだろう？」と悩んでいる。近年、舞台上のパフォーマンスが派手なのは柏市立柏高校［千葉］だが、それ以上のインパクトがあった。

職場の部でも頑張っているバンドがある。JR東日本東北吹奏楽団［宮城］だ。こういっては失礼かもしれないが、コミック・バンドと呼んでもいいかもしれない。「全国大会で不謹慎な！」と思っている方も当然おられるだろうが、私は「こういうのがあってもいいじゃないか」と思っている。今後も注目度抜群の団体だ。

音量面で最強となると、やはり一般バンドになってしまうが、中でも創価グロリア吹奏楽団［東京］の音圧は抜きん出ている。まだ都大会が全部門普門館で行なわれていた頃《ころ》のことだが、チェンバロをステージに登場させたことさえある。「えっ、吹奏楽にチェンバロ？」。いうまでもないが、チェレスタではない。「チェンバロ」が使用されたのだ。これもある意味「最強」の驚きであった。

もう一団体、驚くべき演奏を。有名な演奏なので、ご存知の方も多いと思うが、二〇〇一年、桑名市立正和中学［三重］のオーボエには、会場で聴いていた全員が驚かされた。「何で中学生なのにそんな美しい音色が出せるの？」と呆《あき》れるほど、素晴らしい音色であった。余談だが、課題曲、内藤淳一《栄光をたたえて》で、ややオーボエがフライングするが、あれは計算されたものであり、緊張から飛び出してしまったわけではないことをつけ加えておく。

最後に「感極まったあまり」のフライング拍手で締めくくろう。九九年、飯能市立加治中学［埼玉］の演奏でそれは起こった。サン＝サーンス《動物の謝肉祭》だが、あまりにも素晴らし過ぎて、曲が終わる前から拍手が起きている。これぞ唯一許されるフライング拍手だった。

（石本）

課題曲"最多登場男"に聞く！

課題曲作曲者として複数回登場する人は多い。だが、登場回数においても、この人を凌《しの》ぐ作曲者は、いまだにあらわれていない。名前に見覚えのある方も多いだろう。「松尾善雄」氏である。《ハロー！ サンシャイン》（一九八七年）、《そよ風のマーチ》（九一年）、《クロマティック・プリズム》（九六年）、《童夢》（九八年）、《虹色の風》（二〇〇三年）、《パクス・ロマーナ》（〇五年）、《ナジム・アラビー》（〇七年）と計七回！

しかもすべてが公募入選作なのだ。

「でも、それと同じくらい落選していますし、そもそも最初の二作は、佳作の繰り上がり入選なんですよ」

そう控えめに話す松尾氏は、一九四六年、高知県生まれ。名門・高知市立高知商業高校の吹奏楽部で、ピッコロやフルートを吹いていた。卒業後は、写植オペレータなどを経て、現在は、楽譜制作会社・東京ハッスルコピーに勤務するサラリーマン。つまり〝日曜作曲家〟なのである。笹川賞や下谷賞も受賞している。

「最初の《～サンシャイン》は佳作でしたが、ほかが高度な曲ばかりだったので、一曲くらい、平易な曲があったほうがいいだろうと、繰り上げ入選になったんです。二回目の《そよ風～》は、委嘱を受けていた方が間に合わなかったようで、やはり佳作だったのが、急きょ繰り上げ入選になりました」

作曲を正式に勉強したことはない。

「一時、アマチュア向けの作曲教室へも行きましたが、基本的に独学です。それだけに、課題曲が入選するようになって、多くのプロ作曲家や指導者の方々と知り合えて、いろんなアドバイスをもらえるのは、たいへん嬉しくありがたいことです」

それにしても、七回入選とは尋常ではない。何か秘訣《ひけつ》でもあるのだろうか。

「心がけていることが三点あります。まず、すべてのパートに活躍できる箇所があること。昔のマーチ全盛時代は、ホルンなど、最初から最後まで、

column

ンパ、ンパばかりだった。そういう曲は作らず、全パートが楽しく参加できるような曲にすること。次が、以前の課題曲にまで遡《さかのぼ》って調べ、今までにない斬新《ざんしん》な要素を加えること。たとえば《～サンシャイン》では、それまでまったくなかったピッコロのオブリガートを加えました。《ナジム・アラビー》は、おそらく初めてのアラビア風マーチです」

そして三点目が、これぞ松尾氏ならではと思われる秘訣で――

「難易度は極力抑え、とにかく短い曲にすることです。超絶技巧の披露は、自由曲でやればいい。だったら課題曲はなるべく短くして、自由曲の選択の幅を広くしてあげたい」

見事な〝現場重視〟主義である。言葉の端々から、吹奏楽が好きでたまらない様子もうかがえる（私たちと同じだ！）。実は松尾氏は、高知商業時代、全国大会にも二回出場した。

「六三年は、川崎優の行進曲《希望》が課題曲でした。ところが翌六四年の課題曲を見て驚いた。マーチじゃなかったんです。兼田敏の《バンドのための楽章「若人の歌」》でした。それまで課題曲はすべてがマーチでしたから、たいへん新鮮に感じました。課題曲は、ここから変わり始めたと思います」

まさに、コンクールの大きな節目を実地で経験してきたわけだ。

好きな音楽はいろいろあるが、特に愛好しているのが、映画音楽の巨匠ミクロス・ローザ（一九〇七～九五）。

「特に『ベン・ハー』や『ソドムとゴモラ』のような大作史劇の音楽が好きです。それだけに、古代ローマをモチーフにした《パクス・ロマーナ》が入選して朝日作曲賞を受賞した時は、嬉しかったですね」

今や松尾善雄は〝公募課題曲の父〟なのである。

（富樫）

RANKING

課題曲編

注：本書登場曲のランキング

演奏割合

1. 波の見える風景……43.0%
2. 吹奏楽のための《深層の祭》……40.7%
3. 高度な技術への指標……40.0%
4. 風紋……39.0%
5. 饗応夫人……37.5%
   雲のコラージュ……37.5%
7. 行進曲《オーバー・ザ・ギャラクシー》……37.2%
8. ランドスケイプ……34.9%
9. ポップス描写曲《メイン・ストリートで》……31.3%
10. ディスコ・キッド……27.5%
11. 白鳳狂詩曲……20.7%
12. 吹奏楽のための序曲……17.2%
13. ムービング・オン……4.9%
14. 管楽器のためのソナタ……3.1%

※注……年ごとに出演団体数が異なるため、課題曲は団体数ではなく、演奏された割合で表示。

金賞受賞率

1. 吹奏楽のための序曲……53.3%
2. ムービング・オン……50.0%
3. 吹奏楽のための《深層の祭》……45.7%
4. 饗応夫人……45.4%
5. 波の見える風景……37.8%
6. 行進曲《オーバー・ザ・ギャラクシー》……34.5%
7. 管楽器のためのソナタ……33.3%
8. 風紋……31.3%
9. ランドスケイプ……26.7%
10. 白鳳狂詩曲……23.5%
11. 雲のコラージュ……21.2%
12. 高度な技術への指標……18.2%
13. ディスコ・キッド……15.8%
14. ポップス描写曲《メイン・ストリートで》……14.3%

あとがき

よく「中高生の頃《ころ》、吹奏楽部にいて、コンクールに出た」という人と会います。同好の士に出会えたのが嬉しくて「そうですか。課題曲や自由曲は何を演奏しましたか」と聞くと、多くの人が「え〜と、何だっけな……忘れちゃった」と答えます。学生時代に吹奏楽コンクールに参加し、卒業後、吹奏楽や音楽に縁のなくなった人は、おおむねこんな感じです。

あれほど打ち込んで、暗譜するほど練習したはずなのに、なぜ、みんな忘れてしまうのでしょう。吹奏楽とは、その程度のものなのでしょうか。青春時代のひと夏の思い出に過ぎないのでしょうか。

なぜ忘れてしまうのか。それは、皆さんのやってきたことを、きちんと取材・検証して何かの形に残してくれるメディアがなかったからなのです。新聞は結果報道のみ、ライヴCDやDVDも、あくまで本番の一二分間のみです。しかし、コンクールが一二分間の結果だけでないことを、私たちは知っています。課題曲が発表されてからの半年間の練習の日々。課題曲と自由曲の組み合わせの難しさ。地区大会すら通過できなかった悔しさ。トラックからの楽器の上げ下ろしでヘトヘトになる苦労。チューニング室や舞台裏で長々と待たされる焦燥感。これらすべてがコンクールであり、吹奏楽なのです。それらを根底に見すえたガイドブックがあれば、皆さんの記憶は脳裏に正確に刻まれ、生涯の宝物になるはずだと、私たちは考えました。

取り上げたい名曲・名演は、まだまだ山ほどあります。しかし紙幅の関係で、「たった五〇曲」に絞らざるを得ませんでした。その点が心残りですが、次の機会を待ちたいと思っています。

本書は、一見ガイドブックのようではありますが、私たちは「本格的ノンフィクション」を書くような意識で取材し、執筆しました。そんな一風変わった本を世に送り出してくださった河出書房新社の小野寺優さんに感謝します。

また、本書を企画し、煩雑な編集作業や資料収集に奔走してくださった、二人の元吹奏楽部員――木杏舎の石田多鶴子さん、稲葉由香さんにも感謝します。吹奏楽ウェブ・マガジン「バンドパワー」編集長の鎌田小太郎さんには、企画段階からお世話になりました。取材や資料収集に協力してくださった多くの方々とともども、御礼を申し上げます。

最後になりましたが、ヨーロッパ公演中にもかかわらず、本書をゲラで読んで、いちはやく推薦文を届けてくださった、指揮者・佐渡裕さんには言葉もありません。まさに日本中で吹奏楽に携わっている人たちへの応援コメントです。世界を股《また》にかけて活躍している佐渡さんの言葉を、どれだけの吹奏楽部員が誇りに思うことでしょう。ありがとうございました。

二〇〇七年九月　富樫鉄火、石本和富、播堂力也

主な参考文献

全日本吹奏楽連盟40年史／全日本吹奏楽連盟
全日本吹奏楽連盟50年史／全日本吹奏楽連盟
全日本吹奏楽連盟60年史／全日本吹奏楽連盟
全日本吹奏楽連盟会報「すいそうがく」／全日本吹奏楽連盟
ニューグローヴ世界音楽大事典／講談社

主な参照Webサイト

全日本吹奏楽コンクールデータベース（http : //www.musicabella.jp/内）

ジャケット写真提供

㈱EMIミュージック・ジャパン
エイベックス・クラシックス
キングレコード㈱
㈱佼成出版社
ビクターエンタテインメント㈱
ブレーン㈱
ユニバーサル ミュージック㈱

カバー写真

春日部共栄高等学校吹奏楽部
撮影：エーコーフィルムプロダクション

カバー・章トビラ写真

撮影：菊地英二
撮影協力：春日部共栄高等学校吹奏楽部
写真提供：㈱EMIミュージック・ジャパン
「私の青春！ 吹奏楽部」「続・私の青春！ 吹奏楽部」より

詳しくは下記サイトの邦楽「趣味・教養・その他」の吹奏楽をご覧下さい。
㈱EMIミュージック・ジャパンファミリークラブ
(http : //familyclub.ne.jp)

編集協力

吹奏楽ウェブ・マガジン「BAND POWER」（http : //www.bandpower.net/）

富樫鉄火（とがし・てっか）
音楽ライター。1958年、東京生まれ。中学から大学まで吹奏楽部でフルート、クラリネットを吹く。会社勤務のかたわら、吹奏楽を中心とした音楽雑文、コンサート・プログラム解説、CDライナー・ノーツなどを執筆。映画音楽、オペラも愛好。ただし吹奏楽コンクールはすべて地区大会どまり。Deccaレーベル・ファン。

石本和富（いしもと・かずふみ）
東京生まれ。中学で吹奏楽部に入部しテューバを担当。最後のコンクールが終わった時に「毎日楽器を吹ける喜び」を知り、引退後吹奏楽にはまる。高校時代は、テストより全国大会が優先。その後、大手CD販売店で吹奏楽CDコーナーの充実に全力を傾ける。現在は指導と吹奏楽の可能性の研究に没頭している。

播堂力也（ばんどう・りきや）
幼少よりピアノ、エレクトーンを始め、小学校時代にクラブ活動でユーフォニアムと出会って以来、その魅力に取り憑かれ、中学から大学まで吹奏楽漬けの青春を過ごす。音楽業界の片隅で働く今も、チョビチョビ一般バンドにおジャマしたりも。過去に全日本吹奏楽コンクールに出場経験あり。

企画・編集・制作／有限会社木杳舎
装丁／吉原順一
本文デザイン／松岡恵美（木杳舎）

一音入魂！
全日本吹奏楽コンクール
名曲・名演50

二〇〇七年一〇月三〇日　初版発行
二〇一四年　五月三〇日　4刷発行

著　者　富樫鉄火・石本和富・播堂力也
発行者　小野寺優
発行所　株式会社河出書房新社
〒一五一―〇〇五一
東京都渋谷区千駄ヶ谷二―三二―二
電話（〇三）三四〇四―一二〇一（営業）
（〇三）三四〇四―八六一一（編集）
http://www.kawade.co.jp/

印刷　株式会社暁印刷
製本　小泉製本株式会社

Printed in Japan
ISBN978-4-309-26977-1